SEMILLAS DEL UNIVERSO
Un viaje por la Cosmogonía Mexica

Escrito por Adrian Koskakoatl, Calli Mexica, 2024.

Primera Edición 2024

Registro de Obra: 02-2024-06141001000-01

Julio 2024

ÍNDICE

3

INTRODUCCIÓN

"Nehuatl Notoka Koskakoatl"

Mi nombre es Adrián Rodríguez, pero en la tradición mexica me conocen como Koskakoatl, que significa "serpiente de collar" o "serpiente de cuello". Mi interés por nuestra cultura surgió desde muy pequeño, inspirado por la conexión genética que sentía con el aroma del copal, el sonido del *huehuetl*, y los pasos de danza. Esta pasión va más allá de una simple curiosidad; nace de la necesidad de reivindicar una cultura que sufrió no solo un choque militar, sino también una invasión a su pensamiento.

Considerarse mexicano hoy en día es aceptar que somos fruto de un mestizaje, que en nuestras venas corre sangre ibérica y de diversas etnias, pero también sangre nativa, auténtica. De todos estos porcentajes que conforman mi ser, me pregunto: ¿por qué solo escuchar al porcentaje predominante e ignorar al de la minoría? Creo firmemente que vivimos en una época donde debemos aprender a identificar aquello que más resuena en nuestro corazón, aquello que nos hace latir, que nos da fuerza y esencia.

Para mí, esa fuerza proviene de reconocer, abrazar y enamorarme del hecho de que, al menos un 1% de mi ser, pertenece a gente que caminó, construyó, creó y soñó en estas tierras antes de la invasión de lo que hoy conocemos como España. Es un honor para mí emprender este camino de exploración de nuestra cosmogonía y hacer un esfuerzo por reconectar con nuestras verdaderas raíces nativas.

Realmente, ¿qué significa ser mexica? Ser mexica puede definirse como una memoria genética de un pasado que hoy en día la mayoría de los mexicanos solo conocemos a través de textos, libros, monografías o incluso representaciones cinematográficas. Pero pocos se cuestionan realmente qué es una identidad, qué significaría ser mexica en la actualidad, qué implicaría representar esta etnia primero de forma patrimonial y luego a nivel internacional.

Estas letras, este viento que se plasma sobre el papel, buscan establecer un vínculo elocuente, literario y genuino entre el lector y las palabras que surjan en él tras leer estos textos. Mi intención es que cada página sea una invitación a explorar y reflexionar sobre nuestra verdadera identidad, sobre qué significa llevar en nuestras venas la herencia de aquellos que caminaron estas tierras antes de la llegada de los conquistadores.

No me considero un nahuatlato, un hablante fluido de la lengua náhuatl. Sin embargo, durante los últimos años he sido un estudiante dedicado de esta hermosa lengua, bajo la tutela del maestro Sergio Sevilla, aprendiendo la variante *Masewalkopa* de la región de Santa Ana Tlacotenco, Milpa Alta. En este proceso, he descubierto que la lengua náhuatl posee una lírica única, una poesía distinta que difiere profundamente de otras lenguas.

Existe una gran diferencia entre aquellos que nacen hablando náhuatl y aquellos que la estudian. Los hablantes nativos, inmersos desde el nacimiento en su cultura y lenguaje, llevan consigo una comprensión innata y una conexión profunda con su cosmovisión. Para los estudiantes, como yo, la lengua náhuatl es un camino de descubrimiento y aprendizaje constante, lleno de revelaciones y desafíos.

Mi pasión reside en entender un conocimiento que ha sido truncado por muchos siglos de interrupciones y diferencias culturales. A través de este libro, deseo compartir ese viaje de redescubrimiento, de darle un nuevo entendimiento a la lengua y a la cosmovisión náhuatl. Este proceso comienza siempre con la forma en que la lengua se expresa, pues en sus palabras, en su poesía y en su lírica, encontramos las claves para desentrañar su sabiduría ancestral.

La misión de este libro, titulado **Semillas del Universo,** no es persuasiva. Tampoco pretende cambiar la visión que hoy en día podríamos tener, y mucho menos tiene un carácter religioso dogmático. La verdadera misión de este libro es la conexión con el corazón. Es encontrar ese rostro que va en sintonía y armonía con el pulso de un corazón que desea entender el latido de su ser cuando respira el copal, cuando escucha el *huehuetl*, cuando pronuncia las palabras de alguna lengua nativa. Es re-vincularnos con la esencia más primigenia que la humanidad posee: encontrar su origen.

Semillas del Universo busca ser una guía para aquellos que sienten una resonancia profunda con las antiguas tradiciones, un eco que se manifiesta en los aromas, los sonidos y las palabras ancestrales. Cuando inhalamos el humo del copal, estamos conectando con un ritual que purifica y eleva nuestro aliento, un recordatorio de los días en que nuestros ancestros ofrecían este mismo aroma al universo. Al escuchar el *huehuetl*, no solo oímos un tambor, sino el latido de la tierra misma, un pulso que sincroniza nuestros corazones con los ritmos de la naturaleza.

Este libro es una invitación a redescubrir y honrar esas pequeñas pero poderosas conexiones que nos recuerdan quiénes somos y de dónde venimos. Es sentir la fuerza del viento de *Ehecatl*, que no solo mueve las hojas de los árboles, sino que también susurra historias olvidadas y nos invita a recordar. Es percibir la energía transformadora de *Tlazolteotl*, que nos enseña a liberar lo viejo y a abrazar lo nuevo, encontrando pureza en la renovación constante de la vida.

Que el viaje a través de **Semillas del Universo** sea un viaje que te acompañe con el viento de *Ehecatl*, que alcance tu mente y conquiste tus sueños como lo haría *Tlazolteotl*. Que hable a tu corazón con la caricia hermosa de *Xochiquetzal*, que infunda belleza y dulzura en tus días, permitiéndote ver el mundo con ojos renovados. Y que cada amanecer, al recibir la luz de nuestro Padre Sol, *Tonatiuh*, sientas la calidez y el poder de su presencia, recordándote que eres parte de un ciclo eterno de vida, muerte y renacimiento.

Iniciemos este viaje a través de las semillas del universo, un viaje de autodescubrimiento y reconexión con nuestra herencia ancestral. Que estas páginas sean un faro de luz, guiando tus pasos hacia una comprensión más profunda de ti mismo y del cosmos que te rodea.

Koskakoatl, Trecena Ollin, 13-Atl, 12-Tekpat

EL VIENTO DE LOS ANCESTROS

La Lengua Nahuatl

Totlahtul Ipan Yehecatl - Nuestra palabra en el Viento

En el corazón de la cosmovisión mexica late una voz ancestral, una voz que resuena a través de los siglos en la lengua náhuatl. Este idioma, rico en matices y cargado de simbolismo, no es solo un medio de comunicación, sino una ventana hacia la comprensión profunda de una cultura que vivió en íntima armonía con el cosmos. La lengua náhuatl, con su musicalidad y profundidad, refleja la visión del universo que tenían los mexicas y cómo esta influía en cada aspecto de su vida cotidiana.

La lengua náhuatl es un canto al universo. Cada palabra, cada sílaba, lleva consigo el eco de una historia antigua, de un pensamiento que busca expresar la conexión entre el ser humano y el cosmos. En náhuatl, no se habla simplemente de "viento"; se dice "*Ehecatl*", invocando a todo lo que involucra el sentir y el vivir del viento, *Ehecatl*, cuya respiración da vida a todas las cosas. El "*Atl*" no es solo "agua", sino el principio vital que fluye y nutre, el sustento de la vida misma.

Cuando nos adentramos en el estudio de la lengua náhuatl, descubrimos que es imposible separar el idioma de la cosmogonía mexica. Los mexicas veían el mundo a través de una lente universal, donde cada elemento natural tenía un *ihyo* [un aliento] y un propósito. El universo (*Ilhuicatl*), la tierra (*tlalli*), el fuego (*tletl*), y el agua (*Atl*) no eran solo componentes del mundo físico, sino manifestaciones de fuerzas divinas que debían ser respetadas y honradas.

La lengua náhuatl también nos ofrece una comprensión más profunda de las fiestas y ceremonias que eran parte esencial de la vida mexica. Las palabras utilizadas en las ceremonias no eran meras etiquetas, sino agradecimientos, actos de creación verbal que conectaban a los participantes con el tejido mismo del universo. Al pronunciar *"in Xochitl in cuicatl"* (la flor y el canto), los mexicas celebraban la belleza y la armonía, expresando la dualidad y el equilibrio que buscaban en todas las cosas.

9

En nuestra búsqueda por entender la cosmogonía mexica, es fundamental escuchar la voz de los ancestros a través de la lengua náhuatl. Esta lengua nos invita a ver el mundo de una manera diferente, a reconectar con una visión de la vida que valora la interconexión y la armonía con la naturaleza. Al aprender y pronunciar estas palabras, no solo estamos estudiando un idioma; estamos abriendo puertas hacia un conocimiento profundo y completo que puede enriquecer nuestras vidas.

Uno de los principales valores que debemos retomar es el de nuestra lengua ancestral. La lengua náhuatl, también conocida como *Masewalkopa* o *Masewaltlahtolli*, es más que un medio de comunicación; es la lengua de aquellos que merecen conectarse profundamente con el universo. No se trata de un mérito político, económico, ni social. Es la lengua que pronuncia lo que en el universo existe, que describe con precisión y belleza las fuerzas y elementos que nos rodean.

Antes de continuar en la lectura, cerremos los ojos y abramos el corazón a la imaginación y permitamos que nuestra mente nos lleve al pasado. Imaginemos que un día estamos caminando por una de las calzadas principales de *Mexico - Tenochtitlan*, en dirección al mercado de *Tlatelolco*. De repente, nos rodea un bullicio de palabras que fluyen a nuestro alrededor, desde la derecha y la izquierda, desde atrás y enfrente de nosotros. Personas comerciando, platicando de su día a día, niños jugando, niñas conversando, ancianos contando sus viejas historias, y ancianas ayudando con la medicina tradicional.

En medio de este ajetreo, percibimos cómo el aire susurra palabras bellas y hermosas que definen y describen la relación entre el universo y lo personal. Estas palabras describen a la perfección cómo nos sentimos en relación con los demás. Nos acercan a entender a quienes están frente a nosotros, haciéndonos sentir hermanos y hermanas. Nos conectan con el corazón, nos fortalecen la conexión con el universo. Esta lengua maravillosa y compleja se desdobla en una armonía preciosa, dando un sentido bello y descriptivo a nuestro día a día.

La lengua náhuatl, con su riqueza y profundidad, captura la esencia de nuestra relación con el cosmos y entre nosotros. Es una lengua que no solo nombra, sino que también conecta, que no solo describe, sino que también une. Cada palabra, cada sonido, es un puente hacia la comprensión mutua, hacia el entendimiento de que somos parte de un todo mayor.

Ahora, retomando nuestro presente, ¿Cómo podríamos nosotros volver a retomar la lengua náhuatl? ¿Qué pasos hay que seguir para volver a entrar en conexión con una lengua que se habló milenariamente y que hoy en día todavía perdura? Esta es una lengua de resistencia, una lengua que ha sobrevivido al golpe de la vida, a los embates de la historia, a la espada y el escudo, al arcabuz y la pólvora. Es una lengua que ha luchado, una lengua que ha sobresalido. Y ese mismo corazón guerrero que vive en la lengua se ha transmitido a la herencia que hoy en día caracteriza tanto al mexicano.

Entonces, debemos preguntarnos: ¿cómo podemos retomar los valores principales de la lengua náhuatl, especialmente aquellos que se acercan a ella por primera vez?

Para reconectar con la lengua náhuatl, debemos seguir estos pasos:

1. Educación y Aprendizaje: El primer paso es educarnos. Buscar cursos, libros, y recursos en línea que enseñen náhuatl. Iniciar con las palabras básicas y su pronunciación, y poco a poco avanzar hacia estructuras más complejas. Aprender de maestros y hablantes nativos que pueden transmitir no solo el idioma, sino también la cultura y la sabiduría que lleva consigo.

2. Inmersión Cultural: Para realmente entender la lengua, es vital sumergirse en la cultura náhuatl. Participar en ceremonias, festivales, y eventos culturales donde el náhuatl es hablado. Escuchar canciones, leer poesía y cuentos en náhuatl para familiarizarse con su ritmo y melodía.

3.Práctica Diaria: La práctica constante es esencial. Incorporar palabras y frases en náhuatl en nuestra vida diaria, hablar con amigos y familiares, y utilizar el idioma en situaciones cotidianas. La práctica hace al maestro y cada palabra pronunciada es un paso hacia la fluidez.

4. Comunidades y Redes de Apoyo: Unirse a comunidades de aprendices y hablantes de náhuatl, ya sea en línea o en persona. Estas redes de apoyo proporcionan un espacio para practicar, compartir conocimientos y motivarse mutuamente.

5. Valoración y Respeto: Valorar y respetar la lengua náhuatl es crucial. Entender su historia y su importancia cultural nos ayuda a apreciar su belleza y su resistencia. Al reconocer el valor de la lengua, nos comprometemos más profundamente con su aprendizaje y preservación.

6. Transmisión a Futuras Generaciones: Enseñar a las futuras generaciones es vital para la preservación del náhuatl. Animar a los jóvenes a aprender y hablar el idioma, y crear un entorno donde puedan practicar y apreciar su herencia lingüística.

Volver a retomar la lengua náhuatl es un acto de amor y resistencia. Es honrar a nuestros ancestros y mantener viva una parte esencial de nuestra identidad. Al aprender y hablar náhuatl, no solo preservamos un idioma; reconectamos con nuestras raíces y fortalecemos el tejido cultural que nos une.

Daremos pie a explorar cada uno de estos puntos, explicando su importancia y relevancia en nuestro presente, pero siempre teniendo en consideración el respeto profundo que la lengua Nahuatl merece, así como, todos aquellos que hoy en día aun pronuncian su poético viento.

Educación y Aprendizaje

El primer paso en este viaje es preguntarnos por qué queremos aprender náhuatl. En nuestra epistemología del conocimiento, aprender un dialecto, un idioma o una lengua inicial nos permite entender y dar sentido al mundo que nos rodea. Existe una frase maravillosa a la que quiero hacer referencia: "Como pensamos, hablamos; como hablamos, pensamos". Esta afirmación subraya la íntima conexión entre lenguaje y pensamiento, sugiriendo que el idioma que escuchamos y aprendemos desde nuestros primeros años moldea nuestra percepción y comprensión del universo.

"Pewa inelhwayo, kahsitiw in Xochikwalli"
(Comieza desde su raíz, e irá a alcanzar su flor)

Por ejemplo, una persona nacida en India no pensará igual que una persona nacida en Japón. Desde el principio, su lengua materna los descontextualiza, haciéndolos únicos y diversos, aunque pertenezcamos a la misma especie humana. El idioma, entonces, no es solo una herramienta de comunicación, sino también un marco a través del cual interpretamos y damos sentido a nuestra realidad.

Para embarcarnos en el aprendizaje del náhuatl, debemos comenzar por educarnos. Existen numerosos recursos disponibles, desde cursos y libros hasta materiales en línea que nos pueden guiar en este camino. Es fundamental buscar maestros y hablantes nativos que no solo enseñen la lengua, sino que también transmitan la rica cultura y la sabiduría que lleva consigo.

Volvamos a escuchar la voz del pasado, por lo tanto, pido permiso para que las palabras que estás a punto de leer causen una vibración en tu corazón y te hagan viajar de regreso a la imaginación de aquel *Mexico-Tenochtitlan*. Imaginemos el núcleo de un sencillo y humilde hogar en alguna de las chinampas aledañas a la gran parte céntrica de *Mexico-Tenochtitlan*. Allí, el padre y la madre enseñan a sus hijos a pronunciar las palabras iniciales de la lengua náhuatl, comenzando por la descripción de lo que tienen enfrente, de lo que los rodea, de lo que les permite interactuar, pero también enfocándose en la maravillosa poesía de la lengua náhuatl para explicar su relación con las fuerzas naturales de su entorno.

Un día, el padre lleva a su hijo varón a ayudarlo en la cosecha y le explica el proceso de alimentar a la tierra, el proceso de sentir el agua correr a través de los dedos, y expresa esta experiencia en la belleza poética de la lengua náhuatl. Con cada palabra, el niño aprende a ver la tierra como un ser viviente, a sentir la conexión profunda con el agua que fluye, a comprender que cada gota, cada grano de tierra, es parte de un gran ciclo de vida y renovación.

"Tinopiltsin xikmotlamakilih totlalnantsin, yehwatsin monantsin, omitsmoyokolilih, kimokitskilia moyollo, mitsmoyemanililia, yehwatsin mitsmoyolilih"
(Tu mi hijo, alimenta a nuestra madre tierra, ella es tu madre, te forjó, sostiene tu corazón, te calienta, te dio un corazón)

El mismo día, la madre lleva a su hija a caminar por las calles del mercado y allí le enseña la importancia de ser el corazón del hogar, de mantener vivo el fuego que alimenta a su núcleo familiar, de ser servicial, de comprender y tener un corazón cálido. Le muestra cómo cada intercambio en el mercado es una danza de palabras y gestos, una expresión de la comunidad y la interdependencia, y cómo la lengua náhuatl encapsula esta sabiduría en cada sílaba.

Así, la lengua náhuatl enseña desde el origen del centro familiar hacia la gran extensión del *Calmecac*. Es una lengua que no solo comunica, sino que conecta, que no solo describe, sino que ilumina. Con cada palabra, se teje una red de significado que une a las personas con su entorno, con sus ancestros y con el cosmos.

Imaginemos este hogar, donde cada lección es una semilla plantada en el corazón de los niños, donde la lengua náhuatl fluye como un río, llevando consigo la sabiduría de generaciones. Es un hogar donde la poesía del náhuatl no solo se escucha, sino que se vive, donde cada palabra es una flor que florece, una estrella que brilla, una caricia del viento que susurra secretos antiguos.

Este es el poder de la lengua náhuatl, una fuerza viva que resuena en el corazón de cada *Mexica*. Es la voz de la tierra, del agua, del fuego y del viento, una voz que nos llama a recordar quiénes somos y de dónde venimos. Es un legado que no solo se preserva en palabras, sino en la forma en que vivimos y amamos, en la manera en que cuidamos a nuestros seres queridos y honramos a la naturaleza.

El aprendizaje del náhuatl debe ser un proceso integral. Iniciar con las palabras y frases básicas, entender su pronunciación y gramática, y progresar gradualmente hacia estructuras más complejas. Al hacerlo, no solo adquirimos un nuevo vocabulario, sino que también comenzamos a ver el mundo a través de los ojos de nuestros ancestros.

Además, la educación en náhuatl puede ser un acto de reconexión con nuestras raíces. Al aprender y pronunciar estas palabras ancestrales, estamos reviviendo la voz de nuestros antepasados, honrando su legado y fortaleciendo nuestra identidad cultural. Es una manera de reivindicar una herencia que ha resistido a través de los siglos, de una lengua que ha sobrevivido a la opresión y a la colonización, manteniéndose viva y vibrante.

"Tlahtoltin tlin axan motenewa, mostla wehkatla mokakis iwan ika inin titlasaloskeh ipan yenkwik totonaltsin"
(Las palabras que hoy se pronuncian, mañana a lo lejos escucharán y con ellas aprenderemos en el nuevo nuestro Sol)

La educación y el aprendizaje del náhuatl no solo enriquecen nuestro conocimiento, sino que también nos conectan con una visión del mundo que valora la armonía con la naturaleza, el respeto por todas las formas de vida y la sabiduría de la comunidad. Es una puerta abierta hacia una comprensión más profunda de nosotros mismos y de nuestro lugar en el cosmos.

Para comenzar nuestro aprendizaje de la lengua náhuatl, es crucial dar un paso de humildad y reconocer que, aunque podamos llamarla nuestra lengua nativa, aquellos que hablamos el dialecto castellano, cuyo origen es el español y más allá, el latín, no crecimos con ella. No podemos afirmar que es nuestra lengua de origen. Sin embargo, podemos decir con certeza que estamos enamorados de su forma de expresión, que nos apasiona la manera en que ve el mundo, y que nos llama la atención poder devolver esas palabras, esos vocablos y esa combinación de sonidos a nuestro corazón.

El primer paso en este viaje de aprendizaje es aceptar con humildad que el náhuatl no es nuestra lengua materna, pero sentimos una profunda pasión por aprenderla. Esta humildad nos abre las puertas para recibir con respeto y reverencia la sabiduría de aquellos que sí la pronuncian desde sus raíces, aquellos que han mantenido viva esta lengua a través de generaciones. Queremos demostrar nuestro amor y respeto por el náhuatl honrando a los verdaderos guardianes de esta lengua, quienes pueden enseñarnos cómo dejar que el viento de *Ehecatl* lleve la voz de *Xochipilli* a nuestros corazones.

La humildad nos permite acercarnos al náhuatl con un corazón abierto y un aliento en el aire muy receptivo. Al reconocer que somos aprendices, nos disponemos a recibir las enseñanzas con gratitud y reverencia. Cada palabra aprendida, cada frase pronunciada, se convierte en un acto de conexión con nuestros

16

ancestros, un paso hacia la integración de esta rica herencia cultural en nuestras vidas.

Comencemos con lo básico: aprender las palabras y frases fundamentales, entender su pronunciación y gramática. Busquemos la guía de maestros y hablantes nativos, cuya experiencia y conocimiento son invaluables. Al hacerlo, no solo adquirimos un nuevo vocabulario, sino que también absorbemos la cosmovisión que estas palabras transmiten. El náhuatl no es solo un idioma; es una manera de ver y entender el mundo, una ventana a la sabiduría ancestral. El aprendizaje del náhuatl es también un acto de reconexión. Al pronunciar estas palabras ancestrales, estamos reviviendo la voz de nuestros antepasados, honrando su legado y fortaleciendo nuestra identidad cultural. Es una manera de reivindicar una herencia que ha resistido a través de los siglos, una lengua que ha sobrevivido a la opresión y a la colonización, manteniéndose viva y vibrante.

La lengua náhuatl, al igual que otras lenguas originarias de nuestra tierra, posee un encanto único al describir el mundo. En su esencia, sigue un enfoque tripartito que refleja la profundidad y la riqueza de su cosmovisión. Primero, la lengua náhuatl describe su entorno geográfico, pintando con palabras los paisajes y los elementos naturales que nos rodean. Luego, se enfoca en cómo esta geografía interactúa con nosotros, despertando nuestros sentidos y conectándonos con la tierra de una manera tangible y viva. Finalmente, se adentra en el nivel más profundo: cómo estas interacciones nos hacen sentir, cómo impactan nuestro ser interior y nuestras emociones.

Este desdoblamiento lingüístico convierte a la lengua náhuatl en una metáfora viva del comportamiento del universo. Así como el universo se comunica a través de sus propios lenguajes - primero geográfico, luego sensorial y finalmente sensible- el náhuatl captura esta comunicación de manera sublime.

"Kwalli xitlayolseli, ika inon kwalli titlakakis iihyotsin in yehyekatsin"
(Bien acepta con el corazón, con ello bien podrás comprender el aliento del viento)

El náhuatl, con su capacidad para capturar estas experiencias, nos ofrece una ventana a una comprensión más holística del mundo. No es solo un idioma para comunicar información, sino un vehículo para expresar y vivir las conexiones íntimas entre nosotros y el universo. Al aprender náhuatl, no solo aprendemos a hablar; aprendemos a ver, a sentir y a comprender la naturaleza de una manera más profunda y poética. Este idioma ancestral nos invita a ver el mundo como un todo interconectado. Cada elemento geográfico se convierte en una experiencia sensorial, y cada experiencia sensorial en una emoción. De esta manera, el náhuatl nos enseña que el universo no es solo algo que observamos desde fuera, sino algo que vivimos y sentimos en cada momento.

Algunos ejemplos poéticos de cómo la lengua náhuatl manifiesta la metáfora pueden ser:

1.*Tonal*: Significa "día" o "sol", pero en náhuatl, va más allá de simplemente indicar el tiempo. "*Tonal*" también representa la energía vital y el calor que el sol imparte, la fuerza que da vida y crecimiento a todas las cosas. Es una palabra que encapsula la esencia del ciclo diario de la vida.

2.*Tlaloc*: Aunque se refiere al néctar de la Tierra, es decir, el fenómeno que comprende el acto de la lluvia. "*Tlaloc*" también evoca la fertilidad y la renovación de la tierra. Cada vez que llueve, es *Tlaloc* quien baña la tierra con vida, transformando los campos secos en paisajes verdes y fértiles. La lluvia no es solo agua que cae de arriba; es la esencia misma del agua en forma masculina que renueva y nutre.

3.*Mictlan*: Traducido como "lugar del descanso", *Mictlan* es más que un concepto de muerte; es un viaje de senderos.

18

Representa el camino que los "corazones en movimiento" deben de continuar recorriendo tras su momento de vida en el *Tlalticpac*. No se hace similitud con el concepto de alma o espíritu, pues los seres vivos no portan esa esencia, en realidad, se hace enfoque al calor que existe en todos los seres vivos y como ellos al descansar conceden su calor al recorrido de senderos rumbo a aquel lugar donde "todos descansan". Independientemente si es un felino, un reptil, una planta, un insecto o un ser humano. Todos portamos calor entregado por *Tonatiuh*, y este calor se entrega ante *Tepeyolotl* e inicia un recorrido en los senderos de *Mictlan*.

4.*Iztaccihuatl*: El nombre de una de las montañas más emblemáticas de México, significa "mujer blanca" y no "mujer dormida". Esta palabra no solo describe una montaña nevada; evoca la imagen de una mujer recostada, dormida en un sueño eterno. Es un ejemplo perfecto de cómo el náhuatl utiliza metáforas visuales para dar vida y personalidad a la naturaleza. La naturaleza no puede dormir, solo descansa. La nieve no duerme, solo reposa. Por lo tanto, una montaña no puede dormir, no puede soñar, pero si puede reposar y descansar.

Inmersión Cultural

Aprender la lengua náhuatl va más allá del estudio de palabras y gramática; es un viaje hacia el corazón de una cultura rica y vibrante. La inmersión cultural es esencial para comprender verdaderamente el corazón de esta lengua ancestral. Este proceso implica sumergirse en las tradiciones, rituales y modos de vida que han dado forma al náhuatl a lo largo de los siglos.

"Ika makoyawes ika tetlamakas se xinachtli, moneki ma kiixmatis in tlalpan kampa motlalakis"
(Para que macolle, que alimente una semilla, es necesario que conozca la tierra donde será depositada)

Para empezar, es vital participar en ceremonias y festivales donde se hable náhuatl. Estas experiencias ofrecen una oportunidad invaluable para escuchar el idioma en su contexto natural, donde no solo las palabras, sino también los gestos, los ritmos y las emociones cobran vida. Celebraciones como *Mikailhuitl*, o mal conocida como "Día de los Muertos", prácticas agrícolas y festivales dedicados a peticiones de lluvia como lo es las ceremonias en agradecimiento a *Tlaloc* y *Quetzalcoatl*. Estos son momentos perfectos para observar y participar en el uso del náhuatl en su entorno cultural.

Además de los eventos festivos, es crucial explorar la literatura y la música en náhuatl. Leer poesía, mitos y cuentos tradicionales nos permite adentrarnos en el corazón de la lengua. La poesía náhuatl, en particular, es una ventana a la cosmovisión mexica, llena de metáforas y simbolismos que reflejan una profunda conexión con la naturaleza y lo divino. Canciones tradicionales, muchas de las cuales han sido transmitidas de generación en generación, también nos ofrecen una rica experiencia auditiva, enseñándonos el ritmo y la melodía del náhuatl.

La práctica cotidiana del idioma es otro aspecto fundamental. Buscar comunidades donde se hable náhuatl y participar en actividades diarias con hablantes nativos puede transformar nuestro aprendizaje. Al escuchar y hablar náhuatl en situaciones reales, absorbemos no solo el idioma, sino también los matices culturales que lo acompañan. Esta interacción nos ayuda a internalizar el idioma de manera más natural y significativa.

Trasladamos el corazón al pasado y escuchemos el fuerte eco de los tambores o *huehuetl* resonar en cada rincón de la gran plaza de *Mexico-Tenochtitlan*. Ahí, de pronto, vemos grupos de personas sonriendo, alegres, con vestimentas coloridas y trajes preciosos adornados con plumas tanto en el rostro como en muñecas y pies. Las risas de niños y niñas se mezclan con los hermosos pasos de danza en un ritmo unificado. Estos pasos están acompañados por instrumentos, caracoles en los pies, y pequeñas sonajas en las manos, formando un círculo ordenado alrededor de los músicos.

La danza va acompañada también por una muestra de diversos alimentos preparados por los cocineros de *Mexico-Tenochtitlan*, destacando una gastronomía variada y basada principalmente en el maíz. Las casas y construcciones principales a los alrededores están decoradas en gran festividad, y todos regocijan y están contentos. Se alzan las banderas o *Pantli*, y los símbolos de aves comienzan a aparecer en cada esquina de la gran plaza de *Tenochtitlan*.

La danza y el baile siguen el curso del sol, y los ritmos evocan diferentes elementos de la naturaleza, enseñándonos poco a poco cómo vivir en armonía con nuestro entorno. En ese momento, la lengua náhuatl se traspasa al ritmo de la danza y se convierte en la expresión cultural de un pueblo, recordándonos la rica herencia de una civilización que celebraba la vida en todas sus formas.

A medida que la celebración avanza, el aire fresco de la tarde acaricia los rostros de los danzantes, llevando consigo el aroma de flores y especias. Los colores vibrantes de las vestimentas, en tonos de rojo, azul, verde y amarillo, resplandecen bajo la luz del sol, creando un espectáculo visual que deleita los sentidos. La textura de los trajes, elaborados con tejidos finos y plumas suaves, añade una sensación de riqueza y esplendor a la escena.

El sonido de las sonajas y los tambores, acompañados por el susurro del viento, crea una sinfonía que envuelve a todos los presentes. Los pasos de danza, firmes y sincronizados levantan pequeñas nubes de polvo que se dispersan suavemente en el aire, recordándonos la conexión íntima entre la tierra y los seres humanos.

Mientras los niños corren y juegan, sus risas llenan el ambiente de una alegría contagiosa, reflejando la pureza y la inocencia de la infancia. Los adultos, con miradas de orgullo y satisfacción, observan la escena, sintiéndose parte de una comunidad unida por la tradición y el respeto mutuo.

En cada rincón de la plaza, se pueden encontrar puestos de comida con platillos exquisitos, desde tamales y tlacoyos hasta atole y pulque. Los aromas de los alimentos, mezclados con el dulce olor del copal quemado en pequeños incensarios, crean una atmósfera de celebración y gratitud.

El cielo, pintado con los colores cálidos del atardecer, parece bendecir la festividad con su luz dorada. A medida que el sol se oculta lentamente detrás de las montañas, las antorchas comienzan a encenderse, iluminando la noche con una luz suave y acogedora.

Este momento, lleno de vida y color, de sonido y movimiento, es un reflejo de la esencia misma de la cultura mexica: una celebración de la vida en todas sus manifestaciones, un reconocimiento de la belleza en la diversidad, y una profunda conexión con la naturaleza y el cosmos.

Ese último pasaje nos dibuja perfectamente nuestro tema actual. La inmersión cultural también implica respetar y valorar las creencias y prácticas asociadas con la lengua. Comprender los rituales, las ofrendas y las formas de vida de los pueblos que hablan náhuatl nos permite ver el idioma en su contexto completo. Es fundamental abordar este aprendizaje con humildad y respeto, reconociendo que estamos entrando en un espacio sagrado de conocimiento y tradición.

Un factor muy importante dentro de la inmersión cultural es aprender a llegar a una comunidad nahuatlato con el corazón abierto, preparado para recibir las letras y la poesía del lenguaje, y de esta forma, abrazar la inmersión de su cultura en nuestra perspectiva. Un error que debemos evitar es pensar que, al llegar a una comunidad que habla náhuatl, debemos enseñarles cómo cambiar sus prácticas. Este enfoque puede considerarse una forma de colonización moderna. En algunos términos, algunas personas lo nombran "mexicacentrismo". Sin embargo, debemos abordar esta situación de manera más inteligente. No se trata de mexicacentrismo, sino de un interés genuino de aprender cómo los pueblos nahuas ven el mundo, para saber si debemos complementar o cuestionar nuestras propias percepciones.

"Sepanyan tiyahtinemih nennoikniwan iwan moneki ma tikixmatikan in toxayak in toyollo"
(En unidad andamos mis hermanos y se necesita que reconozcamos nuestro rostro, nuestro corazón)

Para aquellos que desean profundizar aún más, visitar sitios arqueológicos y museos que preservan la historia y la cultura náhuatl puede ser muy enriquecedor. Lugares como *Teotihuacan*, Templo Mayor y otros centros ceremoniales nos conectan físicamente con los espacios donde se desarrolló esta cultura. Estos sitios son testimonios vivos del pasado y nos ayudan a entender la grandeza y complejidad de la civilización mexica.

Una buena práctica para aquellos que no somos originarios practicantes de una lengua nativa es acercarnos a platicar con las personas que sí lo son. Es fundamental preguntarles sobre sus usos y costumbres, cómo nombran su mundo a su alrededor, y de qué forma narran su vida. Además, es esencial observar cómo la lengua náhuatl pone en práctica sus enseñanzas en el día a día. La inmersión cultural nos invita a hacer el ejercicio de la experiencia. Una de las magias y bellezas de la lengua náhuatl, especialmente evidente en sus *Xochitlahtolli* (palabra de flores), es que se basa en la experiencia vivida de cada comunidad. Cada comunidad enriquece el vocabulario de la lengua, aportando su perspectiva única y su interacción con el entorno.

Por ejemplo, en Xochimilco, la lengua náhuatl se teje con la vida acuática de los canales y chinampas. Aquí, los habitantes podrían utilizar términos como "*acualli*" (canoa) y "*axochiatl*" (agua de flores) en su vida cotidiana. La lengua refleja la relación íntima con el agua y las plantas, elementos vitales para la subsistencia y la cultura local. Los relatos de Xochimilco a menudo incluyen descripciones poéticas de las trajineras deslizándose sobre las aguas tranquilas al amanecer, un momento capturado en frases como *"nopa tonati tlen eltok toixtla ipan atl"* (El sol frente a nosotros sobre el agua).

En contraste, en el estado de Puebla, la riqueza cultural del náhuatl se manifiesta en un entorno montañoso y agrícola. Aquí, la lengua captura la esencia de la vida en las tierras altas. Palabras como "*Tlalli*" (tierra) y "*Cuauhtli*" (águila) son comunes, reflejando la conexión con la tierra y el cielo. Las historias poblanas podrían narrar la vida de los campesinos trabajando en los campos, con frases como *"nopa xinachtli ipan tlalli "* (La semilla en la tierra) evocando la fertilidad y el ciclo agrícola. Ambas regiones, Xochimilco y Puebla, ofrecen un enriquecimiento cultural invaluable a través de sus variantes del náhuatl. Las experiencias vividas y las interacciones con su entorno enriquecen la lengua de manera única, ofreciendo una profunda inmersión cultural para quienes se acercan con el corazón abierto y los oídos dispuestos a aprender.

Práctica Diaria

La práctica constante es esencial para dominar cualquier idioma, y el náhuatl no es una excepción. Incorporar palabras y frases en náhuatl en nuestra vida diaria no solo nos ayuda a familiarizarnos con el idioma, sino que también nos permite internalizar su belleza y riqueza cultural. Hablar con amigos y familiares, y utilizar el idioma en situaciones cotidianas, son pasos fundamentales en este proceso.

"Sen askatl kimati kahtli ohtli kanas kwak moixmati askatl, ammo xikohtli"
(Una hormiga sabe cuál camino andar cuando se reconoce hormiga y no abeja)

Imaginemos a un talentoso artesano llegar a una de las grandes calzadas de *Mexico-Tenochtitlan*, la calzada de *Tacuba*. El aire es fresco, cargado con los aromas de las flores de cempasúchil y las hierbas frescas que crecen a lo largo de las calzadas. Los primeros rayos del sol iluminan las piedras pulidas del camino, creando destellos dorados que parecen danzar con cada paso del artesano. A su alrededor, las personas lo saludan con sonrisas cálidas y palabras amables, reflejando la armonía de una comunidad unida.

"¿Cómo te recibió el sol esta mañana?", pregunta una mujer con una cesta de frutas frescas, sus ojos brillando con genuina curiosidad. El artesano responde con una sonrisa, "El sol me recibió alegremente, llenando mi corazón de luz." Mientras avanza, otra persona se acerca, un anciano con una mirada sabia y serena. "¿Cómo se siente tu corazón hoy?", inquiere, y el artesano responde con entusiasmo, "Mi corazón se siente resplandeciente como el mismo sol."

A medida que el artesano continúa su camino, los saludos se suceden, cada uno una caricia para el corazón. "Buena luz de esta mañana, pásale querido hermano del corazón," dice una joven mientras arregla flores en un altar. "¿Cómo se siente tu corazón hoy, querido hermano artesano?", añade un hombre mientras acaricia a su perro *xoloitzcuintle* que lo acompaña lealmente.

La calzada está viva con los colores vibrantes de las vestimentas de la gente, adornadas con bordados intrincados y plumas de aves exóticas. El sonido de risas, conversaciones y el suave murmullo del agua en los canales cercanos crea una sinfonía que envuelve a todos los presentes. El artesano siente que cada saludo, cada mirada y cada palabra es una expresión de la profunda conexión que une a la comunidad.

Nos damos cuenta de que la lengua náhuatl, en su uso diario, ya carga consigo una poesía y una riqueza que ninguna otra lengua tiene. Es una lengua que no solo comunica, sino que también enlaza corazones y mentes en una danza de palabras y sentimientos. Cada expresión es una invitación a compartir, a conectar, a ser parte de un todo mayor.

En este recorrido, el artesano no solo transita por una calzada, sino por un camino de luz y calor humano, donde cada interacción es un reflejo del amor y el respeto que se tiene por la vida y por los demás. Así, la calzada de Tacuba se convierte en un escenario de belleza y armonía, un lugar donde la lengua náhuatl brilla con todo su esplendor y donde cada palabra es una semilla de bondad plantada en el corazón de la comunidad.

Igual que el artesano caminando por la calzada y recibiendo el cálido saludo de su gente mexica, nosotros comencemos también con pequeños pasos. Introducir palabras sencillas como *"Atl"* (agua), *"cualli"* (bueno) y *"tlalli"* (tierra) en nuestras conversaciones diarias. Podemos saludar a nuestros seres queridos con un cálido *"¿Ken otitlathwile?"* (¿Cómo te amaneció?) o despedirnos con un afectuoso *"Niman"* (Nos vemos). Estos gestos aparentemente pequeños tienen un gran impacto en nuestra familiaridad y comodidad con el idioma.

Además, podemos etiquetar objetos en nuestro hogar con sus nombres en náhuatl. Pegatinas con palabras como *"Calli"* (construcción), *chante* (casa) *"Miztli"* (gato) y *"metztli"* (luna) nos ayudarán a aprender y recordar el vocabulario de manera visual y práctica. Al ver estas palabras regularmente, comenzamos a asociarlas con los objetos y conceptos que representan, reforzando nuestro aprendizaje.

Practicar la escritura en náhuatl también es muy beneficioso. Mantener un diario donde anotemos nuestras actividades diarias, pensamientos y sentimientos en náhuatl puede ser una excelente manera de mejorar nuestra habilidad de escribir en el idioma. Por ejemplo, podríamos escribir: *"Nochipa nimitstlahpaloa in miac Xochitl"* (siempre te saludo con muchas flores), expresando nuestros sentimientos y observaciones en un contexto poético y culturalmente resonante.

Otra forma efectiva de practicar es a través de la música y la poesía. Escuchar canciones en náhuatl y tratar de cantar junto a ellas no solo mejora nuestra pronunciación, sino que también nos conecta emocionalmente con la lengua. La poesía, rica en metáforas y simbolismos, nos ofrece una manera profunda de entender y apreciar la cultura náhuatl. Recitar poemas tradicionales en voz alta es una práctica maravillosa que nos sumerge en la musicalidad y el ritmo del idioma.

La práctica de la lengua náhuatl puede ser intimidante para muchas personas, ya que ya no es una lengua que se practique diariamente en cada esquina, especialmente en las grandes urbes. Por ejemplo, la ciudad hoy conocida como Ciudad de México, que debería retomar su nombre original y su identidad ancestral: *Mexico-Tenochtitlan*. En la capital mexica, todavía se pueden escuchar las bellas palabras de la lengua náhuatl en regiones muy selectas.

En el famoso barrio de Tepito, por ejemplo, aunque no es común, aún se pueden encontrar hablantes de náhuatl. Con mayor popularidad, el idioma resuena en las zonas de Milpa Alta, Tláhuac, y Xochimilco. Si extendemos nuestra búsqueda más allá de la metrópolis, encontramos también comunidades en Texcoco donde el náhuatl sigue vivo y vibrante. Estas áreas ofrecen oportunidades únicas para escuchar y practicar la lengua en un entorno más auténtico y cotidiano.

"Xitlanonotsa intloktsinko mokoltsitsinwan, yehwantsitsintin kimopiliah in wewetlahtolli"
(Conversa con tus abuelitos, ellos tienen la antigua palabra)

Una excelente idea para darle práctica a la lengua náhuatl es utilizar las herramientas contemporáneas que hoy en día poseemos, como las redes sociales. Puedes unirte a grupos y, de forma muy amable y atenta, presentarte. Recordemos el factor humildad: ser humilde, levantar la mano y decir que no eres un hablante de origen, pero que tienes una alta pasión por aprender la lengua. Asegúrate de comunicar que de ninguna forma harás apropiación cultural, sino que tienes un genuino interés por aprender una nueva visión de la vida. En estos grupos de diferentes redes sociales, seguramente encontrarás personas de corazón noble que extenderán la mano y te ayudarán a practicar.

Otra gran idea es sumarse a las diferentes escuelas que están surgiendo en varios puntos de nuestro país. Tomar un curso, integrarse en una comunidad y motivar a tus compañeros a formar grupos de práctica es esencial. Reúnanse para intercambiar ideas, ejercicios y motivaciones para continuar con el aprendizaje de la lengua. Por ejemplo, podrías participar en talleres en Milpa Alta donde los abuelos enseñan las palabras de las plantas medicinales locales, o asistir a círculos de conversación en Xochimilco donde se discuten las leyendas del lugar en náhuatl.

Es muy importante que la lengua se practique, pues está profundamente atada a la experiencia de la localidad y al universo que tienes frente a ti. Practicar el náhuatl no solo es un ejercicio lingüístico, sino también un acto de conexión con la tierra y la comunidad. Al hacerlo, no solo enriqueces tu vocabulario, sino que también te sumerges en una rica tradición cultural que te ofrece una nueva perspectiva de la vida.

¿Qué es lo que hace falta en nuestro México, en nuestro muy dolido México? Lo que hace falta es que aquello que era viejo, aquello que era nuestro, aquello que nos pertenece, hoy en día, vuelva a salir con los primeros rayos de *Xiuhtecuhtli*, que nos clave ese *Acatl*, ese carrizo en nuestro corazón, y que nos recuerde, a base de punta de maguey, que nosotros somos herederos de una profunda cultura, que además de defenderse, protegió su herencia.

Es increíble imaginar que hoy en día, muchos mexicanos se sienten avergonzados de su pasado, e incluso llegan a mencionar las tan dolorosas palabras como "ya supérenlo", "ya pasó más de 500 años de eso", "hoy en día ya somos hispanos", "ya somos mestizos". Imaginemos qué siente nuestra herencia pasada, nuestro porcentaje nativo, cuando esas palabras llegan como pedernales de obsidiana a nuestro corazón, como *Tecpatl* que abre una grieta a un corazón espinado.

México no necesita más divisiones hacia abajo, necesita de ojos que miren al sol, lo reconozcan de nuevo, extiendan sus brazos y le digan a nuestro Padre Sol, *Totatzin Tonalzin Tonatiuh*, que nuestro corazón está listo para otra vez pronunciar las palabras que en algún momento Él escuchó. Que la lengua náhuatl, con su melodía ancestral, resuene nuevamente en nuestros labios, recordándonos la grandeza de nuestra herencia. En cada amanecer, cuando los primeros rayos del sol tocan la tierra, debemos recordar que somos descendientes de aquellos que reconocían a *Tonatiuh*, el sol, el dador de vida. Cada palabra en náhuatl que pronunciamos es un acto de resistencia, una declaración de que no hemos olvidado de dónde venimos.

"Itotonilis in moyollotsin wits ka tlakpak, ihkwak in tlastiminaltin topan wetsikiwe, tichyoliah wan tichyolchikawatiah ika tinehnemiskeh ipantsinko tlaltikpaktsintli"

(Su calor de corazón, proviene desde arriba, cuando los dardos caen sobre nosotros nos dotan de corazón y nos lo fortalecen y con ello podemos andar sobre la venerable Tierra)

Imaginemos un México donde cada niño aprende no solo español, sino también náhuatl, donde las historias de *Quetzalcoatl* y *Huitzilopochtli* no sean solo leyendas olvidadas, sino partes vivas de nuestra identidad. Un México donde las palabras antiguas se entrelazan con las modernas, creando un tapiz lingüístico que nos une a nuestro pasado y nos guía hacia el futuro.

Nuestro México necesita recuperar el orgullo por su herencia, abrazar su historia y celebrar la diversidad cultural que nos hace únicos. Que cada palabra en náhuatl sea un canto de amor y respeto hacia nuestros ancestros, una semilla de conocimiento plantada en los corazones de las nuevas generaciones.

Que las lenguas nativas, como el náhuatl, sean vistas no como reliquias del pasado, sino como tesoros vivos que enriquecen nuestra identidad. Necesitamos mirar al pasado no con vergüenza, sino con orgullo, y permitir que la sabiduría de nuestros ancestros ilumine nuestro camino.

Comunidades y Redes de Apoyo

Unirse a comunidades de aprendices y hablantes de náhuatl, ya sea en línea o en persona, es un paso fundamental en el camino hacia la fluidez en esta hermosa lengua. Estas redes de apoyo proporcionan un espacio valioso para practicar, compartir conocimientos y motivarse mutuamente. La fuerza de aprender en comunidad reside en la diversidad de experiencias y perspectivas que cada miembro aporta, enriqueciendo el proceso de aprendizaje.

¡Xiwalla! ¡Xionpano tinoiknitsin! ¡Onka in tlakwalli wan tlinmach onka itech titononotsaskeh!
(¡Ven! ¡Pásale tu mi hermano! ¡Hay comida y hay tanto que platicar!)

En el ámbito en línea, hay numerosos grupos y foros dedicados al estudio del náhuatl. Redes sociales como Facebook, Instagram y plataformas de aprendizaje de idiomas como **Calli Mexica**, ofrecen espacios donde los aprendices pueden conectarse con hablantes nativos y otros estudiantes. Participar activamente en estos grupos es esencial. Presentarse con humildad y expresar un genuino interés por aprender el idioma y la cultura es el primer paso. Estos espacios son ideales para hacer preguntas, compartir recursos, y practicar la escritura y la pronunciación del náhuatl. Por ejemplo, podrías unirte a un grupo de Facebook dedicado a la enseñanza del náhuatl, donde se comparten lecciones diarias, ejercicios prácticos y se organizan sesiones de conversación en vivo. Imagina la riqueza de interactuar con personas que comparten tu pasión, de recibir correcciones amables y sugerencias útiles que te acercan cada vez más a la fluidez.

Las comunidades presenciales también juegan un papel crucial. En muchas regiones de México, existen escuelas y centros culturales que ofrecen cursos de náhuatl. Inscribirse en estos cursos proporciona una experiencia de aprendizaje estructurada y la oportunidad de practicar el idioma en un entorno colaborativo. Además, estos centros a menudo organizan eventos culturales, como talleres de danza, música y artesanía, donde el náhuatl se utiliza de manera activa. Por ejemplo, en la Ciudad de México, instituciones como la Casa de la Cultura Náhuatl en Milpa Alta o los talleres de lengua en Xochimilco son lugares donde puedes sumergirte completamente en el aprendizaje del idioma y la cultura. Participar en una clase de náhuatl en estos lugares no solo te brinda conocimiento lingüístico, sino también una inmersión profunda en las tradiciones y costumbres que dan vida a las palabras que aprendes.

Formar parte de estos grupos no solo facilita el aprendizaje del náhuatl, sino que también crea un sentido de comunidad y pertenencia. Al participar en redes de apoyo, los aprendices pueden intercambiar experiencias, celebrar los logros mutuos y ofrecer apoyo en momentos de desafío. Estas interacciones no solo mejoran la habilidad lingüística, sino que también fortalecen los lazos culturales y sociales. Imagina la satisfacción de superar un obstáculo en el aprendizaje del idioma gracias a la ayuda de un compañero de estudios, o la alegría de celebrar juntos los pequeños avances y éxitos en el camino hacia la fluidez.

Además, es posible organizar pequeños círculos de estudio con amigos o familiares interesados en aprender náhuatl. Reunirse regularmente para practicar conversaciones, estudiar vocabulario y realizar actividades culturales puede ser muy beneficioso. Por ejemplo, podrían organizar noches de poesía en náhuatl, donde cada miembro recite un poema y explique su significado, o sesiones de cocina tradicional, donde se utilicen términos náhuatl para nombrar ingredientes y técnicas culinarias. Estas reuniones no solo fomentan el aprendizaje, sino que también crean momentos de conexión y disfrute, donde el idioma se convierte en un puente hacia el entendimiento y la unidad.

La maravilla multifacética de la lengua náhuatl es que no solo se puede aprender una sola variante, sino que se debe sumar la colección de vocabulario que tienen las diversas regiones. Cada variante del náhuatl captura la esencia de su entorno, proporcionando una rica tapeztría de palabras y significados que reflejan las experiencias únicas de cada comunidad. Imagina aprender el náhuatl de diferentes regiones y descubrir cómo cada palabra está imbuida del paisaje, la historia y la vida cotidiana de su gente. Este enfoque no solo enriquece tu conocimiento del idioma, sino que también te ofrece una comprensión más profunda de la diversidad cultural y natural de México.

En la alta sierra nublada de Puebla, el náhuatl se llena de términos que evocan la magia y el misterio de las montañas. Aquí, palabras como "*ayahuitl*" (niebla), "*tepetl*" (montaña) y "*isetlakatl*" (solitario) describen un paisaje envuelto en bruma, donde las cimas de las montañas tocan el cielo y la niebla acaricia la tierra. Los habitantes de estas regiones hablan con una poesía natural, sus palabras reflejan la majestuosidad y el misterio de su entorno. Imagina caminar por estos paisajes y escuchar a los lugareños hablar en náhuatl, cada palabra resonando con la magia de las montañas y la historia de sus ancestros.

Comparativamente, el vocabulario utilizado en Milpa Alta, Texcoco y Xochimilco se centra en elementos agrícolas y acuáticos. En Milpa Alta, podrías escuchar términos como "*Xochitl*" (flor), "*metl*" (maguey) y "*tlaxcalli*" (tortilla), reflejando la riqueza de la tierra y la importancia de la agricultura. En Xochimilco, el náhuatl resuena con el sonido del agua y la vida acuática, con palabras como "*acalli*" (canoa) y "*axochiatl*" (arcoíris), evocando la belleza de las chinampas y los canales que han sustentado a su gente durante siglos. Imagina el vibrante paisaje de Xochimilco, donde cada término náhuatl te conecta con la vida y la historia de los canales, los jardines flotantes y las tradiciones agrícolas que definen la región.

En regiones como Guerrero, el náhuatl toma una forma diferente, adaptándose a las montañas y costas del estado. Aquí, podrías aprender palabras como "*Itztli*" (obsidiana) y "*yaotl*" (guerrero), reflejando la fortaleza y la resiliencia de su gente. Incluso en el país de El Salvador, donde el náhuatl se mezcla con otras influencias, se pueden encontrar términos únicos que hablan de la rica historia y la diversidad cultural de la región. Imagina explorar estas variantes y descubrir cómo cada palabra cuenta una historia de resistencia, adaptación y supervivencia.

¿Kenen motokayotia inon, ompa kampa tiwits?
(¿Cómo se nombra eso allá de dónde provienes?)

Una recomendación esencial para aprender náhuatl es seleccionar una variante que represente tu localidad. Si naciste en Puebla, aprende la variante de Puebla; si naciste en Veracruz, aprende la variante de Veracruz; si naciste en la capital mexica, *Mexico-Tenochtitlan*, aprende la variante de Milpa Alta. Este enfoque no solo facilita el aprendizaje, sino que también honra las raíces locales y fomenta un sentido de pertenencia y respeto. Al aprender la variante local, te conectas más profundamente con tu propio entorno y contribuyes a la preservación de esa variante específica.

El primer paso para generar una comunidad de aprendizaje es reconocer cuál es la variante que te corresponde y, posteriormente, ser humilde al desdoblarte y aprender el vocabulario de otras variantes. Este proceso debe realizarse siempre con integridad, rostro y corazón, respetando la diversidad y riqueza de cada comunidad. Al hacerlo, no solo amplías tu conocimiento del idioma, sino que también fortaleces los lazos con diferentes comunidades, creando un mosaico de entendimiento y colaboración.

Al sumergirte en el náhuatl, no solo estás aprendiendo un idioma; estás conectando con el corazón de diferentes tierras, con sus ritmos, sus historias y sus corazones. Cada palabra es una semilla de conocimiento, cada frase un puente hacia el entendimiento profundo de nuestras raíces y de la esencia humana. Que este viaje lingüístico te inspire y te motive, recordándote que aprender náhuatl es un acto de amor y reverencia hacia nuestra herencia ancestral y hacia el hermoso mosaico de culturas que componen nuestro mundo.

Imagina cómo, al aprender náhuatl, te conectas con generaciones pasadas, con los ancestros que hablaron este idioma y transmitieron sus conocimientos a través de él. Cada palabra que aprendes es un homenaje a su legado, una forma de mantener viva su memoria y su sabiduría. Además, al compartir este conocimiento con otros, contribuyes a la continuidad de la lengua y a la preservación de la cultura náhuatl para las generaciones futuras.

Finalmente, considera cómo puedes aplicar lo que has aprendido en tu vida diaria. Tal vez podrías incorporar palabras en náhuatl en tus conversaciones cotidianas, o utilizar el idioma para expresar tus sentimientos y pensamientos más profundos. Al hacerlo, no solo practicas el idioma, sino que también enriqueces tu propia experiencia de vida, integrando una nueva dimensión de significado y conexión en tus interacciones diarias.

En conclusión, unirse a comunidades y redes de apoyo para aprender náhuatl es un paso crucial y enriquecedor en tu camino hacia la fluidez en esta lengua. Al hacerlo, no solo adquieres conocimientos lingüísticos, sino que también te conectas con una rica tradición cultural y fortaleces los lazos con las comunidades que hablan este idioma. Que este viaje te llene de inspiración, motivación y un profundo sentido de conexión con nuestras raíces ancestrales y con la vasta diversidad cultural de nuestro mundo.

Valoración y Respeto

Valorar y respetar la lengua náhuatl es crucial para su preservación y revitalización. Entender su historia y su importancia cultural nos ayuda a apreciar no solo su belleza intrínseca, sino también su resistencia a través de los siglos. Al reconocer el valor de esta lengua ancestral, nos comprometemos más profundamente con su aprendizaje y conservación.

"Iihyo in tlahtoltin, kemen tetekpa, ika mochihchiwa no ika motekokoltia"
(Su aliento de las palabras, como pedernales, con ellas se genera, se construye, también con ellas se causan heridas)

La lengua náhuatl es más que un conjunto de palabras y reglas gramaticales; es un reflejo de la cosmovisión, la sabiduría y las tradiciones de los pueblos que la han hablado durante milenios. Cada palabra en náhuatl lleva consigo el eco de generaciones pasadas, narrando historias de amor, guerra, conexión con el universo y vida cotidiana. Valorar la lengua náhuatl es reconocer y honrar la riqueza cultural que encierra.

Para apreciar verdaderamente la lengua náhuatl, es importante conocer su historia. Desde la época prehispánica, el náhuatl fue la lengua franca del imperio mexica, utilizada en poesía, documentos administrativos, y rituales religiosos. Durante la conquista y colonización, el náhuatl sufrió un proceso de represión, pero su aliento indomable permitió que sobreviviera y se adaptara, manteniéndose vivo en las comunidades indígenas hasta el día de hoy.

Por ejemplo, los códices prehispánicos, como el Códice Borgia, contienen inscripciones en náhuatl que ofrecen una visión profunda de la cosmovisión mexica. Estos documentos históricos son testimonios de la complejidad y sofisticación del pensamiento

36

náhuatl, y su estudio nos permite entender mejor cómo los antiguos mexicas concebían el universo.

Además, la poesía náhuatl, con sus metáforas ricas y su lenguaje evocador, nos muestra la capacidad de esta lengua para capturar la esencia de la naturaleza y la experiencia humana. Poemas de poetas como *Nezahualcoyotl* nos transportan a un mundo donde las palabras florecen como flores, y los sentimientos se entrelazan con el canto de los pájaros y el murmullo de los ríos.

Al aprender náhuatl, debemos hacerlo con una actitud de respeto y humildad. Esto significa reconocer a los hablantes nativos como los verdaderos guardianes de la lengua y valorar su conocimiento y experiencia. Participar en comunidades de aprendizaje con un corazón de colaboración y apoyo mutuo es esencial. También implica rechazar cualquier forma de apropiación cultural, entendiendo que aprender náhuatl es una manera de contribuir a su preservación y no de explotarla para beneficios personales.

Además, respetar la lengua náhuatl implica proteger los derechos lingüísticos de las comunidades indígenas. Esto incluye apoyar iniciativas que promuevan la enseñanza del náhuatl en las escuelas, la creación de materiales educativos en náhuatl y la inclusión de la lengua en los medios de comunicación y la tecnología. Al hacerlo, ayudamos a asegurar que el náhuatl siga siendo una lengua viva y vibrante para las futuras generaciones.

De igual forma que la mayoría de los usuarios del mundo le dan un profundo interés práctico a aprender el idioma inglés, nosotros, principalmente como mexicanos, debemos darle un alto lugar de admiración a aquellos que tienen en su hermosa voz la lengua náhuatl. Por una razón principal: ellos son herederos de siglos de herencia cultural, de posiblemente milenios de enseñanzas antiguas. Portan la palabra de los viejos, de los sabios, de los primeros observadores de nuestra tierra, y, por lo tanto, merecen una profunda admiración.

Imagina el interior muy colorido de uno de los salones de estudio del *Cuicacalli*, la Casa del Canto Mexica. Las paredes están decoradas con vibrantes murales de aves exóticas y escenas de la naturaleza, pintadas con maestría en tonos de azul, rojo y verde. En el centro de este espacio, una curiosa alumna se acerca con su *Temachtiane*, su sabio maestro, cuyo rostro refleja años de conocimiento y serenidad.

"Maestro, ¿por qué debemos saludar a todos según cómo el sol nos recibe? ¿Por qué preguntamos cómo se siente su corazón?" La voz de la niña está llena de inocente curiosidad.

El *Temachtiane* la guía suavemente hacia la ventana, donde el aroma fresco del agua del lago y el perfume de las flores flotan en el aire. Afuera, la vida bulle con actividad. Observan juntos a las personas caminar por las calles empedradas, saludándose con sonrisas cálidas y palabras gentiles. Los pájaros vuelan en armoniosas coreografías, las hojas danzan al ritmo de la brisa, y las pequeñas olas del lago chapotean alegremente contra la orilla. Las majestuosas montañas y los volcanes se alzan imponentes en el horizonte, como guardianes silenciosos de la ciudad.

"Nuestras palabras, pequeña," dice el *Temachtiane* con voz suave pero firme, "viajan a todos los rincones del mundo, a todas las direcciones. La forma en que nos expresamos será la manera en que nos recuerden. Saludamos al corazón porque entendemos que todos poseemos uno, y un corazón nunca miente. Saludamos según cómo el sol nos recibe, porque el sol es de todos, nos guía, nos da rostro, nos enseña quiénes somos."

El maestro toma una flor de *Cempoaxochitl* que crece cerca y la entrega a la niña. "Todo lo que decimos debe ser correcto, respetuoso y propio. Recuerda siempre las palabras de un viejo poeta: 'Al menos dejemos flores, al menos dejemos cantos'. Todo lo que sale de nuestra voz son semillas, para que quienes nos escuchen puedan sembrar jardines en sus corazones."

La alumna, con los ojos brillantes de comprensión, asiente. La enseñanza ha tocado profundamente su corazón. A partir de ese día, su manera de ver la vida cambia. Saluda a su hermano y a su hermana con el respeto y la caricia apropiada para sus corazones, llevando consigo la sabiduría ancestral de su maestro, y sembrando flores con cada palabra que pronuncia.

La lengua náhuatl valora profundamente y respeta aquello que es viejo, aquello que ha vivido más que tú. En su esencia, se reconoce que el corazón de alguien que ha vivido más tiempo es más noble por el simple hecho de haber acumulado más experiencia y sabiduría. Por ejemplo, la palabra *"tlamatini"* significa sabio o filósofo, literalmente "el que sabe algo". Los *tlamatini* eran venerados por su conocimiento y experiencia, y sus palabras eran escuchadas con reverencia y respeto.

Considero que como mexicanos debemos voltear a ver nuestras lenguas nativas, mirarlas con respeto y admiración, y sumarnos al aprendizaje de ellas antes que aprender cualquier otra lengua que nos desasocie de nuestra identidad cultural. Aprender náhuatl no es solo una cuestión de adquirir habilidades lingüísticas, sino de reconectar con nuestras raíces, con la sabiduría ancestral que ha sido transmitida de generación en generación.

"Tlin motenkixtia ika tlahtowa toyollo"
(Lo que se pronuncia con los labios es lo que habla el corazón)

En muchas comunidades, la lengua náhuatl sigue viva y floreciendo, llevando consigo las tradiciones, los mitos y las historias que forman la base de nuestra identidad cultural. Por ejemplo, en Milpa Alta, los ancianos aún narran cuentos sobre *Quetzalcoatl* y *Tezcatlipoca*, y en Xochimilco, las canciones tradicionales en náhuatl celebran la belleza de las chinampas y la vida acuática. Estas expresiones culturales no solo enriquecen nuestro conocimiento del idioma, sino que también nos conectan con una visión del mundo que valora la armonía con la naturaleza y el respeto por los ancestros.

Al aprender náhuatl, honramos a nuestros antepasados y fortalecemos nuestro sentido de pertenencia y orgullo cultural. Reconocemos que las lenguas nativas son tesoros invaluables que llevan consigo la esencia de quienes las hablan y las han hablado a lo largo de los siglos. Que nuestra búsqueda por aprender náhuatl esté guiada por el respeto y la admiración, y que cada palabra que pronunciamos sea un homenaje a la rica herencia cultural que hemos recibido.

En un mundo donde el pragmatismo a menudo nos impulsa a aprender idiomas como el inglés para fines prácticos, debemos recordar la importancia de nuestras lenguas nativas. Ellas nos anclan a nuestra tierra, a nuestra historia, y a nuestra identidad. Aprender náhuatl es un acto de resistencia cultural y una declaración de amor a nuestras raíces. Que este aprendizaje nos inspire y nos motive, recordándonos siempre que, al hablar náhuatl, estamos dando voz a la sabiduría de nuestros ancestros y fortaleciendo el legado cultural para las futuras generaciones.

Conclusión

Entonces, ¿qué es México sin sus lenguas nativas? ¿Qué son las lenguas nativas sin personas que las pronuncien? ¿Y qué es el universo, si no podemos nombrarlo desde su forma más natural, desde su interacción con nosotros? Es momento de llevar otra vez el viento de la palabra náhuatl hasta nuestros oídos, que viajen a través de todas las fuerzas naturales y que nos inspire nuevamente.

Es crucial que los ríos, hoy protegidos por diferentes organizaciones mundiales, reconozcan la existencia de una fuerza natural llamada *Chalchitlicue*, quien gobierna todas las aguas. La inmersión cultural de nuestra lengua es fundamental para comprender la riqueza del náhuatl. Es como si le pidiéramos a alguien que caminara hacia el corazón de la montaña, hacia el *Tepeyolotl*, y se adentrara en las venas mismas de aquello que fue pronunciado por primera vez. En su encuentro con el jaguar de la caverna, ese *Tezcatlipoca* que vive en el corazón de la montaña, aprendería que en cada pequeña hebra de su ser transita un porcentaje nativo.

La práctica diaria y la creación de comunidades y redes de apoyo permitirán un intercambio hermoso, acompañado por *Xochipilli*, quien transformará este aprendizaje en una lírica, un canto y una experiencia divertida. Sin embargo, no podemos olvidar la seriedad de *Tonacatecuhtli*, quien brindará valor y respeto a las enseñanzas más importantes y profundas de la lengua náhuatl.

Consideremos que al tomar en cuenta todos estos puntos, México podrá retomar una esencia que lo catapultará a uno de los países más importantes del mundo. La riqueza cultural y lingüística de nuestras lenguas nativas no solo nos conecta con nuestro pasado, sino que también nos proporciona una base sólida para construir un futuro lleno de orgullo y dignidad.

Que el viento de las palabras náhuatl sople fuerte y claro, llevando consigo la sabiduría de los ancestros, la belleza de nuestra tierra y la fortaleza de nuestro *Tonalli*. Al abrazar y valorar nuestra lengua y nuestra cultura, no solo honramos a quienes nos precedieron, sino que también aseguramos que las generaciones futuras puedan caminar con la cabeza alta, sabiendo quiénes son y de dónde vienen.

Que este viaje de redescubrimiento y reverencia nos inspire a mirar al sol con nuevos ojos, a extender nuestros brazos y a decirle a nuestro Padre Sol *Totatzin Tonalsin Tonatiuh*, que estamos listos para pronunciar nuevamente las palabras que en algún momento Él escuchó. México, con su corazón renovado y su voz indomable, puede alcanzar alturas inimaginables, guiado por la luz y la sabiduría de sus lenguas nativas.

TEOTL

Lo Permanente

Abramos el universo de nuestro conocimiento con el estudio del concepto máximo que nos ayudará a entender, paso a paso, cómo podemos iniciar a plantar la semilla de lo que hoy podríamos definir como una cosmovisión mexica. Este concepto se llama *teotl*. ¿Qué significa este concepto? Para entenderlo, imaginemos que estamos sentados a la orilla del antiguo *Calmecac*, esta maravillosa institución de educación de nuestra cultura mexica, y estamos mirando hacia el horizonte.

"Tlein moyokolia, nochipa totsallan mokawas"
(Aquello que se crea vive para siempre entre nosotros)

Desde nuestra posición, podemos ver la extensión de la ciudad de *Mexico-Tenochtitlan*, con sus canales, sus chinampas, su gente, y los seres vivos que la habitan: aves, plantas y, a la distancia, un lago. Más arriba, se alzan dos grandes guardianes: los volcanes *Popocatepetl* e *Iztaccihuatl*. Al llevar nuestra mirada aún más lejos, alcanzamos a ver hasta donde nuestra vista llega, y estamos rodeados por una enorme jícara celeste, salpicada de diferentes manifestaciones. Pequeños puntos que brillan, otros que se mueven, una grieta en el cielo que parece una serpiente, colores morados y rosas, una esfera de color blanco con un conejo y una gran esfera de color amarillo blanco que nos brinda calor.

Imaginemos que estamos sentados a la orilla del *Calmecac*, mirando hacia el horizonte y preguntándonos: ¿cómo es que yo puedo ver todo esto? Entiendo, que mis antepasados también lo vieron y mi siguiente generación también lo verá. Entonces, ¿Qué es eso que permanece? ¿Qué es eso que me hace parte de una gran esfera de continuidad espaciotemporal? Iniciemos por ese escenario.

El concepto de *teotl* es esencial para entender la cosmovisión mexica. *Teotl* es el principio unificador, la esencia primigenia que permea todo lo que existe. No se trata simplemente de una deidad en un sentido occidental, sino más bien de una fuerza vital que se encuentra en cada rincón del universo. *Teotl* es

45

el movimiento, el cambio constante, la energía que fluye a través de todas las cosas, vivas e inanimadas.

Pensemos en el *teotl* como el aliento que anima a todos los seres vivos. Es el viento que acaricia las hojas de los árboles, el pulso que late en el corazón de cada ser, la chispa que enciende el sol cada mañana. Así como las estrellas brillan y los planetas giran, *teotl* es la fuerza que mantiene el orden y la armonía en el cosmos.

Para nosotros mexicas, *teotl* es la manifestación de la vida y la muerte, del día y la noche, del sol y la luna. Es la dualidad que equilibra el universo, donde cada elemento tiene su contraparte complementaria. Al observar los volcanes, el *Popocatepetl* y el *Iztaccihuatl*, vemos no solo montañas imponentes, sino símbolos de esta dualidad. Uno representa el guerrero ardiente, el otro la mujer dormida, y juntos cuentan una historia de amor, sacrificio y eternidad.

Al mirar más allá, hacia la enorme jícara celeste, reconocemos que *teotl* está presente en los pequeños puntos brillantes que llamamos estrellas, en la serpiente celeste que se desliza por el cielo, en los colores vibrantes del amanecer y el atardecer. La luna, con su conejo, y el sol, con su cálida luz, son también expresiones de *teotl*, recordándonos que estamos conectados con todo lo que existe.

Este concepto de *teotl* nos invita a reflexionar sobre nuestra propia existencia y nuestra conexión con el universo. Nos hace preguntarnos: ¿qué es eso que permanece? ¿Qué nos une a nuestros antepasados y a las generaciones futuras? La respuesta reside en entender que somos parte de un todo mayor, una continuidad espaciotemporal donde *teotl* fluye y nos da vida.

En este escenario, al contemplar la vastedad del cosmos desde la orilla del *Calmecac*, comprendemos que *teotl* no es solo un concepto abstracto, sino una realidad tangible que podemos sentir y experimentar en cada momento. Al reconocer y honrar esta fuerza vital, nos alineamos con el ritmo del universo y encontramos nuestro lugar en el gran tapiz de la existencia.

Hace muchos años, una abuelita proveniente de *Xochimilco* se sentó afuera de su casa, bajo el sol tibio de la tarde, para observar su pequeña canoa llena de flores. Los colores vibrantes de las flores contrastaban con el verde sereno del agua, creando un espectáculo visual que deleitaba los sentidos. El aroma dulce de las flores mezclado con el aire fresco del canal llenaba el ambiente, evocando recuerdos profundos en su corazón. La abuelita recordó sus momentos de infancia, cuando su mamá le enseñaba a recoger las flores con delicadeza, y luego las llevaban hacia *Tenochtitlan* para ejercer el trueque y obtener alimento. La textura de las flores entre sus dedos era suave, casi etérea, un vínculo directo con su pasado y su legado.

Sentada a la orilla del canal, se recargó sobre un árbol, sintiendo la firmeza y la sabiduría de sus años en su espalda. Comenzó a reflexionar sobre si las flores podían escucharla, y con una voz llena de ternura, comenzó a hablarles. Les contó la historia de su vida, abriendo su corazón con cada palabra. Les habló de su madre, de cómo juntas habían navegado esos mismos canales, riendo y cantando bajo el cielo abierto. La abuelita se dio cuenta de que seguramente las flores también tienen sus propias historias, sus propios susurros y secretos que comparten con la tierra.

Mientras hablaba, las flores parecían vibrar con cada palabra, como si respondieran a su cariño y a su nostalgia. La tierra bajo sus pies, firme y nutriente parecía transmitir un mensaje de conexión, de continuidad. Los árboles a su alrededor, altos y protectores parecían susurrar sus propias canciones al viento. El agua del canal, suave y constante, reflejaba el cielo y todo lo que contenía, uniéndose en un abrazo líquido con la vida que la rodeaba.

La abuelita se levantó, su movimiento lento y lleno de gracia, y tomó una flor en sus manos. La acarició con una ternura infinita, como si fuera un tesoro precioso. La textura de los pétalos, tan suave y delicada, le recordó a las manos amorosas de su madre. Con un gesto de amor profundo, le dio un beso, un beso genuino cargado de agradecimiento y esperanza. Agradeció desde el corazón la existencia de esa flor, su belleza y su fragancia, su conexión con el pasado y el futuro.

En esta pequeña historia entendemos que existe una fuerza que va más allá de nuestro entendimiento, una fuerza que no solo se manifiesta en el vasto universo, sino que también está presente en los actos más simples y sinceros. Está en el cariño entre una abuela y una flor, en el diálogo silencioso entre la naturaleza y la memoria, en la continuidad de la vida y la existencia de las cosas. Esta fuerza nos enseña que todo en el universo está interconectado, y que, en cada gesto de amor y gratitud, perpetuamos la belleza y la esencia de la vida misma.

Desde Zeus hasta el Omeyocan

Para comprender el concepto de *Teotl* desde una perspectiva más profunda, comencemos comparando cómo el pensamiento europeo transmite la idea de lo eterno y lo permanente, y cómo esto contrasta con la idea nativa del continente que hoy llamamos América, pero que su nombre podríamos decir *Anahuac*.

En Europa, el pensamiento se ha enfocado intensamente en posicionar la silueta humana como la dueña de la creación de todas las cosas, es decir, la dueña del universo. Desde las primeras civilizaciones europeas, como la civilización Sumeria, y posteriormente las griega y egipcia, podemos observar cómo se comenzaron a posicionar las figuras humanas como los dominantes del universo. Estas culturas esculpieron la humanidad en mármol y piedra, levantando estatuas de dioses con formas humanas que miraban con desdén desde sus pedestales, como si fueran los arquitectos del cosmos.

En particular, la civilización griega exaltó las cualidades específicas de la humanidad y las transformó en representaciones divinas. El panteón griego está compuesto por dioses que no solo reflejan características humanas, sino que también son los señores de toda vida existente en la Tierra. Estos dioses pueden interceder, afectar, y modificar el comportamiento humano, e incluso predestinar los efectos de eventos o catástrofes. A través de las obras teatrales y literarias de autores griegos, se creó una mitología rica y antropomórfica que explicaba el origen del universo. Europa, con su visión, se centraba en posicionar la figura humana como la dueña del universo, colocando al hombre en el centro de todas las cosas, como el artífice de su propio destino y el de todo lo que lo rodea.

Observemos el claro ejemplo de *Zeus*. *Zeus*, en la cultura griega, representa las cualidades exaltadas de la figura masculina ideal para el panteón griego y, en consecuencia, para la sociedad griega. Un hombre de edad avanzada, cuya experiencia y señoría

49

se reflejan en su barba característica, encarnando el ideal masculino. Además, *Zeus* está imbuido de connotaciones de interacción sexual, interviniendo directamente en las relaciones humanas y afectando incluso el nacimiento de futuros varones que compartirían sus características. Estos son los famosos héroes. Ejemplos de ellos son *Perseo*, *Teseo*, *Belerofonte*, exaltaciones masculinas de un sistema patriarcal basado en el heroísmo y el nacionalismo helénico.

"Yehwan kinemiliah mach mochi tlein onka kiyokolia in tlakatl; tlein melawak, achtokayotl ipan tlaltikpak chantiwaya oksekeh tlaatlaka"

(Ellos piensan que todo lo que hay lo crea la persona; lo que es cierto, es que anteriormente sobre la Tierra, habitaban otros seres o entidades)

Estas mismas cualidades se trasladan posteriormente a Júpiter en la cultura romana, ya que los romanos adoptaron muchas prácticas y costumbres de los antiguos griegos. La exaltación de *Zeus*, que ahora pasa a ser *Júpiter*, también se refleja en la forma característica de sus gobernantes, los *Césares*, quienes eran los hombres ejemplares dentro de esa civilización. Así, el viaje teológico que sufrió la figura de *Zeus* para transformarse en Júpiter, y su igualación a nivel político con el *César*, transmite que el desarrollo de la óptica del universo greco-romano, que son los principales generadores del conocimiento europeo, esté lleno de estas cualidades. Por esta razón, la Iglesia Católica Romana mantiene esas mismas prácticas de posicionar la figura masculina, vieja y sabia, como su *Dios* principal, respetando también el desdoblamiento de dichas manifestaciones en formas exclusivamente masculinas que hoy en día se llaman santos. Este patrón se perpetúa a través de los siglos, donde la figura de un hombre anciano, lleno de sabiduría y autoridad, se convierte en el arquetipo de lo divino y lo justo.

Agregando un dato lingüístico a nuestro seguimiento histórico de *Zeus*, de forma interesante, la palabra *"Dios"* en sí misma tiene una etimología que nos remonta a estas raíces. Deriva del latín *"deus"*, que a su vez se origina del protoindoeuropeo *"*deiwos"*, relacionado con el sánscrito *"deva"*, que significa ser celestial o divino. Esta raíz indoeuropea está también en *"Zeus"* (en griego antiguo *"Ζεύς"*, *"Zeús"*), el rey de los dioses en la mitología griega. Esta conexión etimológica sugiere una línea directa entre el concepto de deidad en la cultura europea y la figura de *Zeus*. Ambas palabras, *"Dios"* y *"Zeus"*, comparten una raíz común que resalta la divinidad y la supremacía del cielo y la luz, aspectos centrales de la figura de *Zeus* como señor del cielo y del trueno.

En contraste, la cosmovisión mexica ofrece una perspectiva diferente. En lugar de centrar el poder y la divinidad en una figura masculina exaltada, la cosmovisión mexica ve el universo como un tejido de dualidades complementarias, donde tanto lo masculino como lo femenino juegan roles esenciales e interdependientes. No es un solo dios en un trono celestial, sino un conjunto de fuerzas interconectadas que mantienen el equilibrio del cosmos.

Al comparar estas dos visiones, podemos ver cómo la estructura social y teológica de Europa se centró en la figura del hombre como el dominador y creador del universo, mientras que, en la tradición mexica, cada aspecto de la vida y la naturaleza es sagrado y está conectado con todo lo demás. La figura de *Teotl*, por ejemplo, no es antropomórfica ni exclusivamente masculina; es la esencia misma del universo, la fuerza vital que fluye a través de todas las cosas, vivas e inanimadas. Así, mientras que *Zeus* y *Júpiter* representan una centralización del poder en una figura masculina idealizada, *Teotl* representa una visión más holística y equilibrada del cosmos. En esta cosmovisión, el poder no reside en una sola entidad, sino en la armonía de todas las fuerzas que componen el universo. Esta diferencia fundamental nos muestra cómo las culturas pueden desarrollar conceptos radicalmente diferentes sobre la naturaleza de la divinidad y el lugar del ser humano en el cosmos.

Ahora, veamos cómo nuestras culturas nativas visualizaban este concepto. En lugar de colocar al ser humano en el centro del universo, las culturas mesoamericanas miraban hacia el cosmos con una reverencia que integraba todas las formas de vida en una red interconectada de existencia. En la cosmovisión mexica, el concepto de *Teotl* no es antropomórfico ni está centrado en la humanidad. *Teotl* es la esencia que fluye a través de todos los seres vivos, el pulso que late en el corazón del universo, la fuerza que da vida y la transforma.

Imaginemos a los antiguos mexicas sentados bajo el cielo estrellado, contemplando el vasto tapiz celeste. En lugar de dioses con forma humana, veían en las estrellas y en los elementos de la naturaleza manifestaciones de *Teotl*. Los ríos que serpentean por la tierra, los volcanes que se alzan majestuosos, y los árboles que crecen hacia el cielo son todos expresiones de esta fuerza divina. No se trata de dominar la naturaleza, sino de vivir en armonía con ella, reconociendo que cada ser, cada roca, y cada estrella es una manifestación de *Teotl*. La cultura mexica entendía que el universo no es una creación estática, sino un proceso dinámico de constante cambio y renovación. *Teotl* es la energía que fluye en ciclos eternos de vida, muerte y renacimiento. Es la fuerza que conecta todas las cosas, desde el más pequeño grano de maíz hasta el sol que nos da calor. En esta visión, el ser humano no es el dueño del universo, sino una parte integral de un todo mayor, una hebra en el tejido cósmico.

"Tehwan in tewtli tlein sitlalin"
(Nosotros somos polvo de estrellas)

Para los mexicas, la dualidad complementaria de *Ometecuhtli* y *Omecihuatl* encarna esta visión de equilibrio y conexión. El universo no puede ser comprendido a través de una sola lente, sino que requiere la integración de todas sus partes en un todo armonioso. En lugar de esculpir dioses en piedra, los mexicas esculpían su comprensión del universo en su manera de vivir y de relacionarse con la naturaleza. Los conceptos duales de *Ometecuhtli* y *Omecihuatl* serán explorados más adelante. Mientras que la Europa antigua erigía monumentos para celebrar su dominio sobre el mundo, las culturas mesoamericanas celebraban la interconexión de todas las cosas. *Teotl* es el hilo invisible que une el cielo y la tierra, lo visible y lo invisible, lo temporal y lo eterno. Es el aliento de vida que nos conecta con nuestros antepasados y con las generaciones futuras. En este sentido, la visión mexica del universo nos invita a ver más allá de nosotros mismos, a reconocer que somos parte de una danza cósmica donde cada paso es vital para el equilibrio del todo. Nos enseña que la verdadera sabiduría no reside en dominar, sino en entender y armonizar con la gran fuerza que nos rodea.

De Regreso al Universo de Anahuac

Después de nuestro viaje comparativo al pensamiento europeo, regresemos nuevamente al cálido techo del *Calmecac* y retomemos esa visión que tenemos frente a nuestra ciudad y a todos los elementos que corresponden a los ojos de nuestra cosmovisión mexica. Juntos hagamos esta pregunta: ¿Qué fuerzas naturales, qué elementos, qué manifestaciones de energía han estado, están y estarán siempre frente a mis ojos? ¿Qué es eso que supera mi vida mortal, que no necesita de mi intervención y que habita en el espacio conmigo, permitiendo el flujo del espacio, el tiempo y generando vida?

Queridos Mexica, eso justamente podemos denominarlo *teotl*, que, en plural, en náhuatl, se diría *teteo*, no tanto por la idea de dividirlo, sino más bien por el concepto de diversificar. Para explicar esto de mejor manera, hagamos esta reflexión: Cuando enciendo una fogata frente a mis ojos, el fuego que arde ante mí no pasa por los estados naturales de mortalidad; es decir, el fuego no es joven, no es maduro, no es viejo. Más bien, el fuego tiene una sola manifestación. Y cuando se apaga y se vuelve a encender, lo hace con la misma energía, la misma fuerza y luminosidad.

Ese mismo fuego que arde frente a mis ojos fue presenciado por mis antepasados y por las primeras especies de este planeta, y ese mismo fuego lo presenciarán las generaciones futuras. ¿Qué nos dice eso? Nos dice que el fuego, al cual la cosmovisión mexica llama *Xiuhtecuhtli*, estará siempre presente de la misma forma en que siempre ha estado. Es una manifestación de energía permanente en el universo.

Imaginemos por un momento el crepitar de la fogata, sus llamas danzando al viento, proyectando sombras y luz sobre los rostros de quienes se reúnen a su alrededor. Esa llama no envejece, no se debilita con el paso del tiempo. Es una constante, una chispa eterna que se mantiene viva a través de las edades. *Xiuhtecuhtli*, el señor del fuego, simboliza esta perpetuidad, este flujo continuo de energía que conecta a todas las generaciones, pasadas, presentes y futuras.

En la cosmovisión mexica, *teotl* es el hilo invisible que une estas manifestaciones eternas de energía. No es solo el fuego, sino también el viento que susurra entre los árboles, el agua que corre por los ríos, y la tierra que nos sostiene. Cada uno de estos elementos es una expresión de *teotl*, una fuerza vital que trasciende el tiempo y el espacio. Estos elementos no necesitan de nuestra intervención para existir; son autónomos, permanentes, y su presencia es un testimonio del poder y la constancia del universo.

Así como el fuego de *Xiuhtecuhtli*, el viento de *Ehecatl* ha soplado sobre estas tierras desde tiempos inmemoriales, llevando consigo historias y semillas, conectando a todos los seres vivos. El agua de *Chalchiuhtlicue* ha nutrido la tierra y sostenido la vida, fluyendo sin cesar a través de los ciclos del tiempo. Y la tierra misma, *Tlalticpac*, es la madre que nos da sustento, la base sobre la cual construimos nuestras vidas.

Estos elementos, estas manifestaciones de *teotl*, son los pilares sobre los que se construye la cosmovisión mexica. Nos enseñan que, aunque nuestras vidas individuales sean efímeras, formamos parte de un todo mucho mayor, una red eterna de energía y vida. Al reconocer y honrar estas fuerzas, nos alineamos con el ritmo del universo y encontramos nuestro lugar en el gran tapiz de la existencia.

Teotl nos invita a ver más allá de nuestra existencia limitada, a conectarnos con las fuerzas que han sido, son y serán, y a vivir en armonía con el flujo eterno del cosmos. Es una lección de humildad y de respeto, un recordatorio de que somos parte de una danza cósmica donde cada elemento juega un papel crucial en el equilibrio del todo.

Acompáñame a hacer el siguiente ejercicio utilizando nuestra imaginación. Permitamos que *Tecciztecatl* nos deje soñar despiertos. Miremos desde el techo del *Calmecac* hacia la plaza central de *Tenochtitlan*. Observamos que allí se encuentran diversas construcciones, muchas de ellas con un origen astronómico y una razón de ser. Algunas construcciones están altamente decoradas en tonos blancos y rojos, con pequeñas pinceladas en un tono azul. La vida cotidiana rodea esta plaza principal: gente caminando, guerreros, comerciantes en el mercado, artesanos, y también sabios y maestros.

De pronto, notamos cómo el sol empieza a amanecer en una de las casas del *Huey Teocalli* o Gran Templo Mayor. Cuando sus primeros rayos se filtran por una pequeña puerta, vemos que la gente en la plaza comienza a reunir diversas vasijas alegóricas a *Tlaloc*. Notamos que sacan sus ánforas y vasijas de barro, colocándolas afuera de sus casas. Los músicos se preparan, afinando su teponaztli, flautas y *Huehuetl*. La plaza se llena de una atmósfera vibrante y anticipatoria. Una celebración está a punto de comenzar.

Es en ese momento cuando conversamos con nuestro corazón y nos preguntamos: ¿acaso será que la naturaleza nos está pidiendo que hagamos una fiesta para que *Tlaloc* pueda llegar a nuestra ciudad? ¿O es mejor pensar que nosotros, como humanidad, estamos haciendo una celebración para agradecer que *Tlaloc* está por venir, ya que el sol nos está indicando la llegada de un solsticio? Esta última es la verdadera forma de pensar desde la cosmovisión mexica.

Los ibéricos decían que hacíamos muchos rituales y ceremonias, pero la palabra adecuada es que hacíamos muchas celebraciones. México es un país que celebra mucho, que hace fiesta para todo, y esa es una herencia cultural de nuestros antepasados. Hacíamos, y seguimos haciendo, muchas fiestas, pero la mayoría de ellas están vinculadas con eventos astronómicos.

Imaginemos por un momento la plaza llena de vida y color. Las decoraciones brillan bajo el sol naciente, y el sonido de los tambores y flautas comienza a llenar el aire, sincronizado con el ritmo del universo. Los corazones de la gente laten al unísono con la vibración de la tierra, conectados a través del pulso eterno de *Teotl*. La celebración no es solo un acto social, sino una comunión con las fuerzas cósmicas que nos rodean.

Cuando el solsticio anuncia la transición de las estaciones, es *Tlaloc* quien trae consigo las lluvias necesarias para la fertilidad de la tierra. La gente de *Tenochtitlan*, en su sabiduría ancestral, entiende que estas celebraciones son una forma de honrar y agradecer a los efectos naturales. Es un recordatorio de que estamos todos entrelazados en el gran ciclo de la vida, la muerte y el renacimiento.

Estas celebraciones son también un reflejo de la profunda conexión entre los seres humanos y el cosmos. Cada fiesta, cada celebración y cada evento astronómico es un reconocimiento de las fuerzas naturales que nos sustentan y nos guían. No es simplemente un acto de devoción, sino una manifestación de la comprensión de que somos parte de un todo mayor. Al celebrar, estamos en sintonía con el universo, resonando con su energía y armonizando nuestra existencia con el gran flujo de *Teotl*.

"In teteo totsallan monemitiah. Tichohanaltia ipan tonemilis. Mochantiliah, motlakwaltiah wan kimiitiah tlein tikchihchiwah wan topilwan maawiltiskeh intloktsinko ihkwak tehwan ye otitlekankeh ka miktlampa"

(Los teteo entre nosotros andan. Nos encaminan en nuestro andar. Habitan, comen y beben lo que producimos y nuestros hijos jugarán con ellos cuando nosotros nos hayamos adelantado al Mictlan)

En la cosmovisión mexica, cada celebración es una danza cósmica, una expresión de gratitud y reverencia hacia las fuerzas que nos dan vida. Es una forma de mantener vivo el conocimiento ancestral y de transmitirlo a las generaciones futuras. Así, cuando nos reunimos para celebrar, estamos no solo viviendo el presente, sino también honrando el pasado y asegurando el futuro.

Nuestra sangre contiene la herencia de un pueblo que respetó las fechas astronómicas y los eventos cósmicos como su máxima prioridad. Por dicha razón, la mayoría de las grandes construcciones en las diferentes ciudades antiguas tienen una correlación astronómica. Algunas de ellas miden ciclos de 260 días, otras miden ciclos de 365 días, y muchas tienen un observatorio que sigue el tránsito del planeta Venus de 584 días. Los antiguos estaban profundamente enfocados en la forma en que el cosmos se manifiesta, en las actividades estelares, en el patrón de nuestro Padre Sol *Tonatiuh* y en la correlación que tiene con los cuerpos celestes que danzan con nosotros.

Es por eso por lo que hoy en día tenemos celebraciones muy importantes como los equinoccios y los solsticios. Además de esto, existen los pasos cenitales, en los cuales, en la cosmovisión mexica, decimos que el águila devora tu sombra, una metáfora que representa el sol estando justo arriba de nosotros en su punto máximo. No podemos dejar de lado también los eventos de los eclipses, que ocurren cada 819 días y que tenían su propia celebración particular.

Mexicas, preguntémonos entonces: ¿Por qué hoy en día ya no celebramos los eventos astronómicos? ¿Por qué ya no tenemos fiestas para los solsticios o los equinoccios? ¿Por qué dejamos de contar en cifras de 260, 365 y 584 días? La respuesta yace en una invasión del pensamiento, resultado del fracaso del entendimiento entre dos culturas que inevitablemente chocaron en un punto histórico conocido hoy como la trágica historia de la conquista de México.

Este choque cultural no solo fue una confrontación militar, sino también una invasión al pensamiento y a la visión de nuestros pueblos. Las prácticas, creencias y conocimientos que guiaban la vida de los antiguos mexicas fueron desplazados por una nueva cosmovisión que no compartía el mismo respeto por los ciclos cósmicos. La conexión profunda con los astros, que había sido la brújula del tiempo y de la vida, fue reemplazada por un calendario que no entendía la danza de Venus, ni el águila devorando sombras, ni el ritmo del eclipse.

Imaginemos por un momento la plaza de *Tenochtitlan*, donde cada edificio, cada templo, cada piedra estaba alineada con las estrellas. Era un lugar donde el cielo y la tierra se encontraban, donde las personas vivían en armonía con los ritmos del universo. En cada solsticio, en cada equinoccio, la ciudad se llenaba de música, danza y celebración, honrando los momentos en que el sol y la luna nos recordaban nuestra pequeñez y nuestra grandeza en el vasto cosmos.

Hoy en día, vivimos en un mundo que ha olvidado estas celebraciones. Nos hemos desconectado de los ciclos naturales, atrapados en un ritmo artificial que no reconoce los antiguos patrones. Sin embargo, la herencia de los mexicas sigue latiendo en nuestra sangre, recordándonos que una vez fuimos un pueblo que entendía y honraba la danza de los astros.

Es tiempo de recuperar esa conexión, de mirar al cielo y recordar que somos parte de un universo que se mueve con precisión y belleza. Es tiempo de celebrar nuevamente los equinoccios y los solsticios, de contar los días y los años como lo hicieron nuestros ancestros, de sentir la presencia de *Teotl* en cada amanecer y en cada puesta de sol.

Que cada paso cenital, donde el águila devora nuestra sombra, nos recuerde que estamos bajo el mismo sol que nuestros antepasados adoraban. Que cada eclipse nos invite a una celebración, a una reflexión sobre la eterna danza de luz y oscuridad que define nuestra existencia. Y que cada tránsito de Venus nos haga levantar la vista y ver más allá de lo inmediato, conectándonos con el vasto e infinito cosmos del cual somos una parte integral.

La Presencia de las Fuerzas Naturales

Hablemos de aquello que permanece, aquello que escapa de nuestras manos, aquello que, aunque hoy vivimos, pensamos y construimos, no podemos adquirir ni poseer. Estas fuerzas naturales existen en un nivel superior al nuestro, un nivel que siempre ha estado y siempre estará, gobernando eternamente todo lo que conocemos. Estas fuerzas son los pilares de la existencia, las constantes inmutables en un mundo en perpetuo cambio.

Entre estas fuerzas, destaca el maravilloso fenómeno de la lluvia. La lluvia, con su capacidad de transformar paisajes y nutrir la vida, es un ejemplo claro de una fuerza natural que opera más allá de nuestra comprensión y control. Para comprender mejor esta maravilla, te invito a realizar un ejercicio de imaginación conmigo.

Imagina un grupo de guerreros jóvenes entrenando en el vibrante y palpitante corazón de *Tenochtitlan*. El aire está lleno de energía y el sonido rítmico de los tambores resuena por toda la plaza principal. Al frente se erigen majestuosas las dos casas principales de entrenamiento: la Casa de las Águilas y la Casa de los Jaguares, cuyas paredes están adornadas con símbolos y glifos que narran historias de valor y honor. Las fachadas de estas casas están adornadas con estandartes que ondean suavemente al compás de la brisa, cada uno representando la fuerza y la agilidad que los guerreros aspiran a encarnar.

Mientras los jóvenes entrenan, sus instructores, guerreros veteranos de miradas penetrantes y posturas firmes, observan cada movimiento con atención meticulosa. Los músculos de los jóvenes se tensan y relajan en una coreografía precisa de fuerza y destreza. De pronto, inesperadamente, comienzan a caer un par de gotas de lluvia, frescas y sutiles, besando la piel de los guerreros con una promesa de alivio.

El primer contacto de la lluvia es casi imperceptible, como un susurro de la naturaleza. Sin embargo, en cuestión de segundos, el cielo comienza a rugir con la voz profunda de los truenos. El viento, inicialmente una caricia, se convierte en un oleaje poderoso que arrastra el aroma de la tierra mojada, un perfume terroso y vital que llena el aire. Las nubes, gruesas y oscuras, se despliegan como un manto, apagando la luz del sol y sumiendo la plaza en una penumbra mística.

Los jóvenes, sorprendidos y un poco inquietos, detienen su entrenamiento. Instintivamente, buscan cubrirse del aguacero que ahora cae con fuerza, cada gota una pequeña explosión de frescura en sus cuerpos. Pero los instructores, con voces autoritarias y serenas, los detienen. Los llaman hacia el centro de la plaza, sus voces cortando el rugido de la tormenta.

"Levanten su mirada y admiren lo que está pasando," ordenan los maestros. Los jóvenes, aún confundidos, intentan proteger sus ojos de la lluvia que ahora cae implacablemente, pero obedecen. Miran hacia el cielo, sus rostros empapados, los ojos entrecerrados para ver a través del torrente.

"Eso que está ahí arriba siempre ha estado," dicen los instructores. "Estuvo con sus abuelos, con sus ancestros, con los primeros que llegaron a estas tierras, y estará con sus hijos, con sus nietos. Eso de allá arriba, la colección de nubes, truenos y lluvias, se llama *Tlaloc*." Los instructores hablan con una reverencia que transforma la lluvia en algo sagrado. Cada trueno, cada relámpago, es un recordatorio de la presencia constante de *Tlaloc*, el néctar de nuestra Tierra.

"De la misma forma como *Tlaloc* decide cuándo caer, decide cuándo llover, decide la forma en cómo se va a manifestar, así otras fuerzas naturales también lo hacen. Como el rugir de un volcán, como la fuerza interior de un temblor, como el viento desgargante de un huracán, o bien el calor del fuego mismo. Esas mismas fuerzas que están ahí han estado antes que nosotros, han vivido antes que nosotros, y por ende merecen nuestro respeto y el agradecimiento de que están aquí."

Los jóvenes, ahora inmersos en las palabras de sus maestros, sienten un respeto profundo crecer en sus corazones. Entienden que están en presencia de algo mucho más grande que ellos mismos. La lluvia que los empapa ya no es una simple molestia, sino una bendición, un regalo de *Tlaloc*.

Intrigados y conmovidos, los guerreros preguntan a sus instructores si deben hacer algún sacrificio, alguna danza, o un combate en honor a *Tlaloc*. Los instructores, con una sonrisa sabia, responden que no. "No, lo que hay que hacer es un agradecimiento de que *Tlaloc* hoy decidió manifestarse con nosotros. De que *Tlaloc* hoy decidió darle a la tierra sus nutrientes, y por lo tanto, hoy entraremos con él, porque él nos acompaña y nosotros le agradecemos."

Con estas palabras, los guerreros jóvenes levantan sus rostros al cielo, dejando que la lluvia caiga libremente sobre ellos. En lugar de buscar refugio, abren sus brazos, sintiendo cada gota como una conexión directa con las fuerzas que gobiernan el universo. La sensación de la lluvia sobre su piel es fresca y revitalizante, un abrazo de la naturaleza que renueva su corazón.

Los sonidos de la plaza se mezclan: el tamborileo de la lluvia, el rugir distante de los truenos, el murmullo del viento, y los susurros de gratitud que los guerreros ahora pronuncian. La plaza de *Tenochtitlan*, tan vibrante y llena de vida, se convierte en un altar al cielo, donde cada corazón late en sincronía con el ritmo de la tormenta, agradeciendo a *Tlaloc* por su generosidad y presencia eterna.

Este momento, cargado de emoción y respeto, une a los jóvenes guerreros no solo con sus instructores, sino también con sus ancestros y con las fuerzas eternas de la naturaleza. Han aprendido que la lluvia no es solo agua que cae del cielo, sino un recordatorio constante de la conexión profunda que todos compartimos con el mundo natural.

De la misma forma que los guerreros comprendieron que *Tlaloc* es una fuerza natural que se manifiesta sin la intervención humana, nosotros, como mexicas, debemos entender que estas fuerzas también pueden manifestarse en un mundo invisible, como el de los sueños. Es un hecho que mientras exista algo que vive, que se mueve y cierra sus ojos, puede encaminarse por unos segundos hacia *Mictlan*, el lugar del descanso y los senderos. Este mundo está gobernado por una fuerza incomprensible, pero real, que compartimos con todos los seres vivos. Así como nosotros, los seres humanos, ingresamos al sueño, también lo hacen otros mamíferos. Y ¿por qué no imaginar que el mundo botánico también sueña? ¿Cómo serán los sueños de las plantas? ¿Cómo serán los sueños de los seres acuáticos? ¿Cómo serán los sueños de los insectos?

El fenómeno de soñar es un acto permanente. Es un acto que no requiere la intervención ni la modificación humana. Es algo que sucederá y continuará sucediendo de la misma manera. En nuestra tradición, la gobernante de los sueños se llama *Tecciztecatl*. Ella se encarga de que la forma en que dialogamos con nuestro corazón sea única e independiente. A través de ella, los sueños nos permiten explorar dimensiones desconocidas de nuestra existencia, ofreciéndonos un espacio para reflexionar y conectar con nuestras emociones más profundas.

Además de *Tecciztecatl*, existen otras fuerzas naturales como *Xiuhtecuhtli* y *Tonacatecuhtli*. Estas fuerzas, aunque poderosas y misteriosas, no deben ser consideradas como dioses ni deidades. Más bien, son fenómenos paralelos a nuestra existencia, que dictan la forma de vivir en este universo, que nos acompañan, nos hacen sentir y le dan sentido a nuestra vida. Estas fuerzas están presentes en todos los aspectos de nuestra realidad, desde los eventos cósmicos hasta los detalles más íntimos de nuestra existencia.

Por ejemplo, *Xiuhtecuhtli*, asociado con el fuego y el calor, nos enseña sobre la transformación y el renacimiento. El fuego puede destruir, pero también purifica y renueva. En nuestras vidas, enfrentamos desafíos y dificultades que, aunque dolorosos, nos transforman y nos permiten crecer. Imagina el proceso de forjar una espada: el metal debe ser calentado hasta volverse maleable, luego es martillado y finalmente enfriado para solidificar su nueva forma. Del mismo modo, los retos que enfrentamos actúan como ese fuego, moldeándonos y fortaleciendo nuestro carácter.

Considera un momento en tu vida en el que hayas superado una gran adversidad. Tal vez perdiste un trabajo, atravesaste una enfermedad o experimentaste la pérdida de un ser querido. En esos momentos, el fuego de *Xiuhtecuhtli* arde intensamente, desafiándote a adaptarte y encontrar una nueva forma de ser. Al emerger del otro lado de estos desafíos, te das cuenta de que has cambiado, que has crecido y que eres más fuerte y sabio que antes.

Del mismo modo, *Tonacatecuhtli*, vinculado con la provisión y la abundancia, nos recuerda la importancia de la gratitud y la interdependencia. La abundancia no solo se refiere a la riqueza material, sino también a la riqueza de relaciones, experiencias y conocimientos que acumulamos a lo largo de nuestra vida. Piensa en la abundancia de una cosecha. Los agricultores plantan semillas, cuidan de sus cultivos y finalmente cosechan los frutos de su labor. Este proceso depende no solo del trabajo humano, sino también de la tierra fértil, el clima favorable y el agua suficiente. De manera similar, nuestras vidas están llenas de abundancia gracias a una combinación de nuestros esfuerzos y las condiciones favorables que nos rodean.

Imagina las reuniones familiares donde compartes historias, risas y comida. Estos momentos son una manifestación de la abundancia de *Tonacatecuhtli*. No se trata solo de los alimentos en la mesa, sino de la riqueza de amor y conexión que se comparte. Cada interacción, cada conversación es un recordatorio de la red de apoyo y las circunstancias que nos han permitido llegar a ese punto. Esta abundancia de experiencias y relaciones nos nutre y nos enriquece de maneras que van más allá de lo material.

Otra fuerza natural que gobierna nuestra existencia es *Ehecatl*, el viento. El viento puede ser una brisa suave que acaricia tu rostro en un día caluroso o una tormenta feroz que arrasa todo a su paso. Nos enseña sobre el cambio y la adaptabilidad. Así como el viento puede cambiar de dirección en un instante, nuestras vidas también están sujetas a cambios inesperados. Aprende a fluir con estos cambios, a adaptarte y encontrar nuevas oportunidades en cada giro inesperado del destino. Piensa en cómo los pájaros utilizan las corrientes de aire para volar grandes distancias sin esfuerzo, dejándose llevar por el viento en lugar de luchar contra él. Del mismo modo, aprender a adaptarse a los cambios en nuestras vidas puede llevarnos a lugares nuevos y maravillosos sin gastar toda nuestra energía en resistir lo inevitable.

Es importante mencionar que gracias a que tenemos calor, podemos sentir, palpar y analizar nuestro entorno. Sin embargo, no debemos pasar por alto que la razón por la cual tenemos un corazón que palpita, que habla y que deja un aliento en el aire, es porque recibimos calor de aquello que siempre estará con nosotros: nuestro sol. Nuestro sol, *Tonatiuh*, nos brinda un calor esencial, llamado *Tonalli*. Este *Tonalli* no puede ser comparado con la idea de un espíritu, ni mucho menos con la de un alma. El *Tonalli* es una esencia, un calor que nos pertenece, que compartimos con muchos otros seres, pero que es permanente. Es probable que en otras galaxias existan estrellas que nutran de *Tonalli* a otros seres, permitiéndoles entender la poderosa conexión que existe con algo eterno.

En la cosmovisión mexica, esto se define como teotl. *Teotl* no es Dios. *Teotl* no tiene ninguna vinculación con pensamientos religiosos, ni con explicaciones que centren su existencia en la imagen y semejanza del hombre. *Teotl* va mucho más allá. *Teotl* define lo permanente que existe en lo que nos rodea, en la naturaleza, en las fuerzas que no podemos controlar, pero que han estado presentes mucho antes que nosotros, antes de la creación de la humanidad. Ya existía el fenómeno de la lluvia.

Es tan simple como pensar que cuando los primeros seres o grandes lagartos caminaron sobre esta tierra, sobre este *Tlalticpac*, también fueron testigos del poderoso fenómeno de la lluvia. No lo llamaron *Tlaloc*, pero lo admiraban y lo respetaban. Con el paso del tiempo, los primeros mamíferos también presenciaron este evento increíble. Lo respetaron y lo admiraron, aunque no construyeron edificios en su honor, ni lo dibujaron, ni lo nombraron, pero lo sentían.

Avanzando en la historia, los primeros habitantes humanos de nuestra tierra comenzaron a escribir, a manifestar y a pronunciar la palabra que hoy conocemos como *Tlaloc*. *Tlalli*, tierra; *Ochtli*, néctar: el néctar de la tierra, describiendo perfectamente lo que la lluvia hace con nuestra tierra *Tonantzin*. Así, a través del vínculo lingüístico, comenzaron a expresar y a reconocer la presencia y la importancia de Tlaloc en sus vidas y en su entorno.

Esta conexión con lo eterno, con las fuerzas naturales que nos rodean, nos recuerda que somos parte de un todo mucho más grande. Nos invita a respetar y a honrar estas fuerzas que han existido desde tiempos inmemoriales y que continuarán existiendo mucho después de que nosotros hayamos partido. Este entendimiento nos proporciona un sentido de continuidad y pertenencia, una conexión profunda con la esencia de la vida misma.

Cuando hablamos del *Tonalli*, no hablamos simplemente de un concepto abstracto. Hablamos de la vitalidad que impregna cada ser vivo. El *Tonalli* es la energía que nos permite movernos, pensar y sentir. Es el calor que nos hace humanos, pero que también conecta a todos los seres vivos bajo el sol. Imagínate un día soleado, sintiendo los rayos del sol calentando tu piel, llenándote de energía. Esa sensación es un pequeño reflejo del *Tonalli*, el calor vital que fluye a través de todos nosotros.

Además, este calor, este *Tonalli*, es un vínculo directo con *Tonatiuh*, nuestro sol, que cada día nos nutre y nos da vida. Sin él, no podríamos existir. Piensa en las plantas, que utilizan la luz solar para realizar la fotosíntesis, un proceso que no solo las mantiene vivas, sino que también produce el oxígeno que respiramos. Sin *Tonatiuh*, la vida en la Tierra, tal como la conocemos, sería imposible. Este vínculo nos enseña a valorar y a proteger nuestra fuente de vida, reconociendo la interdependencia de todos los seres vivos con el sol.

Teotl, en su esencia, es la manifestación de lo eterno en lo cotidiano. Es el recordatorio constante de que más allá de nuestras vidas individuales, más allá de nuestras preocupaciones diarias, existe un orden natural que nos trasciende. Este concepto no es exclusivo de la cultura mexica; es un reconocimiento universal de las fuerzas que gobiernan la vida. En todas las culturas, encontramos referencias a estas fuerzas, ya sea a través de mitos, leyendas o prácticas religiosas. *Teotl* es la manera en que los mexicas entendían y se relacionaban con este misterio profundo de la existencia.

Por ejemplo, en muchas culturas nativas de nuestro continente mal llamado América, el respeto por las fuerzas naturales se manifiesta en rituales y ceremonias que buscan armonizar la vida humana con la naturaleza. Los pueblos nativos del norte, por ejemplo, celebran danzas y cantos en honor al sol, la lluvia y otros elementos naturales, reconociendo su poder y su influencia en la vida cotidiana. Estos rituales no solo son actos de devoción, sino también formas de mantener viva la conexión con las fuerzas que sustentan la vida.

En la actualidad, aunque la ciencia nos ha proporcionado explicaciones detalladas sobre los fenómenos naturales, la reverencia y el respeto por estas fuerzas persisten. La conciencia ecológica moderna, por ejemplo, refleja un reconocimiento de la interdependencia entre los seres humanos y la naturaleza. Movimientos ambientalistas y prácticas sostenibles son manifestaciones contemporáneas de esta antigua sabiduría, que nos enseña a vivir en armonía con nuestro entorno.

Para los mexicas, el reconocimiento de *Teotl* y de las fuerzas naturales como *Tlaloc*, *Tonatiuh* y *Tecciztecatl*, no era solo un acto de fe, sino una práctica diaria de respeto y armonía con la naturaleza. Este entendimiento profundo se reflejaba en todas las facetas de su vida, desde la agricultura hasta la arquitectura, pasando por el arte y la educación. Cada acción, cada decisión, se tomaba con la conciencia de que formaban parte de un todo mayor, de un universo gobernado por fuerzas eternas e inmutables.

Así, al reflexionar sobre estos conceptos y su relevancia en nuestra vida moderna, podemos encontrar formas de reconectar con estas fuerzas. Al apreciar el calor del sol, la bendición de la lluvia, la vitalidad del viento y la transformación del fuego, nos alineamos con el orden natural del universo. Al hacerlo, no solo encontramos paz y sentido en nuestra existencia, sino que también honramos el legado de nuestros ancestros y contribuimos a la preservación de la vida en todas sus formas.

En última instancia, entender y respetar estas fuerzas naturales nos invita a vivir con mayor conciencia y gratitud. Nos recuerda que somos parte de un vasto e intrincado tejido de vida, en el que cada ser, cada elemento, tiene un papel vital. Al reconocer y honrar esta interdependencia, encontramos una fuente inagotable de inspiración y sabiduría para guiar nuestras vidas.

Conclusión

Queridos buscadores de la verdad mexica, hemos emprendido un viaje profundo en la cosmovisión mexica, explorando el concepto de *Teotl* y su omnipresencia en la vida, el cosmos y nuestras tradiciones. A lo largo de este capítulo, hemos comparado la visión europea centrada en la figura humana con la perspectiva mexica, que celebra la interconexión de todas las fuerzas del universo. Hemos reflexionado sobre cómo nuestros antepasados veían y honraban las manifestaciones cósmicas, desde los solsticios y equinoccios hasta los ciclos del planeta Venus y los eclipses.

En cada observación desde el *Calmecac*, hemos sentido la profunda conexión con el cosmos, una relación que se refleja en las construcciones y celebraciones de *Tenochtitlan*. Hemos recordado que nuestras grandes construcciones no solo eran maravillas arquitectónicas, sino también herramientas para medir y armonizar con los ritmos celestiales.

Nuestra sangre lleva la herencia de un pueblo que comprendió la importancia de los eventos astronómicos, que celebró la vida y el cosmos con un respeto profundo y una alegría inmensa. Hoy, esa herencia nos llama a reconectar con nuestras raíces, a mirar al cielo y recordar que somos parte de una gran danza cósmica.

Mexica, es momento de volver a subir al techo del *Calmecac*, de contemplar nuevamente la plaza central de *Tenochtitlan* y todos los elementos que la componen. Es momento de reflexionar sobre lo que está frente a nosotros y comprender que la visión predominante en nuestro país proviene de otra parte del mundo. Nuestra cosmovisión, en cambio, nos habla de la conexión con todas las cosas, de un respeto profundo por la naturaleza y el cosmos, no de un temor al juicio de una figura antropomórfica que solo busca dominar el pensamiento del hombre y hacerlo sentir el amo del universo.

Te invitamos a volver a las enseñanzas del *Calmecac*, a reconectar con la sabiduría ancestral que reconoce la danza del sol y la luna, el flujo de los ríos, el susurro del viento y el calor eterno del fuego. Recuperemos las celebraciones que honran los ciclos cósmicos y vivamos en armonía con las fuerzas que nos rodean.

Mexica, la fortaleza de nuestros antepasados vive en nosotros. Es tiempo de recordar que somos parte de un todo mayor, que cada estrella, cada rayo de sol y cada gota de lluvia es una manifestación de *Teotl*, la fuerza vital que une a todas las cosas. Honremos esa conexión, celebremos nuestra herencia y vivamos con la conciencia de que estamos entrelazados con el universo en una danza eterna de vida y energía.

El *Calmecac* no es solo un lugar físico, sino un estado de conciencia, un llamado a vivir con sabiduría y respeto por el cosmos. Que cada uno de nosotros vuelva a ser un estudiante del *Calmecac*, aprendiendo de la naturaleza y del cosmos, y transmitiendo esta sabiduría a las generaciones futuras. Juntos, podemos revivir la esencia de nuestra cultura y encontrar un equilibrio armonioso con el universo.

Mexica, es tiempo de elevar nuestra vista al cielo, de sentir el latido del cosmos en nuestro corazón y de celebrar la vida en todas sus manifestaciones. Volvamos a ser los guardianes del conocimiento celestial y terrenal, y vivamos en sintonía con la gran red de energía que nos conecta a todos.

LA DUALIDAD COMPLEMENTARIA

El Corazón del Universo

La cosmovisión mexica está profundamente enraizada en el concepto de la dualidad complementaria, un principio que explica la naturaleza del universo y su equilibrio inherente. Para entender este concepto, primero debemos explorar la etimología de la palabra "dualidad". Derivada del latín "dualis", que significa "dos", dualidad implica la coexistencia de dos elementos opuestos pero interdependientes. En náhuatl, encontramos una expresión equivalente, "*Omeyoteotl*", que significa "lo permanente que tiene una dualidad". Este término refleja la visión mexica de que el universo está sostenido por fuerzas duales que, aunque distintas, se complementan y crean un todo armonioso.

"Ompa tlaweyikan chantih ome teyollowan, setsin tenchikawak kemen yaotekani wan oksentsin yemanik kemen se tenantsin"
(Alla en el universo viven dos corazones, uno fuerte como un guerrero y el otro cálido como una madre)

El universo nos ofrece un bello balance entre fuerzas masculinas y femeninas. Las estrellas, por ejemplo, son cuerpos incandescentes que, aunque no pueden tener vida por sí mismas, entregan su energía y calor a los planetas que las rodean. Las estrellas, con su brillantez y poder de irradiación, representan las fuerzas masculinas del cosmos. Por otro lado, los planetas, que reciben ese calor y tienen la capacidad de gestar vida, encarnan las fuerzas femeninas. Los planetas absorben la energía solar, permitiendo que la vida florezca en sus superficies, creando un entorno donde lo femenino y lo masculino se encuentran en perfecta armonía.

Este principio de dualidad complementaria no solo se manifiesta en los cuerpos celestes, sino también en todos los niveles del universo, desde lo macro a lo micro. A nivel cósmico, vemos cómo galaxias enteras se equilibran entre la atracción gravitacional y la expansión del espacio, creando un baile cósmico de equilibrio. Del mismo modo, en nuestro propio sistema solar, la interacción entre el sol y los planetas es una danza de fuerzas opuestas que se complementan y sostienen la vida. Las galaxias

73

mismas, con sus núcleos activos y sus brazos espirales, nos muestran cómo la luz y la oscuridad, la materia y la energía, se entrelazan para formar estructuras grandiosas y complejas.

Llevando este concepto a una escala más pequeña, podemos observar que la naturaleza misma sigue este patrón dual. Por ejemplo, en la tierra, las montañas y los valles, los ríos y los desiertos, todos existen en una relación de interdependencia que crea un equilibrio natural. En el reino de lo viviente, los seres más pequeños como bacterias y virus también participan en esta dualidad. Las bacterias benéficas y patógenas mantienen un equilibrio en nuestros cuerpos, crucial para nuestra salud. Las bacterias intestinales, por ejemplo, ayudan en la digestión y fortalecen el sistema inmunológico, mientras que la presencia de bacterias patógenas nos recuerda la necesidad de equilibrio y cuidado continuo.

Incluso en el nivel más fundamental de la vida, en el nacimiento de un ser vivo, vemos este principio en acción. La concepción misma es una unión de una partícula masculina, el espermatozoide, y una partícula femenina, el óvulo. Esta unión de fuerzas opuestas da lugar a la vida, demostrando cómo la dualidad complementaria es esencial para la existencia y la creación. Este proceso es una danza de energías que se atraen y se complementan, generando un nuevo ser que lleva consigo la herencia de ambas fuerzas.

Cierra los ojos e imagina que hace mucho tiempo, un día, un padre llevó a caminar a su hijo a la punta más alta de una montaña. El aire estaba fresco y perfumado con el aroma de la tierra húmeda y los pinos que rodeaban el sendero. La textura del suelo bajo sus pies era rugosa y firme, y cada paso resonaba con un eco suave que se perdía en la vastedad del paisaje. Este simple paseo es un reflejo de la conexión profunda entre la humanidad y la naturaleza, una interacción donde cada elemento del entorno contribuye a la experiencia humana.

Allá, el padre seleccionó una noche muy especial, muy específica, tomando en consideración la cuenta del *Tonalpohualli*. El cielo estaba despejado, una bóveda infinita salpicada de estrellas que brillaban con una intensidad inusitada. La Vía Láctea, o *Mixcoatl*, se extendía como un río de luz que cruzaba el firmamento. El niño, con el corazón palpitante de emoción y un suspiro de anticipación, caminaba a su lado, sin saber qué maravillas presenciaría esa noche. La noche misma se convirtió en un lienzo sobre el cual se proyectaban los sueños y enseñanzas de generaciones pasadas.

Llegaron al cerro llamado *Tepeyacac* y el padre eligió una roca plana donde ambos se sentaron, observando el firmamento. La noche estaba tan clara que podían ver los colores trazados de la Vía Láctea, un espectáculo que parecía una pintura celestial. Las estrellas parecían tan cercanas que casi podían tocarlas, y el aire estaba impregnado de una quietud sagrada, como si el universo mismo estuviera conteniendo el aliento. En este entorno, la naturaleza se revelaba como una maestra silenciosa, ofreciendo lecciones de paciencia, observación y conexión.

El padre, con una voz llena de sabiduría y amor, dijo: "Hijo, allá, pasando lo que nuestros ojos pueden ver, más allá de las estrellas que iluminan la noche, existe un lugar especial. Allá viven dos corazones, un corazón fuerte como el de un guerrero, capaz de cazar, capaz de avanzar, capaz de hacer todo lo que sea para defender a su familia. Y también vive un corazón noble, cálido, amable, un corazón que, cuando llegas a casa, está listo para recibirte con un abrazo, con un fuerte apretón de manos, con un mensaje que acaricia tu propio calor."

El niño, con los ojos brillantes de curiosidad, preguntó: "¿Esos corazones se pueden ver, padre?" El padre sonrió y, señalando al cielo, respondió: "Esos dos corazones viven en todo lo que nos rodea. Viven en el agua que fluye, en el aire que respiramos, en las herramientas con las que trabajamos, y en nosotros, pues somos parte de esa fusión de dos corazones duales. Pero allá, donde estamos mirando, allá empezó todo. Allá, hijo mío, se llama *Omeyocan*, el lugar de los corazones duales."

La noche envolvía a padre e hijo en un manto de estrellas y silencio, y en ese momento, el niño sintió una conexión profunda con el universo, una sensación de pertenencia y entendimiento que solo la voz suave de su padre podía transmitir. En ese instante, comprendió que la esencia de los corazones duales vivía en cada ser, en cada rincón de la tierra y del cielo, un recordatorio eterno de la unidad y la armonía del cosmos. Este momento de enseñanza no solo transmitía conocimiento, sino también una experiencia sensorial y emocional que quedaría grabada en la memoria del niño.

Así, la dualidad complementaria en la cosmovisión mexica no es solo un concepto abstracto, sino una realidad tangible que podemos observar en todas partes del universo. Desde el brillo de las estrellas hasta el nacimiento de una nueva vida, esta dualidad sostiene y equilibra todo lo que existe. Al comprender y apreciar este principio, nos acercamos más a la sabiduría ancestral de los mexicas, quienes vieron en la dualidad no una división, sino una unión que fortalece y da sentido a la vida. Esta comprensión nos invita a vivir en armonía con el mundo natural, reconociendo que, en cada acto de creación, en cada ciclo de vida y muerte, reside la esencia de la dualidad complementaria que da forma y equilibrio a nuestra existencia.

Al expandir nuestra comprensión de la dualidad, podemos aplicar este principio a diversos aspectos de nuestra vida. En las relaciones humanas, por ejemplo, la dualidad complementaria se manifiesta en la necesidad de equilibrio y reciprocidad. Una pareja, en su interacción diaria, refleja la unión de fuerzas masculinas y femeninas, donde cada individuo aporta sus cualidades únicas para fortalecer la relación. Esta interdependencia crea un vínculo que es mayor que la suma de sus partes, demostrando cómo la dualidad complementaria puede generar armonía y crecimiento mutuo.

En el ámbito de la salud y el bienestar, la dualidad también juega un papel crucial. La medicina tradicional mexica, por ejemplo, reconoce la importancia de equilibrar las energías dentro del cuerpo para mantener la salud. Esta perspectiva holística considera tanto los aspectos físicos como espirituales del bienestar, integrando prácticas que promueven la armonía entre cuerpo y mente. Al incorporar estos principios en nuestra vida moderna, podemos encontrar un enfoque más equilibrado y completo para cuidar de nuestra salud.

Incluso en la gestión de los recursos naturales, la dualidad complementaria ofrece lecciones valiosas. La agricultura sostenible, por ejemplo, se basa en principios que respetan el equilibrio entre el uso de la tierra y su capacidad de regeneración. Al aplicar técnicas que imitan los ciclos naturales, como la rotación de cultivos y el uso de abonos orgánicos, los agricultores pueden mantener la fertilidad del suelo y asegurar una producción continua sin agotar los recursos. Este enfoque refleja la sabiduría ancestral de trabajar en armonía con la naturaleza, reconociendo que cada acción tiene un impacto y que la sostenibilidad se logra a través del equilibrio.

La dualidad complementaria también se extiende al ámbito de la creatividad y la innovación. En el proceso creativo, la inspiración y la ejecución son dos fuerzas que deben estar en equilibrio. Un artista, por ejemplo, necesita tanto la chispa inicial de la inspiración como la disciplina y el esfuerzo para materializar su visión. Este equilibrio entre lo intuitivo y lo estructurado permite que las ideas se transformen en obras tangibles y significativas, demostrando cómo la dualidad complementaria puede impulsar la creatividad y la innovación.

Finalmente, al reflexionar sobre la dualidad complementaria en nuestra vida diaria, podemos encontrar una mayor apreciación por las pequeñas interacciones y momentos que constituyen nuestra existencia. Desde la simple acción de encender una vela hasta la complejidad de las relaciones humanas, cada aspecto de nuestra vida está imbuido de esta dualidad. Al reconocer y honrar esta interdependencia, podemos vivir con una mayor conciencia y gratitud, entendiendo que cada elemento del universo, por pequeño que sea, contribuye al equilibrio y la armonía de todo.

Así, la dualidad complementaria en la cosmovisión mexica nos ofrece una lente a través de la cual podemos ver y entender el mundo de manera más profunda y rica. Nos invita a vivir en armonía con nosotros mismos, con los demás y con el universo, reconociendo que en cada interacción y en cada momento reside la esencia de la unidad y la complementariedad. Al incorporar esta sabiduría ancestral en nuestra vida moderna, podemos encontrar un camino hacia una existencia más equilibrada, significativa y plena.

Ometeotl, ¿Realmente es correcto decirlo?

Este concepto, *ome teotl*, desarrollado por el gran investigador de su tiempo, Miguel León Portilla, explica de una forma castellanizada la dualidad del pensamiento náhuatl. En su trabajo, Miguel León Portilla profundiza en la Fuente de Creación Dual, integrada por *Ometecuhtli* y *Omecihuatl*, masculino y femenino, respectivamente.

Sin embargo, aquí vamos a agregar una revisión contemporánea y mejor informada desde una perspectiva más nativa y lingüísticamente precisa. Si analizamos únicamente la palabra *Ometeotl* y la traducimos estrictamente a través de la óptica de la lengua náhuatl, esta palabra se interpretaría como "la fuerza permanente doble" o "aquello que permanece dos o doble". Esta interpretación nos deja ver una parte del concepto, pero omite una dimensión crucial: el principio vital.

Para realmente entender y completar el concepto, debemos integrar la idea de dualidad en un contexto vivo. En náhuatl, la vida se define a través del movimiento y el pulsar que este movimiento provoca. El corazón es el símbolo de este pulso vital, representando la vida y el movimiento continuo. ¿Existe algo con vida que no pueda moverse? No. Todo lo que se mueve está vivo, avanza por su sendero y da sus pasos. La palabra adecuada del náhuatl para definir vivo es *"yoltok"* y al ser relacional es forzoso agregarle un sujeto, es decir. ¿quién o que está vivo? Si queremos decir que "yo estoy vivo" diríamos *"niyoltok"* y en realidad estaríamos diciendo "yo estoy vivo [me muevo]".

Regresando al tema del concepto *Ometeotl*, se puede entender que está tratando de decir que "algo está conformado por dos *teteo* que viven", pero no indica la partícula vivir o ¿quién está vivo? Por lo tanto, simplemente referirse a "*Ometeotl*" puede resultar incompleto. Una mejor aproximación sería utilizar "*Omeyoteotl*", que se traduciría como "el lugar dual vivo permanente" o "lo permanente que tiene un corazón dual". Al otorgarle la partícula *"yol"* inmediatamente lo haces tener la

79

acción de palpitar, y quienes palpitan, los seres vivos. Este término no solo encapsula la dualidad, sino también la vitalidad y el dinamismo inherente a esta dualidad. De esta forma, se puede explicar mejor quién es *Ometecuhtli* y quién es *Omecihuatl*, reconociendo su naturaleza viva y pulsante.

Esta revisión no busca desmerecer el trabajo de Miguel León Portilla, sino más bien enriquecerlo con una perspectiva más alineada con la lengua y la cosmovisión náhuatl. Al incorporar esta dimensión vital, podemos apreciar de manera más completa la profundidad del concepto de dualidad en la cosmovisión mexica, resaltando la importancia del movimiento y el pulso vital que subyace en todo lo que existe.

El enfoque de Miguel de León Portilla se centró en la explicación filosófica de este concepto, utilizando principalmente fuentes hispánicas. Es importante señalar que, aunque León Portilla hizo una contribución significativa al estudio de la filosofía náhuatl, no era un practicante de la lengua náhuatl. Su interpretación estuvo limitada por la falta de un conocimiento profundo y práctico del náhuatl, y por una dependencia en textos coloniales que fueron traducidos y reinterpretados a través de una óptica europea.

En su obra, León Portilla presentó a *Ometeotl* como una "deidad dual" que incorpora tanto lo masculino como lo femenino, una fuente de creación y vida. Sin embargo, esta perspectiva se ve restringida por la limitada comprensión de la lengua y las prácticas náhuatl, lo que llevó a interpretaciones que, aunque valiosas, pueden no haber capturado completamente la profundidad y la complejidad del concepto tal como lo entendían las comunidades originarias.

"Kemen titlahtowah, tiknemiliah, kennen tiknemiliah tikihkwilowa iwan yehon tichixmatiskeh"
(Como hablamos, pensamos y como pensamos escribimos y así nos conocerán)

Es fundamental comprender que la palabra "*Ometeotl*" no se pronunciaba en el náhuatl clásico o en el náhuatl antiguo. De hecho, muchas comunidades originarias modernas desconocen esta palabra y no la emplean en sus prácticas o rituales. Es un término que, en muchos aspectos, es un invento académico y no está registrado en el vocabulario del náhuatl antiguo, lo que indica que no se hablaba ni se pronunciaba esta palabra en tiempos prehispánicos.

Sin embargo, podemos utilizar la palabra "*Omeyoteotl*" para describir el concepto de la fusión de cuerpos duales que se desdoblan en *Ometecuhtli* y *Omecihuatl*. En lugar de ver a *Ometeotl* como una deidad específica, podemos interpretarlo como una representación de la dualidad fundamental que existe en todas las cosas. Esta dualidad se manifiesta en la unión de lo masculino y lo femenino, de la energía creativa y receptiva, de la fuerza y la calma.

El concepto o la palabra *Ometeotl* tiene un punto débil, y es que hasta la fecha no se ha encontrado registro de ninguna comunidad nativa que pronuncie esa palabra o que la acepte dentro de su vocabulario. Sin embargo, bajo un cuidadoso acercamiento hacia estas comunidades, he logrado comprender que un concepto importante para entender esta dualidad es primero entender la idea de no la existencia de dos entidades por separado, sino más bien la existencia de algo que encuentra su complemento. Es decir, está la existencia de una unidad que está buscando encontrarse con aquello que lo complementa. Es esta búsqueda natural de encontrar aquello en donde perteneces, de encontrar aquello que te complementa, que te llena.

Aquí quiero que hagas una reflexión conmigo. ¿Existe algo en nuestro universo que conocemos que no tenga la sensación de buscar aquello que lo encuentre, aquello que lo complementa? Todos aquellos seres vivos, todos aquellos corazones que se mueven en esta existencia, en este *Tlalticpac*, están en una constante búsqueda de su complemento. Y esto puede ser un espejo de cómo el universo también está forjado. Se forja a partir

81

de la necesidad de encontrarse, de encontrar su rostro, de encontrar su pareja.

Podemos incluir aquí la palabra o el concepto *Nemik* de la lengua náhuatl, que refleja la idea de vivir en armonía, de encontrar aquello que me hace uno con todo. *Nemik* no se refiere simplemente a la vida en términos biológicos, sino a una vida plena, en equilibrio, donde cada elemento encuentra su lugar y su propósito.

Este concepto se extiende a todos los aspectos de la existencia. Pensemos, por ejemplo, en cómo la flora y la fauna interactúan en un ecosistema. Las plantas florecen y producen frutos que alimentan a los animales, mientras que estos, a su vez, ayudan a polinizar las plantas y dispersar sus semillas. Este ciclo de interdependencia es una manifestación clara de la búsqueda de complemento y equilibrio que caracteriza a la vida en nuestro planeta.

De manera similar, en las relaciones humanas, buscamos conexiones que nos completen. Ya sea en la amistad, el amor o la comunidad, nos sentimos atraídos por aquellos que nos entienden, que comparten nuestras pasiones y que enriquecen nuestras vidas. Esta búsqueda de conexión y complemento es un reflejo de la misma dinámica que vemos en la naturaleza y en el cosmos.

Podemos observar esta búsqueda de equilibrio y complemento en muchos otros aspectos de la vida. En la física, por ejemplo, los átomos se combinan para formar moléculas estables, encontrando equilibrio en la unión. Los protones y electrones, con sus cargas opuestas, se atraen y forman átomos, creando la materia de la que estamos hechos. En la química, los reactivos se combinan para formar productos que son más estables y equilibrados que sus componentes originales. Esta misma dinámica se refleja en nuestras relaciones personales, donde buscamos compañeros que complementen nuestras cualidades y compensen nuestras debilidades, creando una unidad más fuerte y equilibrada.

Es entonces aquí donde florece el conjunto y podemos ocupar una palabra denominada *Omeyoteotl*. Este concepto no solo encapsula la idea de la dualidad y el complemento, sino también la totalidad y la unidad. *Omeyoteotl* se refiere a la fuerza que une y equilibra todas las cosas, la energía que fluye entre los opuestos y los conecta en una danza armoniosa.

Imaginemos el cielo nocturno, donde las estrellas parecen estar dispersas de manera aleatoria, pero en realidad, cada una tiene su lugar en una estructura cósmica vasta y compleja. De la misma forma, *Omeyoteotl* representa la red invisible de conexiones que da forma al universo, donde cada ser, cada elemento, encuentra su propósito y su lugar en el gran esquema de las cosas.

Podemos ver ejemplos de *Omeyoteotl* en la naturaleza y en nuestras propias vidas. Piensa en un río que fluye hacia el mar. El agua del río no solo encuentra su camino hacia el océano, sino que en su viaje nutre la tierra, proporciona hábitat a innumerables formas de vida y lleva consigo nutrientes esenciales. Este flujo y reflujo, esta conexión constante entre el río y el océano, es una manifestación de *Omeyoteotl*. Asimismo, en nuestra vida cotidiana, encontramos nuestro lugar y propósito a través de nuestras interacciones y conexiones con los demás, con nuestra comunidad y con el mundo natural.

Al explorar *Omeyoteotl* podemos ver cómo esta idea de unidad y complemento se aplica en todos los niveles de nuestra existencia. En la ciencia, observamos cómo las partículas subatómicas interactúan y se combinan para formar la materia. En la espiritualidad, buscamos la paz interior y la conexión con lo divino. En la vida cotidiana, encontramos satisfacción y felicidad al estar en armonía con nosotros mismos y con el mundo que nos rodea.

Para ilustrar mejor este concepto, consideremos la relación entre el sol y la luna. El sol, con su brillante y constante luz, y la luna, que refleja esa luz y cambia de forma en un ciclo constante. Aunque son cuerpos celestes distintos, su interacción crea un equilibrio que influye en las mareas, en los ciclos de vida de las plantas y en el comportamiento de los animales. Este balance cósmico es un reflejo de *Omeyoteotl*, donde cada elemento encuentra su lugar y propósito en el equilibrio universal.

Otro ejemplo lo encontramos en las estaciones del año. La primavera, con su renovación y crecimiento, seguida del verano, con su abundancia y plenitud, luego el otoño, con su cosecha y preparación para el descanso, y finalmente el invierno, con su quietud y reflexión. Cada estación complementa a la anterior y prepara el camino para la siguiente, creando un ciclo de vida que refleja la idea de *Omeyoteotl* la unidad y el equilibrio en la diversidad.

Al reflexionar sobre estos conceptos y su relevancia en nuestra vida moderna, podemos encontrar formas de reconectar con estas fuerzas. Al apreciar el calor del sol, la bendición de la lluvia, la vitalidad del viento y la transformación del fuego, nos alineamos con el orden natural del universo. Al hacerlo, no solo encontramos paz y sentido en nuestra existencia, sino que también honramos el legado de nuestros ancestros y contribuimos a la preservación de la vida en todas sus formas.

En última instancia, entender y respetar estas fuerzas naturales nos invita a vivir con mayor conciencia y gratitud. Nos recuerda que somos parte de un vasto e intrincado tejido de vida, en el que cada ser, cada elemento, tiene un papel vital. Al reconocer y honrar esta interdependencia, encontramos una fuente inagotable de inspiración y sabiduría para guiar nuestras vidas.

Comprendamos esto mejor con un ejercicio de imaginación. Hace muchos años, en las afueras del patio del *Cuicacalli*, la casa del canto para niños y niñas, un maestro convocó a todos sus alumnos y alumnas para una especial clase nocturna. El *Temachtiane*, un hombre de sabiduría profunda y voz serena se sentó en medio de ellos y los dividió en dos grupos: mujeres y hombres. Con una mirada llena de comprensión, les explicó que, de la misma manera que un hombre descubre cualidades únicas que lo definen como tal, una mujer también descubre en su camino las cualidades que la hacen femenina.

La noche estaba serena, y el cielo estrellado se extendía sobre ellos como un manto de luz. Las estrellas brillaban intensamente, y el aire fresco de la noche acariciaba suavemente sus rostros. El *Temachtiane* levantó su mano y señaló hacia el firmamento, pidiendo a los alumnos que miraran hacia arriba. Les habló de las estrellas masculinas y femeninas. Las estrellas masculinas, explicó, están llenas de calor y energía, portadoras de dardos y flechas, dispuestas a viajar largas distancias para depositar su calor en algún rincón del universo. Las estrellas femeninas, por otro lado, son cálidas y llenas de vida, esperando recibir ese calor para comenzar a gestar la vida en todas sus formas y colores.

Los alumnos, con los ojos llenos de asombro, preguntaron cuál fue la primera estrella masculina y cuál fue la primera estrella femenina. El *Temachtiane*, con una sonrisa, respondió que antes de que ellos existieran, antes de que sus ojos pudieran contemplar el cielo, allá arriba resplandecía una estrella principal llamada *Ometecuhtli*, llena de energía y dardos. Esta estrella se enamoró profundamente de una estrella llamada *Omecihuatl*, quien recibió el calor de *Ometecuhtli* y proporcionó el sustento necesario para la vida.

El maestro les explicó que esta pareja de estrellas dio vida a todo lo que existimos, y que dentro de sus corazones vive una parte de la esencia de *Ometecuhtli* y *Omecihuatl*. Les dijo que ellos son polvo de estrellas, y que, aunque hombres y mujeres tienen cualidades distintas, todos son hermanos y hermanas ante los ojos de la tierra y el universo.

Los alumnos, sentados en el suave césped, escuchaban atentamente. El aire nocturno estaba impregnado del aroma de las flores que crecían alrededor, y el sonido de las hojas moviéndose con la brisa creaba una sinfonía natural que acompañaba las palabras del maestro. La luz de la luna bañaba el paisaje, creando sombras danzantes que añadían un toque de magia a la escena.

Con cada palabra del *Temachtiane*, los corazones de los alumnos se llenaban de comprensión y reverencia. Sentían el peso del conocimiento ancestral y la belleza de ser parte de un cosmos vasto y misterioso. Sabían que, aunque sus caminos pudieran ser diferentes, todos estaban conectados por la misma esencia divina, reflejada en las estrellas que brillaban sobre ellos.

Y así, en esa noche iluminada por el conocimiento y la luz de las estrellas, los alumnos del *Cuicacalli* comprendieron que la verdadera sabiduría reside en reconocer y honrar las diferencias, mientras se celebra la unidad fundamental que une a todos los seres bajo el vasto cielo.

Con este relato comprendemos que nuestros ancestros siempre le otorgaron la capacidad de "vivo" a aquello que creo el todo. En este caso, como un corazón dual.

El Origen de Nuestra Existencia

Abramos nuestros corazones y nuestras mentes para entender, desde la perspectiva de la cosmovisión mexica, cómo se constituye la existencia. Una vez comprendidos los conceptos de *Ometecuhtli* y *Omecihuatl* como las fuerzas primigenias generadoras de lo masculino y lo femenino, podemos explorar las fuerzas específicas que complementan esa creación. Una de ellas es el concepto de *Cipactonal* y su complemento directo, *Oxomoco*. Esta dualidad, marcada entre lo femenino y lo masculino, ofrece una visión profunda de la naturaleza de la realidad.

Cipactonal representa la parte masculina, siendo el primer rayo de sol, el abuelo más viejo, la esencia más antigua que le da luz, calor y presencia a todas las cosas. Es el anciano, el abuelo de todos, el que ilumina y vitaliza el mundo con su energía. Por su parte, la dualidad complementaria femenina es la anciana *Oxomoco*, la creadora del espacio donde habitan los rayos de sol. *Oxomoco* da sentido a la vida, proporcionando un sentido de pertenencia y hogar. Es la abuela primigenia de todo lo que existe, el recipiente que acoge y sostiene la luz y la vida.

Si trazamos una línea comparativa, podríamos decir que *Cipactonal* y *Oxomoco* representan conceptos hoy conocidos como tiempo y espacio. *Cipactonal*, como el primer rayo de sol, simboliza el tiempo, la secuencia de momentos que da forma y continuidad a nuestra existencia. *Oxomoco*, como la creadora del espacio, representa el entorno en el que este tiempo se desarrolla, el contenedor que permite que la luz del tiempo se manifieste y cobre sentido.

Imaginemos cómo un anciano le pide a su nieto que se siente a la orilla de uno de los canales de la antigua ciudad de *Mexico-Tenochtitlan*. El agua, muy calmada y casi como un espejo, refleja las estrellas. Es una noche clara, y la serpiente de las nubes, es decir, la Vía Láctea, o en náhuatl conocida como *Mixcoatl*, se presenta ante nuestros ojos. Los colores rosados y morados se hacen muy presentes en los ojos tanto del anciano como del joven sentado a su lado, su nieto.

El anciano apunta con su dedo índice hacia arriba, hacia la dirección de las estrellas, y el joven mira y sigue la dirección del dedo. Ahí, el anciano le dice que los primeros padres, es decir, padre y madre, se encuentran más allá de la línea de las estrellas, más allá de la serpiente de las nubes y esos bellos colores. Los primeros padres llegaron aquí para sembrarnos, igual que se siembra el maíz, como semillas. Así como él, en algún momento, fue un joven de la misma edad que su nieto, ahora su nieto tiene también la misión de contarle a las siguientes generaciones que los primeros padres viven más allá de las estrellas.

Estos primeros padres se llaman *Cipactonal* y *Oxomoco*, nuestro viejo abuelo y nuestra vieja abuela, el tiempo y el espacio. Qué hermoso sería nuevamente sentarse en la orilla de los canales, en un agua tan tranquila, y poder contarle a nuestra generación más joven estas mismas historias con nuestra metodología. ¿No lo crees?

El anciano continúa hablando, su voz calmada y llena de sabiduría, diciendo que el tiempo, representado por *Cipactonal*, es como ese rayo de luz que cruza el cielo cada mañana, un anciano sabio que ha visto incontables amaneceres y que lleva consigo la esencia de todas las cosas. El espacio, representado por *Oxomoco*, es como el vasto y sereno canal ante ellos, la abuela que abraza y contiene toda la vida, dándole sentido y pertenencia.

El niño, con ojos llenos de asombro, escucha atentamente. En su mente, las palabras del abuelo se convierten en imágenes vívidas: estrellas que susurran secretos antiguos, la Vía Láctea que serpentea como una guardiana eterna, y los colores del universo que bailan en el agua tranquila del canal. Puede sentir la conexión con esos primeros padres, con *Cipactonal* y *Oxomoco*, y comprende que él también es una parte de esa gran historia cósmica.

El abuelo sonríe, viendo la chispa de comprensión en los ojos de su nieto. Le dice que algún día, él será el anciano, y que deberá contar estas historias a sus propios nietos, manteniendo viva la sabiduría ancestral. Le explica que la belleza de nuestra tradición es esa cadena inquebrantable de conocimiento, transmitida de generación en generación, como las estrellas que nunca dejan de brillar en el cielo.

"Cipactonaltsin okimotokilih tlaolxinachtli wan Ketsalkowatsin okimopehpenilih iwan ika okinmotukilih in tlakameh"
(Cipactonal sembró semillas de maíz y Quetzalcoatl las recogió y de ellas sembró a las personas)

Qué mágico sería poder revivir estos momentos, sentarse a la orilla de los canales bajo el manto estrellado, y compartir la poesía de nuestra cosmovisión con las nuevas generaciones. Contarles cómo el tiempo y el espacio se entrelazan en un abrazo eterno, cómo cada estrella en el cielo es un recordatorio de nuestro origen y destino, y cómo, al igual que el maíz que crece de la semilla, nosotros también crecemos de la sabiduría sembrada por nuestros ancestros.

Tomando inspiración de nuestra imaginación, y ahora aplicando la realidad moderna para entender la dualidad de *Cipactonal* y *Oxomoco* en diferentes escalas, podemos compararla con fenómenos a nivel micro y macro. A nivel micro, pensemos en las partículas atómicas. Los protones y neutrones en el núcleo de un átomo representan fuerzas complementarias que mantienen la estructura atómica estable. El electrón, moviéndose en torno al núcleo, es una manifestación de la energía dinámica, similar al flujo del tiempo que se mueve a través del espacio.

A nivel macro, consideremos una galaxia. En el centro de muchas galaxias, incluida la nuestra, existe un agujero negro supermasivo que, a pesar de su nombre, no es simplemente una región de vacío. Es una concentración de masa que influye gravitacionalmente en toda la galaxia, similar a cómo el espacio

(*Oxomoco*) alberga y da forma a la luz y la energía (*Cipactonal*). Las estrellas, planetas y otros cuerpos celestes que orbitan alrededor del centro galáctico representan la danza eterna del tiempo dentro del espacio.

Así, tanto en lo infinitamente pequeño como en lo vastamente grande, la dualidad de *Cipactonal* y *Oxomoco* se manifiesta en la interacción y la complementariedad de fuerzas que mantienen el equilibrio del universo. Este principio de dualidad complementaria nos enseña que la existencia no puede ser comprendida plenamente sin reconocer la interdependencia de sus partes.

Volvamos a mirar al cielo y a la tierra con ojos renovados, reconociendo la danza eterna del tiempo y el espacio, del masculino y el femenino, del abuelo tiempo y la abuela espacio. Que estas enseñanzas nos guíen a vivir en armonía con el cosmos, entendiendo que somos parte de una red de interconexiones que nos une a todo lo que existe. Al integrar estas dualidades en nuestra vida diaria, honramos a nuestros antepasados y nos alineamos con el ritmo del universo.

Pensemos también en cómo estas dualidades se manifiestan en nuestra vida cotidiana. Consideremos la relación entre el día y la noche. El día, con su luz y actividad, es el dominio de *Cipactonal*, mientras que la noche, con su calma y reflexión, pertenece a *Oxomoco*. Ambas partes del ciclo diario son esenciales para nuestra existencia. El día nos permite trabajar, crear y vivir activamente, mientras que la noche nos ofrece descanso, renovación y la oportunidad de soñar. Juntos, forman un todo equilibrado que sostiene nuestra vida.

Asimismo, podemos observar esta dualidad en nuestras propias experiencias y emociones. La alegría y la tristeza, la esperanza y la desesperación, la paz y el conflicto, todos son aspectos de nuestra existencia que se complementan y se equilibran mutuamente. Al reconocer y aceptar estas dualidades, podemos encontrar un sentido más profundo y una mayor armonía en nuestra vida.

Imaginemos nuevamente al abuelo y su nieto junto al canal. El abuelo le cuenta al niño cómo cada experiencia, cada emoción, es una parte vital del gran tejido de la vida. Le explica que la dualidad no es algo que deba temerse o evitarse, sino que debe aceptarse y celebrarse como una parte integral de nuestra existencia. Cada rayo de sol, cada sombra de la noche, cada momento de felicidad y cada lágrima de tristeza, todos contribuyen a la belleza y la complejidad de nuestra vida.

El niño, con una nueva comprensión, mira las estrellas y siente una conexión más profunda con el universo. Comprende que él también es parte de esta danza eterna, que su vida está entrelazada con las fuerzas del tiempo y el espacio, del día y la noche, de la alegría y la tristeza. Siente una paz y una gratitud profundas por estar vivo, por ser parte de esta gran historia cósmica.

El abuelo, viendo la comprensión y la paz en los ojos de su nieto, sabe que ha cumplido su misión. Le dice al niño que algún día, él también será un anciano, y que deberá transmitir esta sabiduría a las generaciones futuras. Le explica que la belleza de nuestra tradición reside en esta cadena inquebrantable de conocimiento, transmitida de generación en generación, como las estrellas que nunca dejan de brillar en el cielo.

Le cuenta cómo, a lo largo de los siglos, nuestros ancestros han encontrado maneras de conectar sus vidas con las fuerzas naturales que los rodean. Desde las ceremonias y rituales que celebran el ciclo de las estaciones, hasta las historias y canciones que preservan la memoria de aquellos que vinieron antes, cada acto de transmisión de conocimiento es una manera de honrar a *Cipactonal* y *Oxomoco*, y de mantener viva la llama de nuestra existencia.

El abuelo añade que en la vida moderna, aunque vivamos en un mundo lleno de tecnología y avances, es crucial no perder esta conexión con nuestras raíces. Nos recuerda que la esencia de *yoltok*, vivir en armonía, es tan relevante hoy como lo fue hace siglos. Invita al niño a encontrar maneras de integrar esta sabiduría en su vida diaria, ya sea a través de momentos de reflexión en la naturaleza, la práctica de la gratitud o la búsqueda de equilibrio en todas sus acciones.

Para ilustrar esta idea, el abuelo le cuenta una historia sobre un árbol antiguo que crece en el corazón de la ciudad. Este árbol, aunque rodeado de edificios y calles concurridas, sigue floreciendo año tras año. Sus raíces profundas buscan agua y nutrientes en la tierra, mientras sus ramas se extienden hacia el cielo, capturando la luz del sol. El árbol es un símbolo vivo de la dualidad y la interconexión de *Cipactonal* y *Oxomoco*, un recordatorio de que, a pesar de los cambios a nuestro alrededor, podemos encontrar nuestra propia estabilidad y crecimiento si permanecemos conectados con nuestras raíces.

El niño, inspirado por esta historia, promete al abuelo que nunca olvidará estas enseñanzas. Se compromete a vivir su vida de manera que honre la sabiduría ancestral, buscando siempre el equilibrio y la conexión con el universo. Imagina su futuro, donde él también se convertirá en un anciano sabio, compartiendo estas historias con sus propios nietos, manteniendo viva la llama de nuestra tradición.

El abuelo, conmovido por la promesa del niño, le da un abrazo cálido y le dice que siempre recuerde la importancia de *Cipactonal* y *Oxomoco*, del tiempo y el espacio, de la luz y el lugar que la contiene. Le enseña que, aunque el mundo cambie, estos principios fundamentales permanecerán constantes, guiando a las generaciones hacia una vida plena y en armonía.

Al finalizar la historia, el niño se siente lleno de gratitud y comprensión. Comprende que cada ser humano tiene un papel en esta gran historia cósmica, que cada acción, por pequeña que sea, contribuye al equilibrio del universo. Sabe que es su deber mantener viva esta sabiduría y transmitirla a las futuras generaciones.

Mientras se levantan y regresan a su hogar, el niño mira una vez más al cielo estrellado, sintiendo una conexión más profunda con el universo. Ve a *Cipactonal* y *Oxomoco* en cada estrella, en cada rayo de luz y en cada sombra de la noche. Siente el abrazo eterno del tiempo y el espacio, y entiende que, aunque su vida es solo un instante en la vasta extensión del cosmos, es un instante lleno de propósito y significado.

El abuelo, caminando a su lado, sonríe con satisfacción. Sabe que ha plantado una semilla de sabiduría en el corazón de su nieto, una semilla que florecerá y dará frutos en las generaciones por venir. Y así, la cadena inquebrantable de conocimiento continúa, entrelazando pasado, presente y futuro en un ciclo eterno de aprendizaje y crecimiento.

Que estas enseñanzas nos guíen a todos a vivir en armonía con el cosmos, entendiendo que somos parte de una red de interconexiones que nos une a todo lo que existe. Al integrar estas dualidades en nuestra vida diaria, honramos a nuestros antepasados y nos alineamos con el ritmo del universo. Al hacerlo, encontramos paz, propósito y una conexión más profunda con la esencia misma de la existencia.

El Gobierno Dual

De forma muy peculiar, el concepto de dualidad cosmológica también se traspasa a la forma de gobierno antigua de la cultura mexica, y es un principio que hoy en día podemos aplicar de igual forma. Esta dualidad se reflejaba en los títulos antiguos de los gobernantes: el *Tlatoani*, gobernante masculino, y la *Cihuacoatl*, gobernante femenina. *Tlatoani*, en la traducción del náhuatl, significa "aquel que porta las palabras", "aquel que entrega las palabras". *Cihuacoatl* se traduce como "mujer serpiente", combinando "*Cihua*" (mujer) y "*Coatl*" (serpiente). Es fundamental entender que la serpiente en la cosmovisión mexica no tiene la connotación negativa que tiene en Europa. No es ni maligna ni venenosa, sino que representa la fertilidad y la tierra. Por lo tanto, decir que quien porta la palabra es de alta importancia se refiere a la gran responsabilidad y reverencia con que se debe manejar el poder y la comunicación.

En un muy lluvioso día en la antigua ciudad de *Mexico-Tenochtitlan*, el gran *Huey-Tlatoani* estaba sentado dentro de su majestuosa casa, consternado y preocupado. Las gotas de lluvia resonaban en las afueras, creando una sinfonía melancólica que acompañaba sus pensamientos. La tenue luz de las antorchas iluminaba sus rostros, reflejando la seriedad y el peso de las decisiones que debía tomar al amanecer. Estas decisiones, cruciales para su sociedad y su forma de gobierno, tendrían repercusiones profundas. El peso de los grandes sabios de su consejo recaía sobre sus hombros, y la presión era inmensa.

De repente, la puerta se abrió silenciosamente y entró su dualidad femenina, la *Cihuacoatl*. En sus manos llevaba un *Popochcomitl*, o sahumerio, ya encendido con el aroma purificante del copal. El humo denso y fragante llenaba la habitación, envolviendo al *Tlatoani* en una nube de calma y claridad. La *Cihuacoatl*, con su porte sereno y majestuoso, se acercó al *Huey Tlatoani*, tomó sus manos entre las suyas y las acercó al calor del sahumerio. Respiraron juntos el humo del copal, permitiendo que sus mentes se calmaran y sus corazones se abrieran.

La *Cihuacoatl*, con una mano sobre el corazón del *Tlatoani*, le habló con una voz suave pero firme, que resonaba como el eco de una caverna sagrada. "La decisión que debes tomar, querido *Tlatoani*, debe nacer de tu corazón. Recuerda que tienes todo nuestro apoyo, porque la confianza y la seguridad son las virtudes más importantes en un líder. Debes ser aquel que expanda la voz de los que no pueden hablar, el rostro del sol en nuestra gran ciudad de *Tenochtitlan*. Tú eres el portador de las plumas de *Quetzal*."

El *Huey Tlatoani* miró profundamente en los ojos de la *Cihuacoatl* y vio en ella una fortaleza inquebrantable, una seguridad y un liderazgo que irradiaban calma y determinación. En ese momento, comprendió que las cualidades que necesitaba para guiar a su pueblo estaban reflejadas en ella. Con humildad y gratitud en su corazón, le pidió que lo acompañara al día siguiente. Necesitaba sentir el calor del corazón que ella emanaba, necesitaba su apoyo incondicional para que su voz no se sintiera sola.

Al amanecer, bajo un cielo despejado después de la tormenta, el *Huey Tlatoani* y la *Cihuacoatl* se presentaron ante su pueblo. Juntos, sus presencias irradiaban una fuerza unida, una claridad que prometía una mejor sociedad mexica. La voz del *Tlatoani*, apoyada y reforzada por la *Cihuacoatl*, resonó con firmeza y seguridad. En ese momento, el pueblo supo que no solo tenía un líder fuerte, sino también una dualidad poderosa que guiaba con sabiduría y amor.

"Yehwatl tlein tlakwawtlahtowaya, ahken kihtowaya ka kampa motokilis iwan melawak kitokiliayah ipampatika yektlahtolli"
(Ella quien hablaba con autoridad, quién decía por dónde seguir y en verdad su palabra se seguía porque eran auténticas palabras))

Esta dualidad complementaria entre la voz masculina y la voz femenina formaba parte de la estructura sólida del alto gobierno mexica durante los años de esplendor del imperio. El *Tlatoani*, como el portador de las palabras, era la autoridad que guiaba con sabiduría y claridad, mientras que la *Cihuacoatl*, la mujer serpiente, era la guardiana de la fertilidad y la tierra, simbolizando la conexión con lo primordial y lo esencial.

Hoy en día, considero que es importante recuperar esa dualidad. Escuchar la voz portadora de la energía masculina y la voz portadora de la energía femenina, generando así una dualidad complementaria, no solo a nivel cosmológico, sino también a nivel práctico, social y político. Esta integración nos recuerda que la gobernanza debe ser un acto de equilibrio y armonía, donde la fuerza y la sabiduría se unen para crear un liderazgo completo y equilibrado.

En la práctica, podemos imaginar un mundo donde las decisiones políticas y sociales se basen en esta dualidad complementaria. Donde cada consejo, cada debate, sea enriquecido por la perspectiva y la energía tanto de hombres como de mujeres, creando un tejido social más fuerte y resiliente. Esta dualidad nos enseña que la verdadera fuerza reside en la unión de opuestos, en la integración de lo masculino y lo femenino, en la armonía de todas las voces.

La dualidad también se puede ver en parte de la mitología de nuestros antiguos. Si nos adentramos en el conocimiento Nahua, que, como ya hemos expresado, fue recolectado de diferentes culturas, el primer acercamiento a una dualidad de forma mítica podría ser la leyenda de *Nanahuatzin* y *Tecciztecatl*, en la cual se explica el sacrificio que ambos realizaron para formar el Sol y la Luna. Esta misma idea también se refleja en un mito mexica: *Huitzilopochtli* y *Coyolxauhqui*.

Esta maravillosa historia nos narra la lucha entre los astros por el dominio del universo, una lucha eterna entre el Sol y su brillo, y la Luna con su oscuridad cálida femenina. Evidentemente, los

Mexicas trasladaron esta lucha cósmica a una forma humana para poder contar su historia. A *Huitzilopochtli* lo hicieron un guerrero y a *Coyolxauhqui*, su hermana. *Coyolxauhqui* deseaba destruir a *Tonantzin*, Nuestra Madre Tierra, junto con las estrellas fugaces llamadas *Centzonhuitznahua*. *Huitzilopochtli* surge para borrar la oscuridad y traer el calor del día.

En el ámbito moderno, podemos ver esta dualidad en la colaboración entre ciencia y arte. La ciencia, con su lógica y precisión, busca entender el universo a través de datos y experimentos. El arte, con su creatividad y sensibilidad, interpreta el universo a través de emociones y percepciones. Aunque diferentes, ambos campos se complementan y enriquecen mutuamente, creando una comprensión más completa y profunda de la realidad.

Pensemos en un equipo de científicos y artistas trabajando juntos en un proyecto de conservación ambiental. Los científicos aportan datos cruciales sobre el cambio climático, mientras que los artistas crean obras que sensibilizan al público sobre la importancia de proteger nuestro planeta. Esta colaboración simboliza la unión de *Huitzilopochtli* y *Coyolxauhqui*, el agua y el fuego, la lógica y la emoción, trabajando juntos para un propósito mayor.

La dualidad nos enseña que los opuestos no solo coexisten, sino que se necesitan para crear equilibrio y armonía. Al entender y apreciar esta interdependencia, podemos aplicar este conocimiento en nuestra vida diaria, en nuestras relaciones y en nuestro entorno, creando un mundo más equilibrado y armonioso.

Conclusión

A lo largo de este sencillo capítulo, hemos explorado la profunda significancia de la dualidad complementaria en la cosmovisión mexica. Esta dualidad no se trata de una lucha entre fuerzas opuestas, sino de una armoniosa complementación que sostiene la totalidad del universo. En este contexto, la fuerza masculina y la fuerza femenina no se contraponen, sino que se integran para formar un todo completo y equilibrado.

Hablamos de *Oxomoco* y *Cipactonal*, quienes funcionan como los guardianes del espacio y el tiempo. Estos dos elementos son inseparables, ya que el tiempo no puede existir sin espacio y el espacio no puede existir sin tiempo. Esta interrelación es la esencia del movimiento, del *Nahui Ollin*, el símbolo de la eterna transformación y dinamismo del universo.

Además, esta dualidad complementaria es evidente en la naturaleza y su manera de gobernar. No solo en los seres humanos, donde un *Tlatoani* y una *Cihuacoatl* gobiernan conjuntamente, sino también en diversas especies animales. Por ejemplo, en una manada de leones, el león y la leona comparten la responsabilidad de gobernar y proteger a la manada. En el caso de los lobos, el lobo y la loba alfa lideran la manada de manera conjunta. Incluso en aves como los cisnes, donde la pareja comparte las responsabilidades de proteger y cuidar a sus crías.

Estos ejemplos nos muestran que la dualidad complementaria es una ley universal, presente en todos los niveles de la existencia. Esta dualidad asegura el equilibrio y la continuidad de la vida, demostrando que la colaboración entre fuerzas es esencial para la supervivencia y la armonía.

Finalmente, es importante aclarar un punto crucial respecto a la terminología utilizada. La palabra *Ometeotl* es una creación filosófica literaria atribuida a Miguel León Portilla y no se encuentra en ninguna variante náhuatl contemporánea ni en las fuentes antiguas mexicas. Es más adecuado utilizar el concepto de

Omeyocan, el lugar del corazón dual, para referirse a esta idea de dualidad complementaria en la cosmogonía mexica.

Así, hemos recorrido un viaje que nos lleva a comprender que la dualidad no es una mera yuxtaposición de contrarios, sino una danza cósmica donde cada elemento encuentra su reflejo y su razón de ser en su complemento. Al entender y abrazar esta dualidad, podemos encontrar un camino de equilibrio y armonía en nuestras vidas y en nuestra relación con el universo.

ABRIR LOS OJOS
ESTUDIAR NUESTRO UNIVERSO

¿Qué significa Cosmogonía?

La cosmología, la ciencia que estudia el origen y la evolución del universo, es una puerta hacia el entendimiento profundo de nuestra existencia y nuestra conexión con todo lo que nos rodea. Para adentrarnos en este vasto campo, primero debemos comprender el significado y la etimología de las palabras que utilizamos para describirlo: cosmos, conocer, conocimiento y universo.

"Toyollohkakopa ma titlanonotsakan itloktsinko in tlaweyikan in semanawak"
(Desde nuestro corazón conversemos con el universo)

La palabra "cosmos" proviene del griego "*kosmos*", que originalmente significaba "*orden*" o "*mundo ordenado*". Este término encapsula la idea de que el universo es un todo organizado y armonioso, una visión que ha resonado a lo largo de la historia en diversas culturas, incluyendo la mexica. En la cosmovisión mexica, el cosmos no es simplemente un espacio vacío; es un tejido vibrante y dinámico, lleno de vida y energía, donde cada elemento tiene su lugar y propósito.

La palabra "conocer" tiene sus raíces en el latín "*cognoscere*", que significa "*saber*" o "*aprender*". Este verbo implica un proceso activo de descubrimiento y comprensión. En la cosmología, conocer el cosmos es emprender un viaje de exploración y revelación, desentrañando los misterios que envuelven nuestro entorno y a nosotros mismos. Para los mexicas, conocer el universo era también una forma de entender su lugar en él, de integrar sus vidas con el ciclo natural y espiritual que los rodeaba.

"Conocimiento" deriva del latín "*cognitio*", que se refiere a la acción o el resultado de conocer. El conocimiento es el conjunto de saberes y entendimientos que acumulamos a lo largo del

102

tiempo. En la tradición mexica, el conocimiento era transmitido de generación en generación a través de la oralidad, la observación y la práctica, formando una rica herencia de sabiduría ancestral. Este conocimiento no solo abarcaba lo tangible, sino también lo interno, lo invisible, aquello que solo se puede percibir con el corazón.

Finalmente, la palabra "universo" proviene del latín "*universus*", que significa "todo entero" o "totalidad". Este término refleja la idea de que el universo es una unidad completa, un todo indivisible que incluye todas las cosas. Para los mexicas, el universo era un ente vivo y consciente, donde las fuerzas naturales, los seres vivos y los humanos coexistían y se influenciaban mutuamente. Cada estrella, cada planta, cada ser viviente era una manifestación de la energía cósmica que fluía a través de todo.

¿Cómo define la lengua náhuatl la palabra cosmogonía? En náhuatl, la palabra se pronuncia *Ilhuicatlamatiliztle*, que significa "el estudio de la jícara celeste" o "el estudio de los cuerpos celestes." Esta definición nos invita a elevar nuestra mirada hasta donde nuestros ojos puedan alcanzar y, mediante la simple observación, intentar comprender cómo se mueven esos pequeños puntos brillantes en nuestra vasta bóveda celeste.

La cosmogonía náhuatl se basa en observar las trayectorias de los cuerpos celestes, cuándo aparecen, cuántos son y con qué frecuencia repiten sus ciclos. Los antiguos mexicas no solo se enfocaban en la observación de estos puntos brillantes, sino también se preguntaban cómo esos cuerpos celestes viven en comparación con nosotros. Se cuestionaban sobre el espacio que habitan, quiénes los pueden observar y de qué forma se comunican con nosotros, además de si tienen alguna relación directa con nuestra vida.

Estas son las preguntas que la cosmogonía mexica se hizo hace muchos años. Tal como un sabio observador que se subía a lo más alto del *Teocalli* de *Quetzalcoatl*, guardaba silencio, giraba su atención hacia arriba y se preguntaba: ¿Cuándo yo miro hacia

103

arriba, habrá alguien que me está mirando hacia abajo? ¿Allá habrá alguien que me observa y lo único que falta es que nos saludemos? Estas son grandes cuestiones, profundas preguntas y bellas imágenes que nos regala la cosmogonía mexica. Al reflexionar sobre ellas, comprendemos que la cosmogonía no es solo el estudio de los cuerpos celestes, sino también una búsqueda de conexión y entendimiento entre nosotros y el universo, un intento de encontrar respuestas a nuestra existencia y nuestra relación con todo lo que nos rodea.

En este capítulo, exploraremos la cosmología mexica, su visión del cosmos, y cómo entendían y se relacionaban con el universo. Analizaremos cómo estas ideas se reflejan en sus mitos, rituales y observaciones astronómicas, y cómo podemos integrarlas en nuestra comprensión moderna del mundo. A través de este viaje, descubriremos que la cosmología no es solo una ciencia, sino una forma de conectar nuestro ser con el vasto y maravilloso universo que nos rodea.

Imaginemos un atardecer en la bella ciudad de *Mexico Tenochtitlan*, donde el cielo comienza a teñirse de colores cálidos, y las sombras de los majestuosos templos y edificios se alargan lentamente. Justamente en este momento, un grupo de parteras se reúne en un rincón de la ciudad para platicar, para mirarse los rostros y alegrarse el corazón después de un largo día de trabajo. El aire está lleno de la fragancia de las flores de cempasúchil y el sonido de los grillos que empieza a llenar el ambiente. Las parteras se sientan en torno a una mesa de madera, intercambiando risas y noticias mientras comparten alimentos frescos y bebidas refrescantes.

Una de ellas, con una sonrisa en los labios y los ojos brillando con la luz del crepúsculo, narra una observación que la había conmovido profundamente ese día. Había pasado un tiempo contemplando a un sencillo y humilde agricultor, observando cómo cuidaba con devoción cada sección de su campo. Veía cómo sembraba cada semilla con amor, como si fueran sus propios hijos. Sus movimientos eran precisos y llenos de cariño, y cada

104

gesto mostraba una conexión íntima con la tierra. Esta imagen la había llevado a reflexionar sobre su propio trabajo como partera.

El grupo de parteras escuchaba con atención, sintiendo una profunda conexión con las palabras de su compañera. Cada una de ellas empezó a emitir su opinión, y todas coincidieron en que el universo es un tejido colectivo, una red de relaciones que nos une a todos. Reflexionaron sobre la idea de que provenimos de las estrellas, y que la jícara celeste es como un campo inmenso donde las estrellas son semillas sembradas en el vasto tapiz del cosmos.

Una de las parteras, con voz suave y serena, comentó que tal vez, en ese campo celestial, las estrellas germinan y necesitan el mismo cuidado que ellas brindan a las vidas humanas. Imaginó a cada estrella siendo cuidada con amor y caricias, como si fueran bebés en su primer aliento de vida. Este pensamiento llenó a todas de una profunda sensación de paz y comprensión.

Ese grupo de parteras, en esa noche mágica, comprendió que hablar de cosmogonía no es algo reservado para los intelectuales o para largas discusiones filosóficas. La cosmogonía mexica es, en su esencia, una celebración de la vida en todas sus formas. Es entender que una semilla, un ser humano, una estrella, todos son parte de un mismo ciclo de vida y cuidado. Ahí, bajo el manto estrellado, las parteras entendieron que la simplicidad y la grandeza de la cosmogonía mexica radica en valorar cada vida, cada semilla, como una parte integral y sagrada del universo.

En la antigüedad, diferentes fuentes y pictogramas de códices registran que nuestros antepasados rendían homenaje a las cuatro direcciones más importantes: el Este, donde nace el Sol; el Norte; el Poniente; y finalmente el Sur. Este esquema de los cuatro puntos cardinales se reflejaba de forma equidistante en los códices, también representando los cuatro momentos de la Tierra y las etapas del Viento, como el Viento del Sur y el Viento del Norte, que traen consigo diferentes lluvias: las del Oriente y las del

Poniente. Estas lluvias influían sobre la agricultura y, por ende, en la vida cotidiana de nuestros antiguos.

Las cuatro direcciones también estaban relacionadas con la enseñanza, asignando a cada una forma práctica de vivir mejor. El *Tlahuiztlampa*, orientado al Este, representaba los primeros conocimientos, como el Sol del amanecer que nos ilumina por primera vez, reflejando las enseñanzas de la vida. El *Mictlampa*, al Norte, con el Sol ocultándose, nos hacía reflexionar sobre la ausencia de luz, observando nuestro interior. El *Cihuatlampa*, el poniente, representando la convivencia y fortalecimiento comunitario, nos enseñaba a reforzar nuestros vínculos y nuestra comunidad. Finalmente, el *Huiztlampa*, el punto Sur, simbolizando la superación diaria, nos impulsaba a conocernos mejor y destacar, enfrentando las espinas solares.

Estas cuatro direcciones no solo enseñaban, sino que también estaban altamente conectadas con el cosmos. Los antiguos orientaban su cuenta del tiempo según estos cuatro momentos espaciales, dividiendo los ciclos del Sol en cuatro años específicos: el año *Tochtli* (Conejo), el año *Akatl* (Carrizo), el año *Tecpatl* (Pedernal) y el año *Calli* (Casa). Cada uno de estos años recorría secuencialmente trece ciclos, sumando un total de cincuenta y dos años, culminando en el Fuego Nuevo. Astronómicamente, esto representaba la alineación perfecta de nuestro planeta con los astros más cercanos: la Luna, Venus y el Sol. Así, las cuatro direcciones no solo armonizaban la enseñanza, sino que también establecían un vínculo directo con el cosmos y las semillas de la Tierra.

Imagina que un día, un sabio maestro convoca a sus alumnos a la cima de una montaña al amanecer, en el *Tlahuiztlampa*. Les enseña cómo la luz del Sol, al emerger, pinta el cielo de colores vibrantes y les habla sobre la importancia de los primeros conocimientos que iluminan sus vidas, comparándolos con los primeros rayos de Sol que iluminan la Tierra. Les cuenta cómo esos conocimientos reflejan sus propios espejos internos, revelando sus fortalezas y debilidades.

Al mediodía, en el *Huiztlampa*, los lleva al corazón de un bosque donde el calor del Sol es intenso. Aquí, les enseña sobre la resistencia y la fuerza de voluntad. Les explica que, así como el Sol en su punto más alto desafía a todos los seres vivos a soportar su calor, también ellos deben aprender a enfrentar los desafíos de la vida con valentía y determinación.

Al atardecer, en el *Cihuatlampa*, los lleva a un acantilado donde pueden ver el Sol ocultarse en el horizonte. Les habla sobre la importancia de reflexionar en la ausencia de luz, cuando el Sol se va y la oscuridad comienza a envolver el mundo. Les enseña a mirar hacia adentro, a comprender sus propias sombras y a encontrar la paz en la introspección.

Finalmente, en la noche durante el *Mictlampa*, bajo un cielo estrellado en el Norte, les habla sobre la constante superación. Les explica cómo cada estrella en el cielo representa una oportunidad para mejorar, para aprender y crecer. Les enseña que, al igual que las estrellas brillan más intensamente en la oscuridad, ellos también pueden encontrar su luz interior en los momentos más difíciles.

Así, a través de la enseñanza de las cuatro direcciones, el sabio maestro les muestra a sus alumnos cómo vivir en armonía con el cosmos y con ellos mismos, recordándoles que, al igual que la cuenta del tiempo mexica, sus vidas están conectadas con el vasto universo y con cada ser que habita en esta Tierra.

Para poder entender la manera en cómo vamos a construir una cosmogonía desde la perspectiva mexica, vamos a ocupar el tránsito de aquel que nos da vida. Utilizaremos el tránsito solar como una metáfora para explicar cómo el universo actúa, palpita, piensa y se desarrolla. Por tal motivo, dividiremos la siguiente explicación en los cuatro momentos mencionados:

1. Tlahuiztlampa. El amanecer. La primera luz del conocimiento. Este es el momento en que el sol asoma sus primeros rayos, iluminando el horizonte y despertando el mundo. Es el nacimiento del día y el inicio de la comprensión. La luz temprana simboliza la chispa de la conciencia, el despertar de la curiosidad y el comienzo de nuestro viaje hacia el saber.

2. Huiztlampa. El mediodía. El calor de nuestro Padre Sol. En este momento, el sol está en su zenit, derramando su luz y calor con toda su fuerza. Representa el apogeo del conocimiento, la claridad absoluta y la energía vital que nos impulsa a explorar y descubrir. Es el momento de mayor iluminación, donde la verdad se muestra con total claridad y el aprendizaje florece.

3. Cihuatlampa. El atardecer. Donde las aguas se ponen cálidas y nos reflexiona lo femenino. Aquí, el sol desciende hacia el horizonte, tiñendo el cielo con tonos cálidos y suaves. Este es el tiempo de la reflexión, donde las aguas se calman y el mundo se baña en la luz dorada del crepúsculo. Nos invita a contemplar la belleza y la sabiduría del lado femenino de la existencia, a meditar sobre lo aprendido y a prepararnos para el descanso.

4. Mictlampa. La noche. Donde la luz se oculta y el manto de la oscuridad nos hace reflexionar sobre la ausencia de la luz. En este último momento, el sol se retira y la oscuridad envuelve el mundo. Es un tiempo de introspección y de encuentro con lo desconocido. La oscuridad nos invita a mirar dentro de nosotros mismos, a enfrentarnos a nuestras sombras y a encontrar la luz interior que nos guiará en la noche.

Al seguir el camino del sol, aprenderemos a ver el universo con ojos nuevos, a escuchar los latidos del cosmos y a comprender cómo cada momento del día refleja una verdad eterna.

Tlahuiztlampa
El Amanecer del Sol, la Primera Luz del Conocimiento

¿Qué podríamos definir como cosmogonía mexica? ¿Cómo es que nuestros ancestros miraban el mundo? Uno podría remitirse a las fuentes escritas por los líricos de la conquista y decir que nuestra cultura estaba llena de caracteres míticos, de deidades, de dioses, de sacrificios, entre muchas otras cosas que ellos describieron. Sin embargo, cuando uno decide no solo ver la historia desde una perspectiva única, sino también abrir el panorama y reflexionar sobre cómo la cultura mexica pensaba y cómo otras culturas similares veían el mundo, podemos revelar un patrón de creencias que no refleja ninguna de las escrituras hechas por aquellos que llegaron de otro continente. Refleja más bien el intento de explicación de una visión del universo diferente a la suya, un choque de ideas que no era permisible en un mundo recién invadido y con la colonia en puerta.

La cosmogonía mexica es una ventana a un universo lleno de vida y movimiento, donde el cielo y la tierra están entrelazados en una danza eterna. Nuestros ancestros veían el mundo no como un conjunto de elementos aislados, sino como una red interconectada donde cada ser y cada objeto tenía un propósito y un corazón dual. En nuestra visión, el sol no solo era una fuente de luz y calor, sino *Tonatiuh*, el dador de vida que recorría el cielo en su carro de fuego, luchando cada día contra las fuerzas de la oscuridad.

Para entender la profundidad de la cosmogonía mexica, podemos compararla con la visión del mundo de otras culturas ancestrales. Por ejemplo, los griegos también tenían una rica mitología que explicaba el origen del cosmos a través de dioses y héroes. Sin embargo, mientras los griegos imaginaban un Olimpo separado del mundo mortal, los mexicas no tenían el concepto de deidad o dios como algo separado; más bien, identificaban las fuerzas universales y las exponían como fuentes generadoras del todo, habitando la misma realidad que ellos habitaban.

Del mismo modo, los antiguos egipcios creían en una dualidad entre el orden y el caos, representada por Maat y Apofis. Los mexicas también reconocían la dualidad en el universo, con *Tezcatlipoca* y *Quetzalcoatl* personificando las fuerzas opuestas que mantenían el equilibrio cósmico. Sin embargo, para los mexicas, esta lucha no era solo una batalla entre el bien y el mal, sino una danza continua donde cada enfrentamiento era una oportunidad para la renovación y el renacimiento.

Esta percepción de la dualidad y el equilibrio se manifiesta profundamente en la idea de que "*Kwak pewa in nemilistli, noihki pewa in mikistli*" (Cuando se genera vida, se genera también muerte). Esta frase encapsula la visión mexica de la existencia como un ciclo eterno de creación y destrucción, donde cada acto de vida está intrínsecamente ligado a la muerte. La vida y la muerte no son opuestos irreconciliables, sino complementos necesarios en la danza del cosmos.

Al reflexionar sobre la cosmogonía mexica y su visión del mundo, nos damos cuenta de que nuestros ancestros no solo vivían en armonía con la naturaleza, sino que veían en cada árbol, en cada río y en cada montaña la manifestación de lo divino. *Chalchiuhtlicue*, equivocadamente llamada la diosa del agua, es la manifestación femenina de todo aquello que contiene agua y puede generar vida. Esta no solo se presenta en la forma de los ríos y lagos, sino también en los líquidos que poseen todos los seres vivos. Esta perspectiva integral y reverencial hacia la naturaleza se extiende a todas las fuerzas y elementos que componen el universo.

Es crucial reconocer que las interpretaciones de los conquistadores estaban filtradas por sus propios prejuicios y paradigmas. Para ellos, la cosmovisión mexica podía parecer bárbara o incomprensible, pero para los mexicas, era un reflejo profundo y hermoso de su relación con el cosmos. En un mundo recién invadido, donde la colonia imponía nuevas normas y creencias, el choque de ideas resultaba inevitable y a menudo violento. Este choque de cosmovisiones resultó en una distorsión de la rica y compleja espiritualidad mexica, reduciéndola a simples relatos de idolatría y sacrificios sangrientos.

Sin embargo, al estudiar la cosmogonía mexica y compararla con otras tradiciones, podemos redescubrir la riqueza y la profundidad de nuestra herencia cultural. Nos invita a mirar más allá de las narrativas impuestas y a escuchar la voz de los ancestros, que aún resuena en los vientos y en las estrellas. Es una llamada a reconectar con nuestra raíz, a valorar la sabiduría antigua y a encontrar en ella la inspiración para forjar nuestro propio camino en el universo.

Imaginemos cómo esta comprensión de la dualidad y la interconexión se manifiesta en nuestra vida diaria. Pensemos en la agricultura, una actividad vital para la subsistencia de los mexicas. Los agricultores dependían de la interacción armoniosa de diversos elementos naturales: el sol, la lluvia, la tierra y las plantas. Sabían que la tierra necesitaba descansar y regenerarse para continuar produciendo, reconociendo la importancia del equilibrio entre explotación y conservación. Este entendimiento profundo de los ciclos naturales y la interdependencia de los elementos es un reflejo directo de la cosmogonía mexica.

Otro ejemplo lo encontramos en las prácticas médicas tradicionales. Los curanderos mexicas utilizaban una amplia variedad de plantas medicinales, cada una con sus propiedades específicas, para tratar diferentes enfermedades. Esta práctica no solo demostraba un conocimiento profundo de la botánica, sino también una comprensión de cómo las diferentes fuerzas naturales podían trabajar juntas para restaurar el equilibrio en el cuerpo humano. La salud, para los mexicas, no era simplemente la ausencia de enfermedad, sino un estado de armonía con el entorno y con las fuerzas universales.

Volviendo al tema de la dualidad, podemos observar que esta idea se manifiesta en todas las facetas de la vida mexica. En las artes, por ejemplo, los mexicas creaban obras que celebraban tanto la belleza de la vida como la inevitabilidad de la muerte. Los poemas y canciones a menudo reflejaban esta dualidad, reconociendo que la tristeza y la alegría, la luz y la oscuridad, son partes inseparables de la experiencia humana.

Incluso en la arquitectura, la dualidad y la interconexión eran principios fundamentales. Las grandes pirámides y templos no solo servían como lugares de adoración, sino que también estaban alineados con los movimientos del sol y las estrellas, reflejando un entendimiento profundo de la relación entre la tierra y el cielo. Estos edificios eran manifestaciones físicas de la cosmogonía mexica, estructuras que unían el mundo terrenal con el cosmos.

En resumen, la cosmogonía mexica nos enseña que todo en el universo está interconectado y que la vida y la muerte, el tiempo y el espacio, el sol y la tierra, están entrelazados en una danza eterna. Al reconectar con esta sabiduría ancestral, podemos encontrar nuevas formas de vivir en armonía con el cosmos, valorando cada elemento y cada momento como parte de un todo mayor. Al integrar estas enseñanzas en nuestra vida cotidiana, no solo honramos a nuestros ancestros, sino que también nos alineamos con las fuerzas universales que sustentan la existencia misma.

La Migración del Conocimiento

Antes de continuar con el viaje de nuestro padre *Tonatiuh*, primero pongamos en contexto nuestra historia. Durante los primeros años de los nómadas, llegaron de una tierra llamada *Aztlan* y comenzaron a poblar lo que hoy conocemos como el centro del país México. Estos viajeros, guiados por visiones y profecías, emprendieron un viaje que los llevó a tierras fértiles y a la ribera de lagos sagrados. Al asentarse, comenzaron a coleccionar una gran variedad de conocimientos de las tribus, naciones y civilizaciones que ya estaban establecidas en estas tierras.

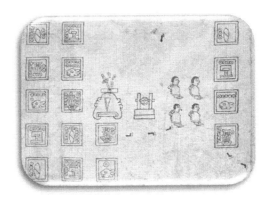

Entre estas civilizaciones se encontraban los mayas, conocidos por su avanzada astronomía y su calendario preciso; los olmecas, que dejaron tras de sí monumentales cabezas de piedra y un legado de simbolismo y arte; los toltecas, cuyos guerreros y artistas forjaron una sociedad de gran sabiduría y esplendor; y los teotihuacanos, constructores de su majestuosa ciudad, con sus imponentes *Teocalli* del Sol y la Luna.

Las tribus nahuas pasaron a través de cada uno de los fragmentos de conocimiento que poseían estas civilizaciones y comenzaron a adquirir, como un escultor modela la arcilla, diferentes visiones del mundo. Es inevitable pensar que también comenzaron a filtrar ese conocimiento y darle una practicidad cotidiana. Así, las ideas no se mantuvieron estáticas, sino que se transformaron y se adaptaron a las nuevas realidades de quienes las recibían.

Esto nos ayuda a entender que la colectividad del pensamiento antiguo no estaba centralizada, sino diversificada en diferentes tribus, naciones y civilizaciones que, en algún momento, tuvieron que mirarse a los ojos, intercambiar palabras, compartir costumbres y, por lo tanto, intercambiar ideas sobre cómo es que el universo habita, piensa y se desarrolla entre nosotros.

Imaginemos esos encuentros: una noche estrellada en *Teotihuacan*, donde posiblemente unos astrónomos visitantes mayas compartían sus conocimientos sobre las estrellas con los pensadores nativos de *Teotihuacan*, mientras el fuego crepitaba y las sombras danzaban en las paredes de piedra. Este mismo conocimiento fue compartido posteriormente con los primeros nómadas nahuas quienes se nutrieron de dicha sabiduría para darle forma a su mundo. Otro ejemplo sería imaginar en los mercados bulliciosos, donde los comerciantes olmecas y toltecas intercambiaban no solo bienes, sino también historias y leyendas que enriquecían la cosmovisión de todos.

Cada fragmento de conocimiento, cada costumbre compartida, era una piedra más en el vasto mosaico de la sabiduría ancestral. Así, el conocimiento no era un monolito, sino un tejido vivo, vibrante, que se expandía y se enriquecía con cada intercambio, con cada mirada, con cada palabra.

"In tlamatilistli itsmoolini, wepawe, mochikawe wan weweti noihki"
(El conocimiento se germina, crece, madura y envejece también)

Al mirar atrás y comprender cómo estas diversas culturas contribuyeron a la formación de una visión unificada del universo, podemos apreciar la riqueza y la complejidad de nuestro legado cultural. Nos damos cuenta de que nuestra historia está entrelazada con las historias de muchos pueblos, y que juntos, crearon una cosmogonía que es tanto diversa como unificada, reflejando la maravilla del universo en el que habitamos.

Entonces, ¿qué podríamos definir como algo llamado Cosmovisión Mexica? La respuesta está en la misma pregunta: lo *Mexica*. Es la herencia de un largo viaje de diferentes generaciones que fueron coleccionando conocimiento de civilizaciones que previamente estaban aquí. Es como si, de pronto, la pequeña semilla de Centeotl fuera colocada sobre un campo fértil.

Este campo, bajo el cuidado atento de manos amorosas, recibe el agua vital que permite a la semilla absorber la vida. Cada gota de agua es un fragmento de sabiduría ancestral, recogida de civilizaciones como los mayas, los olmecas, los toltecas y los teotihuacanos. El sol, representado por *Tonatiuh*, nutre la semilla con su calor y luz, infundiendo en ella la energía necesaria para crecer y desarrollarse.

Para entender mejor este proceso de intercambio y evolución del conocimiento, imaginemos una reunión de ancianos sabios de diversas tribus. Sentados en círculo bajo un gran árbol sagrado, cada anciano comparte las historias y enseñanzas de su pueblo. Uno a uno, los ancianos relatan sus mitos de creación, sus conocimientos sobre el cielo y la tierra, y sus prácticas rituales. Cada relato es recibido con respeto y curiosidad, y se discuten las similitudes y diferencias en las visiones del mundo de cada tribu. Este proceso de diálogo y aprendizaje mutuo no solo enriquece el conocimiento colectivo, sino que también fomenta un sentido de unidad y pertenencia entre las diferentes culturas.

Un anciano maya podría describir el intrincado calendario de su pueblo y su profundo entendimiento de los ciclos astronómicos, mientras que un anciano olmeca podría hablar de los misterios de las grandes cabezas de piedra y el simbolismo esculpido en ellas. Un tolteca podría compartir las hazañas de sus guerreros y la belleza de sus artes, mientras que un teotihuacano podría explicar la arquitectura y el propósito de las pirámides del Sol y la Luna. Cada fragmento de conocimiento, al ser compartido y discutido, se integra en una comprensión más amplia y profunda del cosmos.

En otro escenario, podríamos imaginar a los jóvenes aprendices de distintas tribus reuniéndose en escuelas o *Calmecac*, donde se les enseñan no solo las habilidades prácticas necesarias para su vida diaria, sino también las historias, mitos y conocimientos de otros pueblos. Estos jóvenes, con mentes abiertas y corazones dispuestos, absorben estas enseñanzas y las llevan consigo a sus propias comunidades, donde las ideas continúan evolucionando y adaptándose a las necesidades y realidades locales.

El conocimiento de los ancestros no es estático; es un flujo constante de aprendizaje y adaptación. A medida que las generaciones pasan, las historias y enseñanzas se reinterpretan y se aplican de nuevas maneras, asegurando que la sabiduría ancestral permanezca relevante y viva.

Este intercambio de conocimiento no solo ocurrió en contextos formales como reuniones de ancianos o escuelas, sino también en la vida cotidiana. En los mercados, las plazas, y durante las festividades, las personas de diferentes culturas se encontraban y compartían sus experiencias y saberes. Los matrimonios entre personas de diferentes tribus también jugaban un papel crucial en la mezcla y transmisión de conocimiento, creando nuevas conexiones y enriqueciendo la cosmovisión colectiva.

La cosmovisión mexica, por lo tanto, no es un conjunto rígido de creencias y prácticas, sino una red dinámica de ideas y entendimientos que ha crecido y evolucionado a lo largo de los siglos. Es un reflejo de la capacidad humana para aprender, adaptarse y encontrar significado en la diversidad.

Al reflexionar sobre la migración del conocimiento, podemos ver que nuestro propio entendimiento del mundo y de nosotros mismos está profundamente influenciado por esta rica historia de intercambio y evolución. Nos recuerda que el conocimiento es un bien compartido, que crece y se enriquece a través de la colaboración y el respeto mutuo.

Hoy en día, al mirar hacia nuestras raíces, podemos encontrar inspiración y sabiduría en las enseñanzas de nuestros ancestros. Al integrar estas enseñanzas en nuestra vida moderna, podemos cultivar un sentido de conexión y continuidad con el pasado, y al mismo tiempo, innovar y adaptarnos a los desafíos del presente y del futuro.

Así, el viaje de nuestro padre *Tonatiuh* y la migración del conocimiento nos enseñan a valorar la diversidad y a reconocer la interconexión de todas las cosas. Nos invitan a participar en la danza eterna del aprendizaje y el crecimiento, llevando adelante la llama de la sabiduría ancestral para iluminar nuestro camino hacia el futuro.

Comenzar a Sembrar Conocimiento

De esa forma, *Centeotl* cumple con su propósito y comienza a germinar el proceso de una identidad. Esta identidad ya traía información genética, heredada de sus ancestros, y además absorbe la información de la tierra que ahora debe cultivar. El suelo rico y generoso aporta sus propios nutrientes, representando las lecciones aprendidas y las costumbres adoptadas de las civilizaciones que precedieron a los mexicas.

Este proceso de crecimiento y evolución le da a la semilla un pie para comenzar a formar su propia visión del mundo. La planta que surge no es solo una entidad nueva, sino una amalgama de todo lo que ha sido y todo lo que será. Cada hoja que brota, cada flor que se abre, cada fruto que madura es un testimonio de la rica tapeztría de conocimientos y experiencias que forman la cosmovisión Mexica.

La cosmovisión Mexica es, entonces, un reflejo de la interacción constante entre el ser humano y la naturaleza, entre el cielo y la tierra, entre el pasado y el presente. Es un canto eterno que resuena en el susurro del viento, en el murmullo de los ríos y en el brillo de las estrellas. Es la danza de la vida misma, tejida con los hilos de la historia y los sueños de nuestros ancestros.

A medida que la planta crece y florece, se convierte en un símbolo de la identidad Mexica, un ser vivo que respira el conocimiento del universo. Cada raíz profundiza en la tierra, buscando la esencia de la vida, mientras sus ramas se extienden hacia el cielo, anhelando la luz del sol. Esta conexión entre el cielo y la tierra, entre el cosmos y la naturaleza, es el corazón de la cosmovisión Mexica. Al observar este crecimiento, nos damos cuenta de que la cosmovisión Mexica no es estática. Es un proceso dinámico y en constante evolución, siempre absorbiendo, siempre adaptándose, siempre floreciendo. Es una lección de armonía y equilibrio, una invitación a vivir en sintonía con el universo y a reconocer la belleza y la sabiduría que nos rodea.

Los mexicas, al igual que otras culturas prehispánicas, aprendieron a través de un proceso de colectividad y sinergia con las civilizaciones vecinas. Esta absorción y adaptación de conocimientos de los toltecas, los maya y los teotihuacanos permitieron a los mexicas desarrollar una cosmogonía rica y profunda, donde el entendimiento del universo, el cosmos y la naturaleza se entrelazaban en una visión integral y armoniosa del mundo.

El *Tlahuiztlampa*, o el camino de la luz, representa esa conexión vital con el universo y la naturaleza. Los mexicas comprendieron que cada elemento de la naturaleza, desde el sol hasta las plantas, tenía algo valioso que enseñarles. Su cosmovisión no era un mero conocimiento aislado, sino un entramado complejo de sabiduría que se nutría de diversas fuentes, reflejando una profunda humildad y respeto por el entorno y las culturas vecinas.

Para que puedas integrarte en este antiguo proceso de aprendizaje y entendimiento, te proponemos un ejercicio que te permitirá reflexionar sobre tu relación con la naturaleza y cómo puedes aprender de ella de manera similar a los mexicas.

1. Encuentra un Lugar Natural:

Busca un lugar en la naturaleza donde te sientas en paz y puedas estar en silencio. Puede ser un parque, un bosque, una playa o cualquier espacio natural donde puedas observar el entorno sin distracciones.

2. Observa el Amanecer:

Dedica tiempo a observar el amanecer. Siente la energía del sol y cómo ilumina y da vida a todo a tu alrededor. Reflexiona sobre la importancia del sol en la cosmogonía mexica y cómo ellos lo veían como un dador de vida y conocimiento.

3. Preguntas para Reflexionar:

Mientras observas el sol y la naturaleza, hazte las siguientes preguntas y reflexiona profundamente sobre ellas:
- ¿De qué manera el sol influye en mi vida diaria? ¿Cómo me motiva y me energiza?
- ¿Qué puedo aprender de la constancia y el ciclo del sol, que todos los días sale y se pone?
- ¿Cómo puedo aplicar el conocimiento del sol y la naturaleza en mis decisiones y acciones diarias?
- Al igual que los mexicas aprendieron de diversas culturas, ¿de qué otras fuentes puedo aprender para enriquecer mi entendimiento del mundo?
- ¿Cómo puedo integrar la sabiduría de la naturaleza en mi vida? ¿Qué lecciones me están ofreciendo las plantas, los animales y el entorno natural?

4. Escribe tus Reflexiones:
Después de pasar tiempo observando y reflexionando, escribe tus pensamientos y respuestas a las preguntas. Anota cualquier inspiración o revelación que hayas tenido durante el ejercicio.

5. Actúa con Intención:
Finalmente, piensa en cómo puedes incorporar lo aprendido en tu vida diaria. Tal vez decidas pasar más tiempo en la naturaleza, o encuentres formas de ser más consciente y agradecido por la energía del sol. Considera cómo puedes aprender de diversas fuentes y culturas para enriquecer tu propio conocimiento y comprensión del mundo.

Este ejercicio no solo te conectará con la naturaleza, sino que también te ayudará a emular la forma en que los mexicas aprendieron y se desarrollaron, integrando la sabiduría de su entorno y de otras culturas en una visión holística y enriquecedora del mundo.

Huiztlampa
El Sol de Medio día, la aplicación del conocimiento

El *Huiztlampa* habla precisamente del momento en que el Sol se encuentra en su punto más alto en el sur. En este momento, nuestro gran padre *Tonatiuh* pone a prueba algo muy importante: la resistencia. Esta resistencia no se traduce únicamente en una fortaleza física, sino también en una prueba de los rayos solares en nuestra vida. *Huiztlampa* ha sido interpretado poéticamente como la fuerza de voluntad. Sin embargo, nosotros iremos más allá de una simple interpretación poética y entenderemos que hace referencia a ese punto solar donde la existencia misma está a prueba.

Cuando el Sol brilla intensamente y sentimos sus rayos como espinas en nuestro rostro y piel, instintivamente buscamos una sombra para apaciguar el calor. En ese momento, el Sol nos está poniendo a prueba. Si los rayos solares nos afectan, aún estamos listos para soportarlos. Pensemos en épocas pasadas, cuando no había muchos refugios de sombra, pero la naturaleza era más abundante. Seguramente, el tono de piel de nuestros ancestros *estaba* muy adaptado a las largas jornadas de trabajo bajo el Sol. *Tonatiuh*, a través del *Huiztlampa*, nos enseña que cada rayo solar, cada flecha de su extensión, viene cargada con información no solo de él, sino también del reflejo de la luna y del planeta viajero llamado *Tlahuizcalpantecuti*, conocido en la lengua latina como Venus.

Cada rayo solar es una codificación de información, una forma de identidad. Esto es precisamente lo que el *Huiztlampa* nos quiere enseñar: por más que busquemos la sombra para escapar del calor, el Sol ya nos ha dado una identidad. Nos ha otorgado un calor, un tono de piel, un color de iris, un estilo de cabello, una voz, un rostro y un corazón. No importa cuánta sombra encontremos, no podemos esconder quiénes somos. Por lo tanto, el *Huiztlampa* va más allá de la simple fuerza de voluntad. Habla de lo que realmente somos, la fuerza y el rostro del Sol.

Imaginemos un ejemplo práctico: un agricultor en tiempos antiguos, bajo el intenso sol del mediodía, trabajaba la tierra con manos firmes y piel curtida. Cada surco en la tierra, cada gota de sudor, eran pruebas de su resistencia y conexión con el Sol. Este agricultor sabía que el Sol, aunque ardiente, era su aliado, dándole vida a las semillas que plantaba. De igual manera, una mujer tejía bajo la sombra de un árbol, sus manos moviéndose con destreza y rapidez. Aunque buscaba refugio del calor, sabía que su trabajo estaba bendecido por la luz de *Tonatiuh*, quien le otorgaba el don de crear y transformar hilos en tejidos, reflejando la esencia del *Huiztlampa* en cada movimiento.

"Kwak pewa in nemilistli, noihki pewa in Mikistli"
(Cuando empieza la vida, comienza también la muerte)

Este ejercicio de imaginar y reflexionar nos lleva a entender que la naturaleza y el Sol son nuestros grandes maestros. Nos enseñan que la identidad y la resistencia no se adquieren solo en los momentos de calma, sino también bajo la presión y el desafío. Así como los mexicas aprendieron de diversas culturas, nosotros también debemos aprender a observar y recibir las lecciones de la naturaleza y del Sol, integrándolas en nuestra vida diaria.

Imaginemos la fuerza de un combate entre dos facciones antiguas, el aire denso y cargado con el estruendo de los tambores de guerra que marcan el ritmo frenético de la batalla. El choque de armas resuena con un eco metálico que parece vibrar hasta el corazón mismo de la tierra. Los escudos estallan en un caos de madera y cuero, las lanzas se entrelazan como serpientes en un frenesí mortal, y el grito de guerra que surge de las gargantas de los guerreros es un rugido primitivo, una llamada que despierta al *ihyo* de los antiguos.

El suelo está salpicado de sangre y sudor, creando charcos oscuros que reflejan los destellos del sol poniente. El olor metálico de la sangre, mezclado con el aroma terroso de la tierra removida, llena el aire, creando una atmósfera espesa y cargada de tensión.

123

Cada respiración es un esfuerzo, cada movimiento es una batalla en sí misma.

Después de aquellos momentos de alto impacto, cuando el polvo comienza a asentarse y los ecos de la batalla se desvanecen, uno de los guerreros, con la voz aún temblorosa por el esfuerzo, declara el combate terminado. El silencio que sigue es casi ensordecedor, una pausa que pesa sobre los hombros de los sobrevivientes. Los rostros de los guerreros están cubiertos de sudor y tierra, sus ojos llenos de una mezcla de alivio y tristeza.

En este paisaje desolado, centramos nuestra atención en el *Yaocuauhpilli*, guerrero águila, un veterano de muchas batallas cuya mirada es un océano de experiencia y sabiduría. Sostiene en sus brazos a un joven guerrero que agoniza, sus ojos aún llenos de la chispa de la vida que lentamente se desvanece. La piel del joven está fría al tacto, el temblor de su cuerpo se siente como el último eco de una tormenta.

El guerrero águila toma con suavidad la mano del joven, notando la fragilidad en sus dedos, y la coloca sobre su propio pecho, sintiendo el último pulso de su vida. Las palabras que pronuncia están llenas de una suavidad casi inaudible, pero cargadas de una profundidad que trasciende el momento. Le dice que su camino hacia *Mictlan* no comienza ahora, sino que inició desde el momento en que vino a este mundo.

Con una voz firme pero serena, le asegura que hoy el sol lo puso a prueba y que no ha defraudado. Que el sol está orgulloso de su valor, de su coraje y de su fuerza. Le habla del honor de las plumas de *Quetzal*, diciéndole que, gracias a su valentía, será transformado en un colibrí. Su esencia, le explica, vivirá en esa pequeña ave que lleva la energía del sol, y de vez en cuando, regresará a visitar a sus seres queridos en el *Tlalticpac*.

El joven guerrero, confortado por estas palabras, encuentra un momento de paz y sonríe, aceptando su destino. Con un último aliento, exhala y deja este mundo. El guerrero águila lo abraza como si fuera su propio hermano, sintiendo el peso de su pérdida como una piedra en el corazón, sus lágrimas mezclándose con la tierra que ya se enfría bajo sus pies. Lo recuesta suavemente sobre la madre tierra, el suelo áspero y fresco contra su piel, cerrando sus ojos con respeto y amor.

El aire alrededor está cargado de una quietud solemne, el murmullo del viento a través de los árboles susurra una canción de despedida. El guerrero águila se despide de él de corazón a corazón, con la esperanza de que algún día se reunirán en *Mictlan*. Sus pensamientos están llenos de imágenes de campos verdes y cielos despejados, donde podrán cazar y reír juntos una vez más. La promesa de ese encuentro futuro le da fuerza mientras se levanta, dejando atrás el cuerpo de su joven compañero, sabiendo que su *Tonalli* ya vuela libre con las plumas del colibrí, iluminado por el sol eterno.

Así, con ese hermoso relato, vemos que el *Huiztlampa* nos invita a reconocer nuestra verdadera identidad, la fuerza que llevamos dentro, y a entender que somos, en esencia, la manifestación de la luz y el calor de *Tonatiuh*. No podemos escapar de quienes somos; más bien, debemos abrazar nuestra identidad y dejar que nuestra fuerza interior brille, reflejando la grandeza del Sol en todo lo que hacemos.

El Inicio de Nuestra Semilla

La práctica de la cosmogonía comienza desde el momento en que venimos a abrazar este mundo, cuando nuestra madre termina de germinar la semilla que nos dio a luz. Ese proceso está maravillosamente explicado dentro de los *Amoxtli*, uno de ellos es el Códice Borgia, donde podemos observar cómo el proceso de ensemillarse inicia con la intervención de algo que llamamos las Fuerzas Naturales, que le dan integridad, esencia y solvencia a un ser vivo.

En una de las láminas del Códice Borgia, podemos ver el viaje de una semilla a través de cada una de las casillas en un proceso de ochenta días. Este proceso está detalladamente marcado y acompañado por grupos específicos. Cada grupo contiene una esencia guardiana, una manifestación de la naturaleza, que otorga a ese ser vivo las características necesarias para la vida.

Imaginemos a la semilla como una pequeña estrella caída del cielo, que, al tocar la tierra, comienza su transformación. Las Fuerzas Naturales, simbolizadas por deidades y elementos cósmicos, actúan como las manos amorosas del universo, moldeando y guiando su crecimiento. En la lámina, podemos observar cómo *Tonantzin*, nuestra madre tierra, envuelve a la semilla en su manto de fertilidad, nutriéndola con su amor y cuidado.

Cada uno de estos pasos está impregnado de la esencia de las Fuerzas Naturales, que actúan como guardianes y maestros. Este viaje no solo nos muestra el crecimiento físico de una planta, sino también su desarrollo espiritual y su integración con el cosmos. Al comprender este proceso, podemos ver que la vida misma es una expresión de la conexión profunda entre el universo, la tierra, los cuerpos celestes y los seres vivos.

La práctica de la cosmogonía nos invita a reconocer y celebrar esta interconexión, a honrar las fuerzas que nos guían y a entender que cada ser vivo es una manifestación del gran tapiz cósmico. Al hacerlo, nos acercamos más a la verdad de nuestra propia existencia y al misterio del universo que nos rodea.

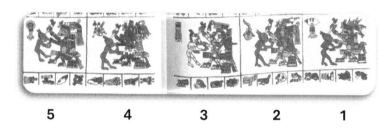

| 5 | 4 | 3 | 2 | 1 |

Estudiaremos nuestra lámina. Primeramente, la lámina abre con la inserción de *Centeotl*, quien evidentemente hace referencia a que una semilla está por romperse. Este momento crucial está simbolizado por dos elementos importantes: primero, la lámina comienza con el primer día de nuestra cuenta del tiempo, llamado *Cipactli*, el caimán, símbolo de origen y creación. Segundo, en la esquina superior izquierda, observamos el símbolo de un pedernal que está siendo quebrado por una flor. Esta es una representación clara de que una semilla ha sido rota, iniciando así su viaje hacia la vida.

En la segunda casilla, revelamos a *Tonacatecuhtli*, el Señor de nuestro sustento, quien confiere herencia y vitalidad a esa semilla. Este acto de herencia es como el sol que nutre a la tierra, infundiendo en la semilla la esencia y el propósito para su crecimiento.

127

En la tercera casilla, encontramos a *Mictlantecuhtli*, el Señor del Descanso, permitiendo que la semilla adquiera un corazón que pueda latir. Es en este momento decisivo donde la semilla debe decidir si nacerá lista para la vida o tendrá un descanso inmediato. Los senderos del *Mictlan* se abren, ofreciéndole una elección entre la vida y la muerte.

La cuarta casilla destaca la presencia de *Ehecatl*, el viento, quien le permite recibir aire, respiración, viento y voz. Este soplo vital es esencial, ya que el viento lleva consigo el aliento de vida que llena los pulmones de la semilla. En la esquina superior izquierda, observamos la iconografía de instrumentaría antigua, representando lo que hoy conocemos como la vulva de una mujer, simbolizando el portal de la vida y el nacimiento.

En la última casilla de esta primera parte, aparece *Xochipilli*, la manifestación masculina del arte y la lírica, quien permite al joven brote salir con llanto del vientre de su madre, pudiendo expresar su existencia. El llanto es el primer grito de vida, una declaración de presencia y una promesa de crecimiento. Estas primeras cinco casillas nos narran el proceso de cómo la semilla se quebró y posteriormente dio a luz.

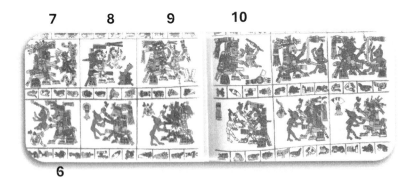

Continuando con nuestro estudio, ahora en la segunda parte de esta lámina, observamos que la semilla ya ha emergido, ha liberado su potencial y ha salido a la luz. La primera manifestación de la naturaleza que la recibe es *Xochiquetzal*, la manifestación pura y efímera de la belleza, presentando la semilla ante el mundo, viendo cómo ha abierto su ojo por primera vez. En la esquina inferior izquierda, vemos la imagen de la vulva completamente abierta y dilatada, permitiendo la salida de esta nueva vida, simbolizando el portal sagrado del nacimiento.

Ascendiendo a la segunda fila de imágenes, encontramos la representación de cuatro figuras que hacen eco de uno mismo, un concepto llamado *Moyocoyani*, que significa "reproducirse a sí mismo". Cada una de estas figuras otorga a la semilla una esencia vital:

En la primera imagen, tenemos a *Tlaloc*, lo correspondiente al fenómeno de la lluvia y la esencia masculina del agua, quien otorga a la semilla la esencia del agua, imbuyéndola con los fluidos naturales necesarios para la vida. Las gotas de lluvia de *Tlaloc* son como el rocío de la mañana que despierta la semilla, dándole sustento y vitalidad.

La siguiente figura es *Mictlantecuhtli*, el poderoso concepto del descanso, quien le confiere la característica de mortalidad. Este es el reconocimiento de que, al igual que todos los seres vivos, la semilla seguirá un ciclo de vida y muerte, un viaje inevitable que define su existencia en el mundo.

A continuación, aparece *Tlahuizcalpantecuhtli*, la representación del planeta Venus, quien le otorga su esencia de calor, reflejo y la línea del tiempo marcada en el calendario de Venus. Este calor es la chispa que enciende la vida, el reflejo de la luz que guía su crecimiento y su ritmo en el ciclo cósmico.

Finalmente, la semilla recibe el polvo cósmico de *Mixcoatl*, la representación de la Vía Láctea, quien la hace partícipe de la danza cósmica del universo. Este polvo estelar envuelve a la semilla, presentándola como un hijo del universo, conectado con las estrellas y el cosmos en una danza eterna.

Estas cinco siluetas de la segunda parte de la lámina presentan a la semilla y le otorgan pequeños momentos de identidad, infundiéndole las cualidades necesarias para su viaje de vida. Cada fuerza y manifestación de la naturaleza contribuye a la formación de su esencia, creando una identidad rica y compleja, lista para enfrentar el mundo con todas las bendiciones del universo.

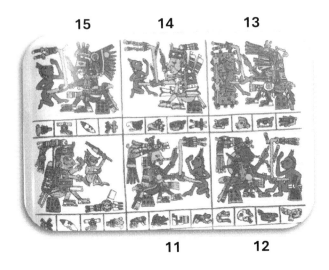

Las siguientes cinco partes nos narran cómo la semilla está lista para comenzar su viaje de independencia. En este punto, logramos ver cómo las siguientes cinco imágenes ahora representan el cordón umbilical, ese lazo vital que ha nutrido a la semilla y que está listo para ser cortado, permitiendo así su autonomía.

En la primera imagen, encontramos la intervención de *Xiuhtecuhtli*, Los destellos de luz y del tiempo, quien le da los primeros rayos solares, preparando a la semilla para recibir la fuerza del sol. Estos rayos iniciales son como un suave amanecer, calentando y despertando a la semilla, dándole la energía necesaria para su despertar.

Seguidamente, aparece el fuerte rayo de *Tonatiuh*, nuestro Padre Sol, quien infunde en la semilla un calor más intenso. Estas dos primeras instancias permiten a la semilla poner a prueba su resistencia al calor, definiendo su rostro, su identidad, cómo mirará sus manos y sus pies. Es el momento en que la semilla comienza a verse a sí misma y a entender su forma.

Luego, la semilla se encuentra con *Tezcatlipoca*, el espejo de humo. Aquí, en un momento de profunda introspección, la semilla cierra los ojos y adquiere conciencia, volviéndose autoconsciente. Se pregunta, se cuestiona sobre su existencia en un nivel muy primigenio, enfrentándose a su propia esencia y reflejo. Es un instante de auto-reconocimiento y de confrontación con el misterio de su ser.

A continuación, *Xipetotec* interviene en dos instancias. En la primera, *Xipetotec* le da piel, vistiéndola con su primera capa, otorgándole la textura y la apariencia que llevará en su viaje. Es un acto de creación, donde la semilla recibe su vestidura natural, su protección contra el mundo exterior.

En la segunda instancia, *Xipetotec* le otorga su esencia carnal, sus músculos, su capacidad de movimiento. Este regalo le proporciona la fuerza y la agilidad necesarias para enfrentar su camino. Es el momento en que la semilla se convierte en un ser completo, listo para moverse y actuar en el mundo.

Así, tenemos una secuencia de cinco pequeños cuadrantes, cinco imágenes, donde la semilla, ya fuera, se auto-reconoce y reconoce lo que ahora es, estando dispuesta a comenzar su vida. Cada paso en esta secuencia es un peldaño hacia la independencia, una transformación de potencial en realidad, un nacimiento de la conciencia y del ser.

| 20 | 19 | 18 | 17 | 16 |

Y hemos llegado a la última sección de estas cinco imágenes de la lámina, donde podemos ver que la semilla ha finalmente dejado el cordón umbilical atrás y se ha vuelto independiente. Sin embargo, ahora requiere de la intervención de fuerzas femeninas. Si hemos notado, en las anteriores imágenes ha predominado la forma masculina, pero ahora viene la intervención de la parte femenina.

Iniciamos el camino con dos intervenciones por parte de *Tlazolteotl*. En la primera, vemos una serpiente mordiendo el seno de una mujer, preparándola. La serpiente, símbolo de la tierra, está dando los nutrientes suficientes a la madre para comenzar el proceso de lactancia. En la siguiente imagen, encontramos a *Tlazolteotl* con el infante listo para comenzar a recibir el néctar de su seno. En la esquina superior izquierda, observamos una imagen característica del pezón del pecho de la mujer, perforado por la serpiente de la tierra y comenzando a sangrar, simbolizando que la madre está lista.

En la tercera imagen, en lugar de *Mictlantecuhtli*, tenemos a su dualidad femenina, *Mictecacihuatl*. Aquí observamos un intercambio de corazones a través de la boca con la futura madre. Esta poesía visual nos muestra que la madre está dispuesta a intercambiar su vida, a entregarle su esencia a la nueva semilla. Es el bello intercambio de corazones entre una madre y su hijo, un acto de amor y entrega total.

132

La cuarta imagen presenta a *Chalchiuhtlicue*, la esencia femenina de las aguas. Ella finalmente entrega el flujo de la leche materna, la alimentación vital. *Chalchiuhtlicue*, a través del cuerpo de la madre que ya ha intercambiado corazones, puede ahora alimentar a su cría. En la esquina superior izquierda, vemos el dibujo del pezón del seno de la mujer con un líquido fluyendo, representando la abundancia y el sustento.

Finalmente, en la quinta imagen, encontramos la representación de *Chantico*. Aquí, la representa el fuego interior y la energía del hogar, nos muestra el vínculo que ya existe entre madre y cría. La cría ha aceptado quién la alimenta, y la madre ha aceptado que la cría se alimente de ella. Este lazo sagrado simboliza la aceptación y la conexión profunda entre la vida naciente y su fuente de nutrición.

De esta forma, hemos recorrido todas estas imágenes en un maravilloso viaje de ochenta días que nos demuestra cómo la cosmovisión mexica parte desde el inicio de la concepción hasta el nacimiento, y cómo recibimos todas estas fuerzas naturales que nos dan identidad. Este viaje nos lleva a entender que cada ser vivo es un microcosmos, reflejo del universo mismo. Desde la semilla que rompe su cáscara, hasta el intercambio de corazones entre madre e hijo, cada etapa está

133

impregnada de la energía vital que conecta el cielo y la tierra, lo masculino y lo femenino, la vida y la muerte.

Cada imagen es un poema visual, una metáfora de la danza eterna entre las fuerzas cósmicas y la vida terrenal. Nos muestra que somos hijos de las estrellas, nutridos por la tierra, guiados por el sol y bendecidos por las aguas sagradas. Es en este entrelazamiento de fuerzas donde encontramos nuestra esencia, nuestra identidad y nuestro propósito.

Que este recorrido por la lámina del Códice Borgia nos inspire a honrar nuestras raíces, a reconocer la sabiduría ancestral que nos guía y a celebrar la conexión profunda entre el universo, la naturaleza y los seres vivos. En cada paso del camino, recordemos que somos parte de un todo mayor, un tejido cósmico que nos abraza y nos da vida.

Al recorrer las etapas del nacimiento de una semilla en el Códice Borgia, hemos desentrañado un profundo relato que trasciende la simple germinación. Este viaje simbólico revela cómo las fuerzas naturales y las deidades mexicas intervienen en cada fase del crecimiento, dotando a la semilla de las energías necesarias para su desarrollo. Cada imagen, cada símbolo, nos lleva a comprender mejor la conexión intrínseca entre el universo y la vida, mostrándonos que el proceso de la creación está imbuido de una espiritualidad que abarca desde lo más pequeño hasta lo más grande.

La semilla, en su humildad, se convierte en un microcosmos del universo, reflejando la eterna danza de las fuerzas opuestas y complementarias. Desde el momento en que *Centeotl* rompe la semilla, simbolizando el comienzo de la vida, hasta la intervención de fuerzas naturales como *Tonacatecuhtli*, *Mictlantecuhtli* y *Ehecatl*, que le otorgan herencia, corazón y aliento, vemos un ciclo completo de nacimiento y renacimiento. Esta narrativa nos muestra que la vida no es un proceso aislado, sino una serie de interacciones y conexiones profundas con las fuerzas naturales.

En la siguiente fase, la llegada de *Xochipilli* y la entrada de la semilla en el mundo con su primer llanto reflejan el primer acto de expresión y conexión con su entorno. Luego, la intervención de *Tlazolteotl*, *Mictecacihuatl* y *Chalchiuhtlicue* nos recuerda que el crecimiento no es solo físico, sino también emocional y espiritual. La madre tierra y el agua de la vida nutren y sostienen a la semilla, proporcionándole el sustento necesario para su desarrollo.

Finalmente, la semilla se convierte en un ser autónomo, listo para enfrentar el mundo con la fortaleza y sabiduría impartidas por las fuerzas naturales y las deidades. Este viaje no solo es una representación de la creación de una planta, sino también una metáfora de nuestro propio viaje de vida. Cada uno de nosotros es una semilla que, con la guía y el apoyo de las fuerzas naturales, crece, se desarrolla y encuentra su lugar en el cosmos.

El Códice Borgia nos ofrece una visión rica y detallada del proceso de la vida, recordándonos que estamos intrínsecamente conectados con el universo. La semilla, a través de su viaje, nos enseña sobre la importancia de las fuerzas naturales y la dualidad en nuestro crecimiento y desarrollo. Al comprender y honrar este ciclo, podemos encontrar un mayor sentido de propósito y armonía en nuestras propias vidas.

Así como la semilla recibe la energía de la tierra, el agua, el aire y el fuego, nosotros también podemos recibir y aprovechar estas fuerzas para crecer y florecer. Que esta comprensión nos inspire a vivir en equilibrio con la naturaleza, reconociendo la interdependencia de todas las cosas y honrando la sabiduría ancestral que nos ha sido legada.

Debemos de desear con el corazón que cada uno de nosotros, como semillas del universo, continúe creciendo con fuerza, sabiduría y armonía, recordando siempre la conexión sagrada que nos une a la tierra y a las estrellas. Y que, al igual que la semilla en el Códice Borgia, podamos encontrar nuestro lugar en el gran tejido de la vida, contribuyendo con nuestras propias energías a la eterna danza del cosmos.

Cihuatlampa
El atardecer, donde las aguas se ponen cálidas y nos reflexiona lo femenino

En la cosmovisión mexica, lo femenino del universo es un concepto de profunda reverencia y significancia. Lo femenino no solo se refiere a las mujeres, sino a la esencia misma de la creación, la fertilidad, el sustento y la transformación. *Cihuatlampa*, el atardecer, es el momento del día que encapsula estas cualidades. Es cuando el sol comienza su descenso, y las aguas del día se vuelven cálidas, reflejando los tonos dorados y rosados del cielo. Es una hora de contemplación, donde la energía del día se suaviza y da paso a la reflexión y la renovación.

Chalchiuhtlicue, "La de la Falda de Jade", es una de las representaciones más veneradas de lo femenino en la cultura mexica. Bajo su manto fluye el agua que nutre la tierra, y su presencia es esencial para el crecimiento y la prosperidad. El atardecer, con sus tonos suaves y su transición hacia la noche, es un recordatorio de su influencia serena y constante en la vida cotidiana. Otro ejemplo muy importante es la imagen de *Tecciztecatl*, quien tristemente fue catalogada como bruja o hechicera, pero es la explicación del proceso de soñar, es el manto de sombra bajo las estrellas que toma posesión de nuestra mente y nos hace ver lo que otros no pueden.

Comparativamente, en la antigua civilización egipcia, la diosa *Isis* también encarna lo femenino de manera poderosa. *Isis* es la madre divina, protectora de los niños y símbolo de maternidad y magia. Su poder reside en su capacidad de traer vida y resurrección, similar a *Chalchiuhtlicue*, que nutre y sostiene la vida a través del agua.

En la mitología griega, *Hera*, la reina de los dioses, y *Deméter*, la diosa de la cosecha, reflejan aspectos de lo femenino. Hera es la guardiana del matrimonio y la familia, mientras que *Deméter* controla las estaciones y la fertilidad de la tierra. Ambas diosas, como sus contrapartes mexicas, son esenciales para el ciclo de la vida y la muerte, el crecimiento y la renovación.

El concepto de lo femenino en estas culturas se centra en el poder de la creación, la nutrición y la transformación. En la cosmovisión mexica, *Cihuatlampa* no es solo el atardecer, sino un espacio sagrado donde lo femenino se manifiesta en su forma más pura y transformadora. Es un momento para honrar a las fuerzas naturales y reconocer su influencia en la vida diaria.

Hace muchos años, muchos atardeceres atrás, una hermosa y joven mexica decidió tomar su canoa y alejarse un poco del bullicio y del ritmo rápido de la capital mexica. Navegó hacia el interior del lago de *Texcoco*, buscando un respiro del sonido y la agitación cotidiana. Detuvo los remos, cerró los ojos y se entregó a la serenidad del agua. Escuchó el susurro del agua, como si pronunciara palabras en náhuatl, y sintió que el lago le hablaba: "Calma, tranquila, respira. Hay momentos en la vida en que necesitamos tomar un descanso. Deja que el movimiento de mi falda y la suave brisa de mi respiración te acompañen en este momento".

La joven mexica se dejó llevar por el oleaje tranquilo del lago, sintiendo que el agua entendía sus sentimientos. Bajó sus manos y, con un gesto suave, rozó la superficie del agua. La temperatura era perfecta, y sintió un impulso irrefrenable de nadar. Sin pensarlo, se quitó su *huipil*, soltó su cabello y se deslizó en el agua de *Chalchitlicue*, completamente desnuda. La conexión que experimentó con el agua fue profunda, como si el lago mismo penetrara en su ser y calmara su corazón. Los sonidos del mundo desaparecieron, su mente se calmó y se relajó.

Sumergida en el agua, sintió una paz que no había encontrado en días. La serenidad y la tranquilidad la envolvieron, y comprendió que existen fuerzas en la naturaleza destinadas a calmar el corazón y a ofrecerle una caricia. La joven mexica entendió que el agua, con su fluidez y su quietud, era una de esas fuerzas. El lago de Texcoco, en ese momento, se convirtió en su refugio, en el lugar donde podía encontrar consuelo y rejuvenecer su calor.

La brisa nocturna comenzó a soplar suavemente, acariciando su piel mojada mientras flotaba en el lago. Miró al cielo, donde las primeras estrellas comenzaban a brillar, y se sintió parte del universo. En ese instante, comprendió que la naturaleza siempre está dispuesta a ofrecernos su abrazo y a enseñarnos a encontrar la paz dentro de nosotros mismos. La joven mexica salió del agua renovada, con el corazón tranquilo y una nueva perspectiva sobre la importancia de tomarse el tiempo para escuchar y conectar con las fuerzas naturales que nos rodean.

Al explorar lo femenino del universo, nos damos cuenta de que estas cualidades están presentes en todas partes. Las aguas cálidas del atardecer nos invitan a reflexionar sobre el cuidado y la compasión, sobre la fuerza y la resiliencia que lo femenino aporta a nuestro mundo. En este tiempo de transición, la energía femenina nos recuerda la importancia de la conexión con la naturaleza, de la renovación y del ciclo interminable de la vida.

Para poder explicar más profundamente este tema, nos ocuparemos de la explicación de cuatro representaciones femeninas tutelares de la cosmovisión mexica. Estas figuras no solo encarnan aspectos específicos de lo femenino, sino que también nos conectan con los ciclos naturales y espirituales del universo. Las cuatro representaciones son:

1. Xochiquetzal: La representación de la belleza y la dualidad complementaria de la estética. Como una flor que se abre al amanecer, *Xochiquetzal* nos recuerda la frescura de la vida y la alegría de la creación.

2. Tlazolteotl: La representación del proceso natural de reciclar, el pasar de un estado a otro. Ella purifica y transforma, representando el poder de la regeneración y el renacimiento, como la tierra que nutre las semillas y las convierte en vida nueva.

3. Mayahuel: El maguey embarazado, la naturaleza misma y el crecimiento botánico de nuestro alrededor, que simboliza la fertilidad y el sustento. *Mayahuel* es la esencia misma del maguey, una planta que ofrece alimento, bebida y refugio, y nos enseña sobre la abundancia y la generosidad de la naturaleza.

4. Chantico: El fuego mismo del hogar, el calor que da nutrición materna y que simboliza la protección y la transformación. *Chantico* es la llama que arde en el centro de nuestras vidas, ofreciendo calor y luz, y recordándonos la importancia del hogar y la familia.

Desarrollaremos cada una de estas representaciones femeninas poco a poco, explorando sus significados y su impacto en la cosmovisión mexica. A través de sus historias y atributos, comprenderemos mejor cómo lo femenino se integra en la vida cotidiana y en el entendimiento del universo en la cultura mexica.

Xochiquetzal, la Belleza del Todo.

Comenzaremos entonces nuestro viaje por el *Cihuatlampa* hablando de *Xochiquetzal*, también conocida como *Xochiquetzalli*. Ella es la dualidad complementaria de *Xochipilli*, y ambos están entrelazados en el mismo concepto: el arte y la estética. En otras civilizaciones, la estética ha sido nombrada de diferentes formas. Por ejemplo, los griegos la asociaban con las musas, que funcionaban como inspiración, e incluso una de ellas ascendió al carácter de diosa de la belleza, conocida hoy como Afrodita, o bien Venus.

Sin embargo, para la cosmovisión mexica, no podemos realmente canalizar la expresión de la belleza a través de una representación humana, sino más bien de una representación más universal. Esto implica que no solo la naturaleza humana tiene derecho a aportar la belleza, sino que también todos los seres vivos que nos rodean, todos los corazones latentes en movimiento.

Xochiquetzal, cuyo nombre en náhuatl significa "la flor más preciosa", nos enseña que dondequiera que miremos, encontraremos una esencia pura de algo que puede ser considerado bello. Al igual que en un jardín, donde siempre encontramos la flor más preciosa que capta nuestra atención, la belleza se manifiesta en todas partes. En otras palabras, el universo mismo nos ofrece, de manera sensorial e interesantemente irracional, la idea de que la belleza es un concepto universal, independientemente de la especie que la perciba.

Por ejemplo, en un amanecer, el primer rayo de sol que rompe la oscuridad puede ser visto como una manifestación de *Xochiquetzal*. No solo los seres humanos aprecian esta belleza; los pájaros, al despertar, cantan en armonía con la luz naciente, celebrando la pureza de ese momento. Así, la belleza de *Xochiquetzal* es algo que resuena en cada ser vivo, conectándonos a todos en un tapiz de percepción estética.

La labor de la caricia femenina del *Cihuatlampa*, al abrazarnos con la suave luz del atardecer, nos sensibiliza y nos conecta con el corazón que late en nuestro interior. Nos da pie a entender conceptos tan profundos como lo es *Xochiquetzal*. En cada puesta de sol, en el susurro del viento entre los árboles, en la delicadeza de una flor que se abre, encontramos la presencia de *Xochiquetzal*, recordándonos que la belleza es omnipresente y eterna.

Xochiquetzal nos invita a ver el mundo con ojos nuevos, a encontrar lo bello en lo cotidiano y a celebrar la vida en todas sus formas. Ella nos enseña que la verdadera belleza reside en la armonía del universo, en la conexión profunda entre todos los seres vivos y en la capacidad de apreciar el milagro de la existencia en cada instante.

Para entender más profundamente el significado de *Xochiquetzal*, imaginemos un día en la vida de un mexica que comienza al amanecer. La luz dorada del sol se filtra a través de las hojas de los árboles, creando sombras danzantes en el suelo. Este espectáculo natural, donde la luz juega con la oscuridad, es una manifestación de *Xochiquetzal*. Los colores vivos de las flores que se abren con la luz del día reflejan la esencia de *Xochiquetzal*, recordándonos que la belleza se encuentra en la simpleza de la naturaleza.

Durante el día, al caminar por los mercados llenos de vida y color, los ojos del mexica se deleitan con la vista de textiles vibrantes, cerámicas detalladamente pintadas y joyería artesanal, cada una de estas creaciones es una expresión de la estética que *Xochiquetzal* inspira. En cada objeto, en cada creación humana, hay un destello de esa belleza universal que *Xochiquetzal* representa. Al llegar la tarde, el mexica puede observar cómo los colores del cielo cambian, pintando un cuadro efímero y sublime. Los tonos rosados, naranjas y morados se mezclan en el horizonte, y es en ese momento que la presencia de *Xochiquetzal* se siente con más intensidad. La calma y la paz que trae el atardecer nos invita a reflexionar sobre la belleza que hemos visto a lo largo del día y a encontrar gratitud en esos momentos.

La noche, con su manto estrellado, es otro escenario donde *Xochiquetzal* nos muestra su esplendor. Las estrellas titilan en el cielo, formando patrones que han sido observados y venerados por generaciones. Cada estrella es una flor de luz en el jardín celestial, y la luna, con su brillo suave, nos recuerda la caricia femenina de *Xochiquetzal*, suave y constante.

Para los mexicas, la belleza no se limitaba a lo visual. El sonido del agua fluyendo en los canales, el canto de los pájaros, el susurro del viento en los campos de maíz, todos estos sonidos son una parte integral de la estética que *Xochiquetzal* representa. Incluso los aromas de las flores y las plantas medicinales, los sabores de los alimentos preparados con amor y cuidado, todo se entrelaza en una sinfonía sensorial que celebra la vida.

Un ejemplo más concreto puede ser encontrado en los festivales y ceremonias dedicados a *Xochiquetzal*. En estas celebraciones, las comunidades se unen para crear ofrendas de flores, cantos y danzas. Las mujeres visten sus mejores trajes, decorados con bordados florales, y se adornan con joyas que brillan a la luz del fuego. Los hombres, con sus trajes tradicionales, participan en danzas que simbolizan la fertilidad y la abundancia. Todo el evento es una celebración de la belleza en todas sus formas, un homenaje a *Xochiquetzal* que nos recuerda la importancia de encontrar y apreciar la belleza en cada rincón de nuestra existencia.

Así, *Xochiquetzal* no solo nos enseña a ver la belleza en el mundo exterior, sino también a descubrirla dentro de nosotros mismos. Nos invita a cultivar nuestra propia flor interna, a nutrirla con amor, arte y compasión, para que podamos compartir esa belleza con el mundo que nos rodea. En cada acto de creación, en cada gesto de bondad, en cada momento de apreciación de la naturaleza, estamos honrando a *Xochiquetzal* y su enseñanza de que la verdadera belleza es eterna y omnipresente.

142

Tlazolteotl, Todo se Recicla

Vamos ahora a hablar de *Tlazolteotl*. Originalmente se cree que *Tlazolteotl* proviene de la región de Oaxaca, posiblemente de culturas zapotecas o mixtecas. A través del tiempo y la comunicación natural entre culturas, la cultura mexica adoptó esta representación y la integró en su propio tejido cultural, en el nicho del ombligo del maguey, donde vivía y aún vive su esencia.

Tlazolteotl hace referencia a ese proceso natural donde aquello que en algún momento estuvo andando, estuvo caminando, estuvo con vida, ahora debe sufrir una transformación, un cambio necesario que lo convierta en nutrientes para que de ello nazca una nueva vida. Podemos comparar a *Tlazolteotl* con el proceso contemporáneo de reciclaje o compostaje. Es como los agricultores y campesinos que recolectan los desperdicios orgánicos y los llevan a un contenedor de acero, donde con el paso del tiempo y la inclusión de tierra y agua, se convierte en una pasta negra y viscosa. Este líquido negro funciona como composta, nutriendo las nuevas semillas y plantaciones que se tienen previstas.

En la iconografía utilizada por los mexicas para representar a *Tlazolteotl*, aparece con la boca de color negro, simbolizando cómo los seres vivos, al descomponerse, transforman sus partículas y moléculas en carbono, adquiriendo ese característico color negro. Esto nos enseña que *Tlazolteotl* no es la diosa de las inmundicias, como los franciscanos o los ibéricos intentaron explicar. Más bien, *Tlazolteotl* nos habla del proceso natural de reciclaje que existe en todo el universo.

Para entender mejor su papel, consideremos el ciclo de la vida en la naturaleza. Cuando una hoja cae al suelo y se descompone, no desaparece simplemente; se transforma en nutrientes que alimentan el suelo y las plantas nuevas. Es un ciclo interminable de renovación y regeneración. *Tlazolteotl* representa este ciclo vital, donde lo viejo da paso a lo nuevo, y la muerte es solo una transformación hacia una nueva vida.

143

Una reflexión profunda que podemos hacer es preguntarnos: ¿Dónde habita *Tlazolteotl* en mí? La respuesta es que *Tlazolteotl* está presente en cada momento en que ingerimos alimento y lo transformamos a través de la digestión, hasta finalmente evacuarlo en forma sólida o líquida. Este proceso de adquirir nutrientes y transformar los restos en composta es una manifestación interna de *Tlazolteotl*, demostrando que llevamos dentro de nosotros el poder de la transformación y la regeneración.

Así como en la naturaleza, el universo también sigue estos ciclos. Las estrellas nacen, viven y mueren, liberando elementos que forman nuevas estrellas y planetas. *Tlazolteotl* nos recuerda que todo en el cosmos está en constante cambio, y que de la destrucción surge la creación. Es un recordatorio de que la vida y la muerte están entrelazadas en una danza eterna, y que cada final es solo un nuevo comienzo. *Tlazolteotl*, con su poder de purificación y transformación, nos enseña a aceptar y honrar estos ciclos. Nos muestra que en la descomposición y en el reciclaje hay belleza y propósito, y que cada etapa de la vida tiene su valor. Al comprender y venerar a *Tlazolteotl*, aprendemos a ver el mundo y a nosotros mismos con una nueva perspectiva, valorando cada momento como parte de un todo mayor.

La representación de *Tlazolteotl* en la cosmovisión mexica nos lleva a reflexionar sobre la naturaleza de la vida y la muerte, y cómo estos dos aspectos están intrínsecamente ligados. Para los antiguos mexicas, la vida no era un estado permanente, sino un flujo constante de transformación y renovación. En cada ciclo, lo que alguna vez estuvo vivo y floreció, eventualmente regresaba a la tierra para nutrir y dar origen a una nueva vida.

Imaginemos un campo de maíz en el que cada planta, después de dar su fruto, se marchita y cae al suelo. Las hojas y tallos secos se mezclan con el suelo, descomponiéndose lentamente. Los nutrientes liberados en este proceso enriquecen la tierra, permitiendo que nuevas semillas crezcan fuertes y sanas. Esta imagen, tan simple y cotidiana, encapsula la esencia de

Tlazolteotl: la transformación de lo viejo en lo nuevo, la continuidad de la vida a través de la muerte.

En la vida diaria, cada acción que realizamos, cada decisión que tomamos puede ser vista a través del lente de *Tlazolteotl*. Al igual que los agricultores que con paciencia y cuidado transforman los desechos en abono, nosotros también podemos aprender a ver las experiencias negativas o difíciles como oportunidades para el crecimiento y la regeneración. Las dificultades y los desafíos, al igual que los restos orgánicos, pueden ser transformados en una fuente de fuerza y sabiduría.

Un ejemplo contemporáneo podría ser el proceso de recuperación personal después de una pérdida o un fracaso. Imaginemos a una persona que ha atravesado una experiencia traumática. Al principio, todo parece oscuro y desolador, como la descomposición en su fase inicial. Sin embargo, con el tiempo y el apoyo adecuado, esta persona comienza a transformar su dolor en aprendizaje, su tristeza en resiliencia. Al igual que la composta, lo que alguna vez fue visto como negativo y sin valor, se convierte en la base para un nuevo crecimiento y desarrollo personal.

En el ámbito ecológico, el principio de *Tlazolteotl* nos invita a reconsiderar nuestra relación con los desechos y el reciclaje. En lugar de ver los desechos como algo inútil o contaminante, podemos verlos como una oportunidad para la regeneración. El compostaje, el reciclaje y otras prácticas sostenibles no solo benefician al medio ambiente, sino que también nos conectan con el ciclo natural de la vida, recordándonos que cada final es el comienzo de algo nuevo.

Para llevar esta reflexión un paso más allá, podríamos considerar la idea de que cada ser humano tiene el potencial de ser un agente de transformación, tanto en su propia vida como en la comunidad. Al igual que *Tlazolteotl*, podemos aprender a ver la belleza y el propósito en cada etapa de la vida, abrazando el cambio y la renovación. Cada decisión que tomamos, cada acto de bondad o creatividad puede ser visto como una forma de contribuir al ciclo interminable de la vida y la regeneración.

Tlazolteotl nos enseña que la vida es un proceso continuo de transformación, en el cual la muerte no es el final, sino una parte integral del ciclo eterno del universo.

Mayahuel, Todo crece de la Naturaleza

Ahora toca el turno de platicar sobre *Mayahuel*. En ocasiones, dependiendo de la variante de náhuatl que se esté estudiando, podemos encontrar su nombre como *Meyawel*. Esta representación está normalmente asociada con el pulque, una bebida que puede provocar embriaguez. Sin embargo, su significado es mucho más profundo que la simple asociación con el consumo de bebidas. Aunque el pulque tiene grandes nutrientes, también puede ocasionar cierta adicción y efectos de embriaguez.

Mayahuel en realidad representa el crecimiento de todo lo que está a nuestro alrededor, guiado por la naturaleza. Es una gran metáfora del elemento botánico que emerge de la tierra hacia el cielo. Ella está profundamente vinculada con el proceso lunar, ya que, en el interior de su vientre, en la parte superior del caparazón de la tortuga, se llena del líquido que posteriormente se convierte en pulque. *Mayahuel* no solo se manifiesta en el maguey y el pulque, sino que también crece en otros lugares. Crece en las plantas, en los árboles, en los frutos y en las semillas, simbolizando la vitalidad y la abundancia de la naturaleza. Ella nos muestra que está presente en cada rincón de nuestro entorno, brindándonos diversas opciones de alimento y sustento.

Es importante entender que no todas las plantas y frutos son adecuados para todos los seres vivos. Por ejemplo, hay ciertas plantas que son venenosas para los humanos, pero para otros seres vivos son nutricionales, y viceversa. Habrá plantas o semillas que para ciertos animales no son adecuadas, pero para el ser humano son altamente nutritivas. Esto nos enseña que *Mayahuel* está detrás de la diversidad y la adaptación de la vida, asegurando que cada ser encuentre su sustento adecuado.

Para visualizar la cosmogonía mexica de manera más amplia, no debemos catalogar cada exaltación humana a lo que los ibéricos llamaban dioses de manera limitada. Debemos comenzar a ver la cosmogonía mexica con una óptica universal. De este

147

modo, *Tlazolteotl*, *Xochiquetzal* y *Mayahuel* estarán presentes en cualquier sistema solar que pueda presentar vida, ya que la naturaleza seguramente crecerá de esa forma, y, por lo tanto, *Mayahuel* estará presente en el efecto del crecimiento natural.

Imaginemos la presencia de *Mayahuel* en un jardín lunar, donde las plantas florecen bajo la luz de la luna y las estrellas. En este jardín celestial, cada hoja, cada flor y cada fruto es un testimonio del poder de la naturaleza para crecer y prosperar. *Mayahuel* es la esencia que impulsa esta vida, asegurando que el ciclo de crecimiento y renovación continúe en armonía con el cosmos.

Al igual que las mareas son influenciadas por la luna, las plantas y la vida misma responden a las fuerzas cósmicas. *Mayahuel* nos recuerda que estamos conectados con el universo a través de estos ciclos naturales, y que la abundancia que vemos en la tierra es un reflejo de las energías que fluyen a través de todo el cosmos. *Mayahuel*, con su poder de crecimiento y fertilidad, nos enseña a valorar y respetar la naturaleza, a reconocer la interconexión de todas las formas de vida y a celebrar la abundancia que nos rodea. Ella nos invita a ver el mundo con ojos de gratitud y a entender que cada planta, cada fruto y cada ser vivo es una manifestación del evento de la vida.

Para profundizar más en el significado de *Mayahuel*, es importante explorar cómo su esencia se refleja en la vida cotidiana y en la naturaleza que nos rodea. *Mayahuel*, como símbolo de crecimiento y fertilidad, nos enseña a observar con detenimiento los ciclos naturales que permiten la vida. Su presencia es una constante recordatorio de la interdependencia de todos los seres vivos y de la importancia de la sostenibilidad.

Un ejemplo claro de la influencia de *Mayahuel* puede verse en la agricultura tradicional. Los agricultores que practican la milpa, un sistema de cultivo mesoamericano, entienden y respetan los ciclos de la tierra. En la milpa, se siembran juntos el maíz, los frijoles y la calabaza, creando un ecosistema de apoyo mutuo. El maíz proporciona una estructura para que los frijoles trepen, los frijoles fijan el nitrógeno en el suelo, enriqueciendo la tierra, y las hojas de la calabaza cubren el suelo, protegiéndolo de la erosión y conservando la humedad. Este sistema, que ha sostenido a las comunidades por siglos, es un claro reflejo de los principios de *Mayahuel*, donde la diversidad y la interdependencia garantizan la prosperidad y la salud del ecosistema.

Además, *Mayahuel* nos enseña sobre la importancia de la luna en los ciclos de crecimiento. Al igual que la luna afecta las mareas, también influye en el crecimiento de las plantas. Los antiguos observadores de la naturaleza notaron que ciertas fases de la luna son más propicias para sembrar, podar o cosechar. Esta sabiduría, transmitida de generación en generación, muestra cómo *Mayahuel* está intrínsecamente ligada al cosmos, recordándonos que nuestras acciones en la tierra están conectadas con los ritmos celestiales.

Mayahuel también tiene un papel crucial en la cultura y las tradiciones de muchas comunidades. Las celebraciones del pulque, por ejemplo, no son solo festividades en honor a una bebida, sino ceremonias que reconocen la generosidad de la tierra y la interconexión de todos los elementos. Durante estas festividades, se agradece a *Mayahuel* por su abundancia, y se realizan danzas y cantos que celebran la vida y la naturaleza.

En un contexto más amplio, *Mayahuel* nos invita a reflexionar sobre nuestra relación con la tierra y los recursos naturales. En un mundo donde la explotación de los recursos y la degradación ambiental son problemas críticos, el mensaje de *Mayahuel* es más relevante que nunca. Nos llama a adoptar prácticas sostenibles, a respetar los ciclos naturales y a vivir en armonía con la naturaleza. Su enseñanza es un recordatorio de que la verdadera abundancia proviene de un equilibrio respetuoso con el entorno natural. Para los pueblos nativos, *Mayahuel* representa una conexión profunda con la tierra. Esta conexión no es solo simbólica, sino práctica y cotidiana. La forma en que cultivan la tierra, la recolecta plantas medicinales y celebran las estaciones del año son todas

149

expresiones de la sabiduría de *Mayahuel*. Al incorporar estos principios en nuestras vidas, podemos aprender a vivir de manera más sostenible y respetuosa con el mundo natural.

En resumen, *Mayahuel* es un símbolo de crecimiento, fertilidad y conexión con la naturaleza. Nos enseña a valorar la diversidad, a respetar los ciclos naturales y a vivir en armonía con el cosmos. A través de su sabiduría, podemos encontrar inspiración para adoptar prácticas sostenibles y celebrar la abundancia que nos rodea.

Chantico: Todo tiene el Calor del Hogar

La última representación que discutiremos en este tratado es la llamada *Chantico*. En náhuatl, su nombre se descompone en dos vocablos: "co", que representa un lugar específico, y "chante", que significa hogar. En conjunto, forman "el lugar del hogar". A menudo, *Chantico* ha sido asociada como la diosa del fuego o la diosa que protege el fuego del hogar. Esta interpretación proviene principalmente de textos con una óptica más euro centrista. Para comprender realmente su significado, imaginemos que sostenemos nuestro espejo de obsidiana y vemos a través de él la cosmovisión mexica.

Chantico representa que todos los seres vivos, en algún momento, debemos nacer en el núcleo de un hogar. Para algunos, ese hogar es la familia; para otros, es la construcción donde viven; y hay quienes toman el concepto de hogar de manera más amplia, considerándolo una comunidad o fraternidad. La naturaleza también refleja estos patrones. Por ejemplo, el *Chantico* de una abeja es su colmena; el *Chantico* de una hormiga es su hormiguero; el *Chantico* de una leona es su manada. Estos ejemplos también se aplican al mundo de la flora. Las flores, los frutos, los árboles, e incluso la hierba, se agrupan en lugares específicos que consideran su hogar.

Un ejemplo claro sería el *Chantico* de un árbol: el lugar donde fue plantado y las raíces que se extienden hacia la tierra. Es interesante observar que, en las últimas décadas, desde 1950 hasta hoy, 2024, el sentido del hogar se ha ido perdiendo. El concepto de estar enamorado del lugar que nos da nacimiento, que nos promete protección con sus cuatro muros, se está desvaneciendo. Las palabras de los antiguos nos recuerdan que siempre debe haber fuego en los hogares, pues es el único lugar donde el cuerpo puede realmente descansar y rejuvenecer.

Chantico, como guardiana del hogar, nos enseña que el fuego del hogar no es solo una llama física, sino también una llama espiritual. Es el calor que nos envuelve al regresar a nuestro

151

refugio, el lugar donde encontramos consuelo y seguridad. En la cosmovisión mexica, *Chantico* simboliza esta conexión profunda con el hogar, donde la familia y la comunidad encuentran su centro y su fuerza.

Al reflexionar sobre *Chantico*, pensemos en cómo el concepto de hogar se manifiesta en nuestras vidas y en la naturaleza. Las aves construyen nidos con esmero, asegurando un refugio seguro para sus crías. Los lobos encuentran seguridad en su manada, donde cada miembro protege y cuida del otro. Incluso los pequeños insectos, como las hormigas, trabajan incansablemente para mantener su hormiguero, su hogar colectivo.

El fuego de *Chantico* arde en cada hogar donde hay amor, protección y cuidado. Nos recuerda la importancia de tener un lugar al que podamos llamar nuestro, un lugar donde nuestras raíces puedan profundizarse y nuestro corazón pueda encontrar paz. En cada hogar, en cada familia, *Chantico* está presente, manteniendo la llama viva, asegurando que siempre haya un lugar de calidez y refugio para todos.

Para expandir esta reflexión, pensemos en cómo la modernidad ha cambiado la concepción del hogar. En un mundo donde la movilidad es constante y muchas veces obligada por razones económicas, sociales o políticas, el hogar se ha convertido en un concepto más abstracto. Sin embargo, *Chantico* nos recuerda que el verdadero hogar no está necesariamente ligado a un lugar físico, sino a las relaciones y los vínculos que creamos.

Podemos ver este principio reflejado en las comunidades migrantes, que, a pesar de estar lejos de su tierra natal, recrean su hogar en cualquier lugar del mundo. Mantienen sus tradiciones, su lengua y su cultura vivas, llevando consigo el fuego de *Chantico* a donde vayan. Esta capacidad de adaptarse y encontrar un nuevo hogar es un testimonio del poder resiliente del calor humano.

Además, en el ámbito ecológico, *Chantico* nos enseña a valorar y proteger nuestro planeta como el hogar compartido de todas las criaturas vivientes. El cambio climático y la destrucción del hábitat amenazan la existencia de innumerables especies, pero al entender y honrar el concepto de *Chantico*, podemos comprometernos a cuidar de nuestra casa común, asegurando un futuro donde todas las formas de vida puedan florecer.

Chantico también se manifiesta en los momentos de celebración y unión familiar. Piense en las reuniones alrededor de una fogata, donde las historias se comparten y las generaciones se conectan a través del tiempo. En estas reuniones, el fuego no solo calienta físicamente, sino que también simboliza la continuidad de la vida y las tradiciones. Este fuego sagrado es el corazón de la comunidad, el centro donde se reúnen para encontrar fortaleza y pertenencia.

En las artes y las culturas, *Chantico* se ve en la preservación y transmisión de conocimientos ancestrales. Los talleres comunitarios, donde se enseñan oficios tradicionales como la alfarería, la tejeduría o la danza, son espacios donde el fuego de *Chantico* arde con intensidad. Estos lugares no solo son centros de aprendizaje, sino también de cohesión social, donde cada participante aporta al hogar común de su comunidad.

Finalmente, *Chantico* nos invita a reflexionar sobre cómo podemos mantener viva la llama del hogar en nuestras vidas cotidianas. Esto puede significar dedicar tiempo y energía a nuestras relaciones más cercanas, crear espacios de refugio y tranquilidad en nuestras casas, o involucrarnos en iniciativas comunitarias que fortalezcan el sentido de pertenencia y apoyo mutuo.

En conclusión, *Chantico*, con su simbolismo del fuego del hogar, nos enseña que el verdadero hogar es donde encontramos amor, protección y comunidad. Nos recuerda la importancia de mantener viva esta llama, no solo en nuestros espacios físicos, sino también en nuestros corazones y en nuestras acciones. Que este fuego sagrado de *Chantico* nos inspire a valorar y cuidar nuestros hogares, a reconocer la importancia de tener un espacio seguro y amoroso, y a mantener viva la llama de la conexión y la comunidad en nuestras vidas.

Recapitulando lo aprendido en el *Cihuatlampa*, en la cosmovisión mexica, las representaciones femeninas son de igual importancia que las masculinas, ya que esta cosmovisión se basa en el principio de la dualidad complementaria. Cada fuerza femenina tiene su contraparte masculina, y juntas crean un equilibrio perfecto que sostiene el universo. A lo largo de esta sección, hemos explorado cuatro importantes representaciones femeninas: *Chantico, Tlazolteotl, Mayahuel* y *Xochiquetzal*. Cada una de ellas nos ha enseñado valiosas lecciones sobre la vida, la naturaleza y nuestro lugar en el cosmos.

Chantico nos recuerda la importancia del hogar y el fuego interior, enseñándonos que el hogar es el núcleo donde encontramos consuelo y protección. *Tlazolteotl* nos muestra el poder de la transformación y la regeneración, destacando que la vida y la muerte están entrelazadas en un ciclo eterno. *Mayahuel* simboliza el crecimiento y la fertilidad, ilustrando cómo la naturaleza nos nutre y sustenta. *Xochiquetzal* representa la belleza y la creatividad, inspirándonos a ver la belleza en todo lo que nos rodea.

Estas representaciones femeninas no solo son esenciales para comprender la cosmovisión mexica, sino que también nos ofrecen prácticas valiosas que podemos incorporar en nuestra vida diaria. Aquí colocaré dos ejemplos claros de cómo ustedes Mexica pueden poner en práctica lo aprendido:

1. Creación de un Espacio de Importancia en el Hogar: Siguiendo el ejemplo de *Chantico*, ustedes pueden crear un espacio con relevancia en sus hogares donde se sientan seguros y en paz. Esto puede ser un rincón especial con objetos significativos como velas, plantas, y símbolos que representen la protección y el calor del hogar. Al encender una vela en este

154

espacio, se puede meditar sobre la importancia del hogar y agradecer por el refugio que ofrece. Este acto no solo honra a *Chantico*, sino que también fortalece el sentido de hogar y comunidad.

2. Prácticas de Jardinería y Cuidado de Plantas: Inspirados por *Mayahuel*, ustedes pueden empezar un pequeño jardín o cuidar de plantas en su hogar. Este acto conecta directamente con la tierra y la naturaleza, recordando el ciclo de crecimiento y renovación. Al plantar una semilla y observar su crecimiento, se puede reflexionar sobre la abundancia y la generosidad de la naturaleza. Además, enseñar a los niños sobre el cuidado de las plantas inculca en ellos un respeto por la naturaleza y una comprensión de los ciclos naturales.

Para enseñar estos conceptos, ustedes pueden compartir historias y leyendas con sus familias y amigos, creando una conexión cultural y de identidad. Por ejemplo, contar la historia de *Tlazolteotl* y su papel en la transformación puede inspirar a otros a ver los cambios en su vida como oportunidades de crecimiento. Asimismo, organizar actividades comunitarias como talleres de jardinería o crear altares en espacios públicos puede fortalecer el sentido de comunidad y conexión con la naturaleza.

En conclusión, aprender sobre estas representaciones femeninas en la cosmovisión mexica no es solo un ejercicio intelectual, sino una invitación a poner en práctica estos conocimientos en nuestra vida diaria. La experiencia es la clave de todo, incluyendo la lengua náhuatl y la cosmovisión que la acompaña. Al incorporar estas prácticas en nuestra vida cotidiana, honramos a las fuerzas naturales femeninas y fortalecemos nuestra conexión con la naturaleza y el universo. Que esta exploración nos inspire a vivir con más conciencia y respeto, y que la sabiduría de *Chantico*, *Tlazolteotl*, *Mayahuel* y *Xochiquetzal* nos guíe en nuestro camino. Recordemos siempre que cada acto de respeto hacia el hogar, la transformación, el crecimiento y la belleza es un paso hacia un mundo más equilibrado y armonioso.

Mictlampa
La noche, donde la luz se oculta y el manto de la oscuridad nos hace reflexionar sobre la ausencia de la luz

En la cosmovisión mexica, la ausencia del Padre Sol *Tonatiuh* es un fenómeno de gran importancia, simbolizando la caída de la oscuridad y la carencia del calor vital que nos da vida. Cuando el sol se oculta, sentimos una pérdida profunda, como si aquello que nos infunde energía y vitalidad se desvaneciera. Esta sensación de pérdida se traduce en la frescura de la noche, el frío que envuelve la tierra cuando el calor del sol se escapa.

Para los mexicas, ancestros y modernos, este concepto se denomina *Mictlampa*, que hace referencia al lugar donde abunda el descanso. No se trata simplemente del descanso o el sueño humano, sino del descanso del propio sol. Cuando el sol descansa, el calor que nos rodea también se retira, llevándose consigo la energía que anima el día.

Mexica, es momento de abrazar la oscuridad de *Mictlampa*, de entender que en la ausencia del sol reside una rica oportunidad para el crecimiento y la transformación. Es en este descanso del calor donde encontramos la introspección, la reflexión y la preparación para el nuevo día. Volvamos a subir al techo del *Calmecac*, contemplemos la belleza de la noche y reconozcamos las enseñanzas que la oscuridad nos brinda. La conexión con nuestras raíces y con el cosmos se fortalece no solo en la luz del día, sino también en el misterio de la noche.

Imagina conmigo, Mexica, que un día, de pronto, la ciudad de *Tenochtitlan* está envuelta en un profundo silencio. Caminas por la calzada principal hasta la Puerta de las Águilas. Las aguas a tu izquierda y a tu derecha se encuentran muy calmadas, reflejando la tranquilidad de la noche, susurros de una serenidad que solo la naturaleza puede ofrecer. Levanta la mirada y *Metztli*, nuestra luna, brilla con un resplandor impresionante, iluminando el cielo con su luz plateada, envolviéndolo todo en un manto etéreo. Mientras caminas, el aroma a copal llega a tu nariz, un aroma dulce y terroso que eriza tu piel y despierta tus sentidos, como si el mismo universo te abrazara con su aliento. El color naranja comienza a observarse frente a ti, y en el piso de la calzada comienzas a ver fragmentos de pétalos de una flor naranja, una flor que se llama *Cempoaxochitl*. Los pétalos crujen suavemente bajo tus pies, creando una alfombra de luz y color, un sendero sagrado hacia lo desconocido.

Mientras avanzas, sientes la brisa fresca de la noche acariciando tu rostro, llevándote susurros de antiguas historias y secretos olvidados. Las estrellas en el cielo parecen guiar tus pasos, formando constelaciones que hablan de héroes y dioses, de tiempos antiguos y promesas eternas. Al fondo, el sonido del agua moviéndose lentamente en los canales añade una melodía serena al paisaje nocturno, un susurro constante de vida en medio de la quietud.

Cuando llegas al final de la calzada, te percatas de que en una de las construcciones están reunidos los sabios, los contadores del tiempo, algunos guerreros, pero también muchas mujeres y muchos niños. Llevan consigo pequeños sahumerios o *popochcomitl* con abundante copal aromático, y el humo sube en espirales, bailando con la brisa nocturna, como el *ihyo* mismo ascendiera al universo en un silencioso canto de alabanza. Frente a ti, antorchas, braceros y el calor del color naranja decoran la perfecta visión de una ofrenda a nivel del suelo, con flores naranjas y semillas de diversos colores, formando patrones y símbolos que cuentan historias de amor, sacrificio y esperanza. El calor de las llamas contrasta con la frescura de la noche, creando una atmósfera mágica y sagrada, donde lo terrenal y lo divino se encuentran.

A tu alrededor, puedes escuchar el suave murmullo de las conversaciones, las voces de los ancianos compartiendo sabiduría con los jóvenes, los suspiros de las madres observando a sus hijos, y el crujir de las antorchas que iluminan los rostros

157

llenos de expectativa y reverencia. El aire está cargado de significado, de una energía palpable que conecta a todos los presentes en un lazo invisible pero indestructible. Es en ese momento cuando reflexionamos sobre el poder que tiene la noche sobre nosotros. Sentimos la calma y el misterio que trae consigo, las sombras que juegan con nuestra imaginación. Nos preguntamos qué fuerzas nos hacen atar la noche con la ausencia del calor, qué significa que el sol no esté con nosotros.

La noche se convierte en un lienzo donde nuestras mentes dibujan los sueños y los miedos más profundos. Es un espacio donde las historias antiguas cobran vida, donde los ancestros caminan junto a nosotros y donde cada estrella se convierte en un punto de conexión con el pasado y el futuro. Observas las caras de los niños, iluminadas por la suave luz de las antorchas, y ves en sus ojos la curiosidad y el asombro, el mismo asombro que habrán sentido nuestros ancestros al contemplar el cielo nocturno.

Vamos a explorar en esta sección justamente lo que el *Mictlampa* realmente significa. El *Mictlampa*, el rumbo del descanso nos enseña sobre el ciclo eterno de vida, muerte y renacimiento. Nos invita a abrazar la oscuridad como parte esencial de nuestra existencia, a entender que, sin la noche, el día no tendría sentido. Es en la quietud de la noche donde encontramos la introspección, donde el *ihyo* se comunica con el universo y donde el ciclo de la vida encuentra su equilibrio. La noche, con su manto de estrellas y la luz de *Metztli*, nos recuerda que la muerte no es un final, sino una transición. Así como el sol se oculta para dar paso a la luna, nosotros también debemos aceptar los ciclos de transformación en nuestras vidas.

El *Mictlampa* nos guía a través de esta comprensión, mostrándonos que la muerte es tan natural como el día que se convierte en noche, y que, en cada oscuridad, siempre hay un rayo de luz esperando para nacer. La ofrenda ante ti, con sus flores y semillas, simboliza esta eterna danza entre la vida y la muerte, un recordatorio de que todo lo que termina, eventualmente renace.

Este momento de reflexión, bajo el cielo estrellado de *Tenochtitlan*, nos invita a conectarnos con nuestras raíces, a entender y respetar los ciclos naturales y a encontrar la paz en la aceptación de nuestra propia mortalidad. Sientes una profunda conexión con todo lo que te rodea, una sensación de pertenencia a algo mucho más grande que tú. El murmullo del agua, el susurro del viento, el brillo de las estrellas y el aroma del copal se entrelazan en una sinfonía que celebra la vida y la muerte, recordándote que eres parte de un todo eterno y permanente.

El Concepto de Morir

Una parte fundamental para conversar sobre *Mictlampa* es abordar el tema de la muerte y cómo la lengua náhuatl describe este evento natural de las cosas. Si basamos nuestra experiencia y nuestra visión de la vida desde una perspectiva eurocéntrica, entenderíamos que la muerte es el final de un camino y que posteriormente se pasa a una especie de juicio. Este juicio, comandado por una entidad, determinaría si nuestra vida fue vivida de forma ética y moral de acuerdo con las reglas dogmáticas de dicha entidad.

Lo peculiar de esta forma de pensamiento europea, de una singular entidad juzgando la calidad de vida, es que únicamente aplica a los seres humanos y, en ocasiones, a animales específicos como las mascotas queridas. Sin embargo, no se extiende este juicio ético y moral a otras especies, incluyendo plantas, insectos, arácnidos, microbios o virus. La respuesta europea diría que estas entidades no tienen alma. Un caso interesante porque la palabra "alma" realmente significa "ánima", y ánima refiere etimológicamente a algo que está vivo. Por lo tanto, un insecto también es una entidad animada y, bajo esta visión, tendría alma. Pero esto no lo reconocen.

Aquí entendemos que la visión de la muerte actual en nuestro país, México, está profundamente dominada e invadida por la forma de pensamiento europea. Y eso lo tenemos que cambiar.

En la cosmovisión mexica, la muerte no es vista como un final, sino como una transición, un cambio de estado. La lengua náhuatl describe este evento con una riqueza y profundidad que abarcan todas las formas de vida. La muerte es un paso natural en el ciclo de la existencia, donde cada ser vivo, desde los humanos hasta las plantas y los insectos, cumple su papel en el gran tejido del universo.

La lengua náhuatl utiliza la palabra "*Miki*" no para describir la acción de morir como un final absoluto, sino como la acción de un descanso, un punto en el que el movimiento se transforma. Para la lengua náhuatl, el acto de vivir es, en esencia, el acto de moverse. Todo lo que se mueve tiene un corazón que le da la posibilidad de generar movimiento en el universo donde el Sol vive. Entonces, cuando este movimiento se detiene, cuando llega a un punto en el que ya no puede avanzar, es cuando la palabra "*Miki*" entra en efecto indicando que el moviendo que se tenía ahora se ha transformado en otro ritmo, en otra manifestación en otra sintonía en algún otro lugar.

Es importante aclarar que, para la lengua náhuatl, vivir es moverse y lo describen como "*nemi*". El movimiento es una manifestación del corazón, el centro de la vitalidad y la energía. Todo lo que tiene vida se caracteriza por su capacidad de movimiento, una danza eterna con el universo. Cuando este movimiento se detiene, se produce una pausa, un descanso, no un final. La vida, vista desde esta perspectiva, es un flujo continuo de energía y movimiento, y la muerte es simplemente una pausa en este flujo.

Consecuentemente, la palabra "*Miki*" se encuentra en varias expresiones relacionadas con la muerte y el descanso en la lengua náhuatl. La encontramos en "*Mictlampa*", la región de la noche y el descanso. También aparece en los nombres de *Mictlantecuhtli* y

Mictecacihuatl, las fuerzas que gobiernan el acto de descansar. Estas manifestaciones, una masculina y la otra femenina, simbolizan el equilibrio y la dualidad en el acto de descansar. *Mictlantecuhtli* y *Mictecacihuatl* no son jueces de almas, sino guardianes del descanso de todas las cosas que tienen movimiento en nuestro universo. Ellos representan la fase de la existencia en la que el movimiento cesa y se permite que la energía repose. Esta visión contrasta fuertemente con la perspectiva europea, que ve la muerte como un final seguido de un juicio.

La visión europea de la muerte está profundamente arraigada en la idea de un final absoluto y un juicio posterior. En esta perspectiva, la muerte es un punto de no retorno, donde las acciones de la vida son juzgadas por una entidad superior, determinando el destino del alma. Esta visión se centra en la moralidad y la ética, aplicadas principalmente a los seres humanos y, en ocasiones, a animales específicos como mascotas.

Por otro lado, la lengua náhuatl define la muerte como un descanso, una interrupción del movimiento. Esta interpretación abarca todas las formas de vida, desde los seres humanos hasta las plantas, insectos y microorganismos. En la cosmovisión náhuatl, todos los seres vivos participan en el ciclo del movimiento y el descanso, sin discriminación ni juicio moral.

Al entender la palabra "*Miki*" y su significado en la lengua náhuatl, podemos apreciar una visión más holística y natural de la vida y la muerte. La muerte no es vista como un final absoluto, sino como una parte necesaria del ciclo de la existencia, un momento de descanso y renovación. Esta perspectiva nos invita a reconsiderar nuestra relación con la vida y la muerte, reconociendo la importancia del descanso y la continuidad del movimiento en el gran tejido del universo.

Al aceptar y honrar esta visión, podemos encontrar un mayor sentido de paz y armonía en nuestra vida. Que cada pausa en nuestro movimiento sea vista como una oportunidad para renovar nuestra energía y prepararnos para el próximo ciclo de actividad, en sintonía con las enseñanzas ancestrales de nuestros antepasados.

Reforcemos esta noción con un ejemplo. Imaginemos un árbol en el corazón de la selva. Cuando sus hojas caen, no se pierden en el olvido; en cambio, se descomponen y nutren el suelo, proporcionando los nutrientes necesarios para que nuevas plantas crezcan. Este ciclo de muerte y renacimiento es un reflejo de *Mictlampa*, donde cada final es, en realidad, un nuevo comienzo. Las hojas caídas, alimentadas por la oscuridad y la riqueza de la tierra, son el testimonio de que la vida siempre encuentra un camino para resurgir.

Todos los seres vivos, desde el más pequeño insecto hasta el más majestuoso jaguar, tienen un lugar en el gran ciclo de la vida. La muerte no discrimina y todos son partícipes de la danza eterna del universo. En este sentido, la lengua náhuatl no se limita a una visión antropocéntrica de la existencia, sino que abraza la totalidad de la vida.

163

La Comprensión de Mictlan

Comprender la etimología de la palabra *Miki* nos lleva a una comprensión más profunda de lo que significa *Mictlan*. *Mictlan* no es el inframundo como nos lo dibuja la visión europea. No tiene un límite de niveles como se intenta comparar con el infierno de Dante Alighieri. No se encuentra en un espacio similar al Averno/Tartaro, como en la mitología romana, o el Hades, del pensamiento de la mitología griega, que es de donde nace la inspiración para la estructura de la religión que hoy en día conocemos como la religión tristemente predominante en la mayor parte del mundo.

Mictlan, en realidad, hace referencia a aquel lugar donde todo lo que alguna vez existió y dejó de existir debe regresar. Es un espacio que no está en la Tierra, sino más bien en algún punto del universo, que succiona la esencia, la materia, la forma de vida de aquello que ya no puede soportar su ritmo. Imaginemos que nosotros, cuando despertamos y llegamos a esta tierra, al *Tlalticpac*, portamos con nosotros un *Tonalli*, un calor. También portamos un viento, un aliento, que se define en náhuatl como *ihyo*. Y también portamos un cuerpo, una forma o materia, que nos permite movernos, nos permite existir.

Una vez que nuestro cuerpo ha llegado a cierto límite, perdemos nuestro calor. El calor es entregado al universo, y nuestro *ihyo,* nuestra esencia, nuestro aliento, es lo que se queda, lo que permanece, lo que se mantiene en el lugar que le dio nacimiento. Pero el *Tonalli* es arrebatado, y ese *Tonalli* viaja por un sinfín de senderos en el universo. Este sinfín de senderos lleva la colección de todos los *Tonalli*, todos los calores, de todo lo que existe, no solamente de la raza humana.

No estamos destinados a un paraíso de puertas de oro y nubes, sino más bien estamos regresando al punto de origen, con otro ritmo, con otro movimiento, con otra esencia, con otro caminar, con otra forma. Y ahí, *Mictlan* se encargará de redirigirnos hacia otro lado, donde podemos volver a establecernos y dar vida. Eso es realmente *Mictlan*.

Para profundizar en esta idea, imaginemos el ciclo del agua en la naturaleza. El agua se evapora de los océanos y ríos, se condensa en las nubes y eventualmente regresa a la tierra en forma de lluvia. Este ciclo es continuo y esencial para la vida. De manera similar, el ciclo del *Tonalli* y el *ihyo* en el universo es una constante de renovación y transformación. Cuando una planta muere, su materia se descompone y se convierte en nutrientes para el suelo, permitiendo que nuevas plantas crezcan. El *Tonalli* de la planta regresa al universo, contribuyendo a la energía vital que nutre toda la existencia.

Mictlan es entonces un lugar de transformación, no de castigo. Es un espacio donde las esencias se reciclan, donde el *Tonalli* se redistribuye para continuar alimentando el ciclo de la vida. Cada ser vivo, al completar su ciclo en *Tlalticpac*, aporta su energía de vuelta al universo, creando una red de interconexiones que asegura la continuidad de la vida.

En la cosmovisión mexica, este proceso no es temido, sino aceptado como una parte natural de la existencia. La muerte no es el final, sino una transición hacia otra forma de ser. Es un paso necesario para la regeneración y la perpetuación de la vida. En este sentido, *Mictlan* es visto como un guardián de esta transformación, un facilitador del flujo constante de energía y vida.

Consideremos un ejemplo práctico: un guerrero mexica que muere en batalla. Su cuerpo, una vez poderoso y vital, ahora ha alcanzado su límite. Su *Tonalli*, el calor y la energía que lo animaban, se libera y viaja por los senderos del universo. Su *ihyo*, su aliento, su esencia, permanece en el campo de batalla, en el lugar donde dio su último aliento. Esta esencia se convierte en parte del suelo, en parte del aire, contribuyendo a la vida que continúa en ese lugar.

La comprensión de *Mictlan* como un punto de transformación también puede aplicarse a nuestras propias vidas. Cada día, experimentamos pequeñas muertes y renacimientos. Terminamos ciclos, cerramos capítulos y comenzamos nuevos. Cada transición, cada cambio, es una oportunidad para renacer con una nueva perspectiva, con un nuevo propósito. *Mictlan*, en este sentido, es una metáfora poderosa para la constante evolución de nuestra vida y nuestra conciencia.

Imaginemos una hoja que cae de un árbol en otoño. La hoja, habiendo cumplido su ciclo de vida, cae al suelo y se descompone, enriqueciendo la tierra con sus nutrientes. Este proceso permite que nuevas hojas y plantas crezcan en primavera. De manera similar, cuando una parte de nosotros termina su ciclo, esa energía no desaparece, sino que se transforma y alimenta nuevos aspectos de nuestra vida.

Podemos también considerar la migración de las aves. Cada año, muchas especies de aves migran largas distancias en busca de climas más favorables para su supervivencia. Durante su viaje, enfrentan numerosos desafíos y cambios, pero este proceso es esencial para su ciclo de vida. La migración simboliza la transformación y la renovación que *Mictlan* representa. Las aves dejan atrás una parte de su vida para adaptarse y prosperar en nuevas condiciones.

Al integrar esta visión en nuestra vida diaria, podemos aprender a aceptar y honrar los ciclos naturales de inicio y fin. Podemos encontrar paz en la comprensión de que la muerte no es un fin absoluto, sino una transición hacia una nueva forma de existencia. Esta perspectiva nos invita a vivir con mayor gratitud y reverencia por cada momento, sabiendo que somos parte de un ciclo más grande que va más allá de nuestra comprensión inmediata.

La cosmovisión mexica, con su rica comprensión de *Mictlan*, nos ofrece una forma de ver el mundo que es profundamente conectada y holística. Nos enseña que todo está interrelacionado y que cada vida, cada ser, contribuye al flujo continuo de energía y vida en el universo. Esta sabiduría ancestral puede guiarnos a vivir en armonía con nosotros mismos, con los demás y con el cosmos, honrando el ciclo eterno de creación, transformación y renacimiento.

Por ejemplo, al enfrentar una pérdida personal, ya sea la muerte de un ser querido, el fin de una relación o la pérdida de un trabajo, podemos recurrir a esta sabiduría para encontrar consuelo y significado. Hay que reconocer que cada final es también un nuevo comienzo nos ayuda a aceptar el cambio con mayor serenidad y esperanza. La idea de que nuestro *Tonalli* continúa su viaje y contribuye al ciclo eterno del universo nos ofrece una perspectiva de continuidad y propósito más allá de nuestra existencia inmediata.

En la naturaleza, este principio se observa constantemente. Los bosques, por ejemplo, dependen de la muerte de árboles viejos para abrir espacio y proporcionar nutrientes a nuevas plantas. Los incendios forestales, aunque destructivos, son una parte natural del ciclo de vida de muchos ecosistemas, permitiendo la renovación y el crecimiento. Este ciclo de destrucción y regeneración es una manifestación de *Mictlan* en el mundo natural, un recordatorio de que la vida y la muerte están intrínsecamente ligadas en un equilibrio dinámico.

Al reflexionar sobre *Mictlan*, también podemos considerar su relevancia en nuestras comunidades y culturas. Las tradiciones y costumbres, aunque evolucionan y cambian con el tiempo, están arraigadas en el legado de aquellos que vinieron antes que nosotros. Al honrar y preservar estas tradiciones, mantenemos viva la esencia de nuestros ancestros y garantizamos que su *Tonalli* continúe nutriendo a las generaciones futuras.

En última instancia, *Mictlan* nos enseña a abrazar el ciclo de la vida en toda su complejidad y belleza. Nos recuerda que cada momento, cada experiencia, es parte de un vasto tejido de existencia que se extiende más allá de nosotros. Al vivir con esta conciencia, podemos encontrar un sentido más profundo de propósito y conexión, tanto con nosotros mismos como con el universo en su totalidad.

La Acción de Quitar el Movimiento de Vida: Mictlantecuhtli

Vamos ahora a platicar precisamente de aquellas fuerzas que le dan sentido a ese lugar del descanso, ese *Mictlan*, y una de esas fuerzas es *Mictlantecuhtli*. Pero antes de eso, me gustaría que escuchemos nuestro corazón y vayamos al pasado en compañía de nuestros ancestros, en esa muy especial fiesta que se llama *Mika'ilwitl*, la celebración del descanso.

Imaginemos las calles de nuestra gran ciudad *Tenochtitlan*, decoradas con los hermosos pétalos de *Cempoaxochitl* de color naranja, los muros adornados con este tejido vibrante y el aroma del copal inundando el aire en cada esquina. Mientras caminamos, llegamos al hogar de una pequeña familia y observamos que sobre el piso han dispuesto un círculo de flores. Este círculo está dividido en cuatro partes iguales, y cada una de las secciones está adornada con semillas de diversos colores, representando cada una de las direcciones del mundo: norte, sur, este y oeste.

En el círculo, encontramos pequeños detalles como juguetes, armas, plumajes, ropa e incluso comida. Estos objetos no son meros adornos, sino ofrendas que hacen memoria de alguien que habitó alguna vez ese hogar, alguien que estuvo en movimiento, que vivió y respiró entre nosotros. En ese momento, reflexionamos sobre por qué celebramos la muerte, por qué recordamos a los antepasados, por qué hacemos fiesta para honrar a los que alguna vez caminaron entre nosotros. Aquí comenzará nuestra exploración.

Primeramente, hablaremos sobre *Mictlantecuhtli*. La figura que tenemos en la representación de esta característica masculina de descanso es la entidad que porta, por excelencia, el pedernal, simbolizado en su nariz. *Mictlantecuhtli* ha sido, durante mucho tiempo, erróneamente conocido como el "Dios de la Muerte". Esta es una visión eurocéntrica que no corresponde a la cosmovisión mesoamericana, donde no se tenía el concepto de Dios o Deidad, sino más bien de *Teotl*. Es importante preguntarnos, ¿por qué la muerte tiene un lado masculino en la cosmovisión

168

mexica? La respuesta radica en la comprensión de la dualidad complementaria. El lado masculino, representado por *Mictlantecuhtli*, se encarga de la ejecución del final del movimiento, es decir, de darle fin a la existencia de algo. Esto aplica independientemente de si es un ser humano, una planta o un animal. *Mictlantecuhtli* simboliza el punto final a la existencia de aquello que en algún momento se movió dentro de nuestro entorno.

Consideremos la vida de una flor en un jardín. Al crecer, la flor se desarrolla, se retuerce y eventualmente pierde sus pétalos uno a uno hasta que el último cae, dando paso a una nueva flor que crece en su lugar. Esta nueva flor no es la misma que la anterior; es una entidad completamente nueva. La flor inicial que creció nunca volverá a crecer de la misma manera. La cosmogonía mexica entiende y expresa esto claramente, afirmando que nuestra existencia está disponible solo en una ocasión, un breve momento en el vasto tejido del tiempo. Podemos imaginar nuestra existencia como una danza en la gran fiesta del universo. Cada ser tiene su momento de brillar, de moverse y de contribuir con su energía al conjunto. Pero al igual que toda danza, llega un momento en que cada paso debe cesar, permitiendo que otros movimientos tomen su lugar. *Mictlantecuhtli* es el guardián que marca este final, no con juicio, sino con la aceptación de que cada existencia tiene su tiempo y su fin.

Para entender mejor su papel, consideremos el ciclo de la vida en la naturaleza. Cuando una hoja cae al suelo y se descompone, no desaparece simplemente; se transforma en nutrientes que alimentan el suelo y las plantas nuevas. Es un ciclo interminable de renovación y regeneración. *Mictlantecuhtli* representa este ciclo vital, donde lo viejo da paso a lo nuevo, y la muerte es solo una transformación hacia una nueva vida. Este ciclo natural es una muestra de cómo la energía y la materia nunca se destruyen, sino que se transforman continuamente, contribuyendo al equilibrio y la continuidad de la vida.

En la iconografía utilizada por los mexicas para representar a *Mictlantecuhtli*, aparece con la boca de color negro, simbolizando cómo los seres vivos, al descomponerse, transforman sus partículas y moléculas en carbono, adquiriendo ese característico color negro. Esto nos enseña que *Mictlantecuhtli* no es una figura de temor, sino una parte integral del ciclo natural de la vida. Nos recuerda que la muerte y la vida están entrelazadas en una danza eterna, y que cada final es solo un nuevo comienzo. Este simbolismo del color negro también resalta la pureza del ciclo de descomposición, donde cada elemento vuelve a la tierra para dar lugar a nuevos comienzos.

Un ejemplo de cómo *Mictlantecuhtli* se manifiesta en nuestra vida cotidiana es el proceso de compostaje. Los restos orgánicos que desechamos se transforman en una rica tierra negra, llena de nutrientes que permiten el crecimiento de nuevas plantas. Este proceso de descomposición y renovación es una manifestación tangible del papel de *Mictlantecuhtli* en la naturaleza. Al observar cómo la vida se recicla continuamente, podemos apreciar la belleza y la importancia de este ciclo. *Mictlantecuhtli*, con su poder de transformación, nos enseña a aceptar y honrar estos ciclos. Nos muestra que en la descomposición y en el reciclaje hay belleza y propósito, y que cada etapa de la vida tiene su valor. Al comprender y venerar a *Mictlantecuhtli*, aprendemos a ver el mundo y a nosotros mismos con una nueva perspectiva, valorando cada momento como parte de un todo mayor.

La figura de *Mictlantecuhtli* nos invita a reflexionar sobre la naturaleza transitoria de la vida. Nos recuerda que cada momento de nuestra existencia es único e irrepetible, y que debemos vivirlo con plena conciencia. Al aceptar la dualidad del movimiento y el descanso, podemos encontrar una mayor paz y armonía en nuestra vida, reconociendo que el final del movimiento no es un castigo, sino una parte natural del ciclo de la existencia. Esta aceptación nos permite vivir con una mayor apreciación por cada instante, sabiendo que cada experiencia y cada relación contribuyen a nuestra evolución y crecimiento personal.

Imaginemos, entonces, un vasto campo donde las flores crecen y mueren en un ciclo interminable. Cada flor que cae al suelo se convierte en alimento para la próxima generación de plantas. Este campo es una metáfora de la vida misma, donde cada ser cumple su ciclo y contribuye al continuo flujo de energía y vida. *Mictlantecuhtli* está presente en este proceso, asegurando que la energía de la vida nunca se pierda, sino que se transforme y renueve continuamente. Esta visión nos conecta con la idea de que todos somos parte de un ciclo mayor, donde cada final es solo un preludio a un nuevo comienzo.

En la cosmovisión mexica, *Mictlantecuhtli* no es un dios distante, sino una fuerza omnipresente en la naturaleza. Es el guardián del ciclo de la vida y la muerte, una figura que nos recuerda que cada fin es también un comienzo. Al honrar a *Mictlantecuhtli*, reconocemos la importancia de vivir cada momento con plena conciencia y de aceptar la naturaleza transitoria de nuestra existencia. Esta comprensión nos invita a vivir en armonía con los ritmos naturales, encontrando consuelo y sabiduría en el conocimiento de que somos parte de un ciclo eterno.

Al final, *Mictlantecuhtli* nos enseña que la muerte no es el final absoluto, sino una transformación hacia una nueva vida. Nos invita a ver la muerte como una parte integral del ciclo de la vida, una etapa necesaria para la renovación y la regeneración. Al comprender y aceptar este ciclo, encontramos un mayor sentido de paz y pertenencia, sabiendo que somos parte de un todo mayor, un flujo interminable de energía y vida que se renueva continuamente. Esta perspectiva nos permite abrazar la vida con una mayor intensidad, valorando cada experiencia como una oportunidad de crecimiento y aprendizaje.

Imaginemos ahora la transformación de una mariposa. Desde que es una oruga, pasa por un proceso de metamorfosis en el que su antiguo ser debe "morir" para dar paso a una criatura completamente nueva. La crisálida es un símbolo de ese momento de transición, de descanso y transformación.

171

Mictlantecuhtli es esa crisálida, el espacio donde lo viejo se descompone y lo nuevo se forma, donde la muerte es solo un estado transitorio hacia una nueva forma de vida. Este proceso natural es una metáfora poderosa de cómo cada fin lleva en sí mismo el germen de un nuevo comienzo.

Al observar estos ciclos en la naturaleza, desde la flor que se marchita hasta la mariposa que emerge, podemos ver la mano de *Mictlantecuhtli* en cada proceso de transformación. Nos enseña que cada momento de descanso y descomposición es en realidad una preparación para la renovación y el renacimiento. Esta visión nos invita a ver la vida con ojos nuevos, a encontrar belleza en cada fase del ciclo de existencia y a reconocer que la muerte es solo una transición hacia una nueva etapa de ser.

La aceptación de *Mictlantecuhtli* en nuestras vidas nos permite vivir con una mayor serenidad y comprensión. Nos invita a dejar ir el miedo a la muerte y a ver cada final como una oportunidad para el renacimiento y la transformación. Al hacerlo, podemos vivir más plenamente, con una apreciación más profunda de cada momento y una mayor conexión con el ciclo eterno de la vida y la muerte. *Mictlantecuhtli* nos enseña a honrar cada fase de nuestra existencia, reconociendo que cada final es solo un nuevo comienzo en el gran tejido del universo.

En resumen, *Mictlantecuhtli* nos guía a través del ciclo de la vida y la muerte, mostrándonos que cada fin es solo el inicio de una nueva forma de existencia. Al comprender y aceptar esta verdad, encontramos una mayor paz y armonía en nuestras vidas, sabiendo que somos parte de un ciclo eterno de transformación y renovación. Esta sabiduría ancestral nos invita a vivir con plena conciencia y a honrar cada momento como una manifestación del gran ciclo de la vida, en el cual cada paso, cada movimiento y cada descanso tiene su propio lugar y propósito en el vasto cosmos.

El Recuerdo Hermoso de lo que existió: Mictlancihuatl

Vamos ahora a platicar precisamente de aquellas fuerzas que le dan sentido a ese lugar del descanso, ese *Mictlan*, y una de estas fuerzas es *Mictecacihuatl*. En la representación de esta característica femenina, ella aparece como una calavera blanca con estrellas colocadas en su cabello, pero a diferencia de *Mictlantecuhtli*, ha perdido el pedernal en la nariz. Esto simboliza su rol femenino en lo que consideramos el concepto de la muerte.

¿Qué podría ser lo femenino de la muerte? Si ya comprendemos que *Mictlantecuhtli* representa el acto de terminar con el movimiento de algo que existe, *Mictecacihuatl* entonces simboliza el acto de preservar la memoria de aquello que en algún momento vivió. Este es un concepto maravilloso que llena el corazón, pues nos lleva a reflexionar sobre cómo todo lo que existe a nuestro alrededor deja una huella permanente, una huella en la memoria. Esta memoria permanecerá viva mientras el recuerdo siga existiendo.

Aquí radica una gran diferencia con el concepto europeo de un paraíso selectivo para ciertas especies que cumplan con un código moral. En la cosmovisión mexica, no se asciende a un paraíso; el paraíso mismo está en los corazones de las personas cuando ejercen el acto de recordar a aquellos que amaron, con quienes compartieron, a quienes desearon y a quienes quisieron. En este sentido, la memoria se convierte en un paraíso terrenal, accesible a todos los seres vivos sin distinción. Esta visión nos invita a reconsiderar cómo honramos a nuestros seres queridos y a apreciar el valor del recuerdo como un acto de amor y continuidad.

En México, la práctica del famoso Día de Muertos es un testimonio viviente de *Mictecacihuatl*. En esta celebración, muchas personas visitan los cementerios llevando comida, flores, juguetes y otros objetos significativos, con la intención de recordar a sus seres queridos, a sus antiguos, a sus ancestros. Esta tradición no solo honra a los que han partido, sino que también

173

mantiene viva la conexión con ellos a través del acto de recordar. La memoria se convierte en un puente entre el presente y el pasado, un vínculo que trasciende el tiempo y el espacio.

Podemos imaginar la memoria como un río eterno que fluye sin cesar. Cada vida que toca sus aguas deja una marca, una estela que perdura a lo largo del tiempo. Así como el agua del río sigue fluyendo, las memorias de aquellos que han vivido continúan presentes en la corriente de la vida. *Mictecacihuatl*, la guardiana de estas memorias asegura que cada huella permanezca, preservando el legado de todos los seres que han caminado sobre la tierra. Este río de memoria es un símbolo de la continuidad y la perpetuidad de nuestras vidas, un recordatorio de que nunca somos olvidados mientras alguien nos recuerde.

Mictecacihuatl nos enseña que la muerte no es un olvido, sino una transición hacia una nueva forma de existencia en la memoria de los vivos. Nos recuerda que cada acción, cada palabra, cada gesto deja una marca indeleble en el tejido del universo. Al celebrar y recordar a nuestros antepasados, mantenemos viva la esencia de quienes fueron, asegurando que su legado perdure a través de las generaciones. La memoria se convierte en una herramienta poderosa para la preservación de la identidad y la cultura, un medio para mantener vivo el *ihyo* de nuestros ancestros.

Imaginemos un hogar donde las historias de los antepasados se narran alrededor del fuego. Cada historia es un hilo que teje el tapiz de nuestra identidad, un recordatorio de que nuestros ancestros siguen vivos en nuestros recuerdos. La figura de *Mictecacihuatl* nos invita a conservar estas historias, a transmitirlas a las nuevas generaciones, asegurando que las voces del pasado nunca se apaguen. Este acto de narración no solo preserva la memoria, sino que también fortalece los lazos familiares y comunitarios, creando un sentido de pertenencia y continuidad.

El acto de recordar a nuestros seres queridos no se limita a una celebración anual. En cada amanecer, en cada puesta de sol, en cada flor que florece y en cada hoja que cae, encontramos la presencia de aquellos que nos precedieron. *Mictecacihuatl* nos enseña a ver la muerte no como una separación definitiva, sino como una transformación que nos permite mantener viva la esencia de nuestros seres queridos en cada momento de nuestra existencia. Este enfoque nos invita a vivir con una mayor conciencia y apreciación de cada instante, sabiendo que cada momento tiene su propio valor y significado.

Para comprender la profundidad de *Mictecacihuatl*, podemos reflexionar sobre la forma en que la naturaleza guarda memoria de sus ciclos. Un árbol que cae en el bosque no desaparece sin dejar rastro; se convierte en el suelo fértil que nutre nuevas vidas. De la misma manera, nuestras vidas y nuestras memorias se entrelazan en un ciclo continuo de renovación y transformación. *Mictecacihuatl* es la guardiana de este ciclo, asegurando que cada vida que ha existido deje su marca en el gran tejido del cosmos. Esta perspectiva nos invita a ver la muerte no como un final, sino como una parte integral del ciclo natural de la vida.

Que cada uno de nosotros, al reflexionar sobre la figura de *Mictecacihuatl*, encuentre consuelo en la certeza de que nuestras memorias no se desvanecen. Que sepamos honrar a nuestros seres queridos, no solo en el Día de Muertos, sino cada día, reconociendo la importancia de mantener viva su presencia en nuestros corazones. Así, el ciclo de la vida y la muerte se completa, tejiendo un tapiz eterno de recuerdos y amor. Este acto de honrar y recordar nos permite vivir con una mayor gratitud y aprecio por la vida, sabiendo que cada momento es precioso y digno de ser recordado.

En la iconografía utilizada por los mexicas, *Mictecacihuatl* se presenta como una figura majestuosa que lleva en su cabello estrellas, simbolizando que cada recuerdo que ella guarda es un destello en el vasto cielo nocturno. Cada estrella es una vida que ha brillado, una memoria que sigue iluminando el camino de aquellos que aún caminan sobre la tierra. Esta representación nos recuerda que la memoria no es estática; es un faro que guía y conecta a las generaciones, asegurando que la sabiduría y las experiencias del pasado sigan presentes en el presente y el futuro. Las estrellas en el cabello de *Mictecacihuatl* son símbolos de esperanza y continuidad, reflejando la belleza y la eternidad de la memoria.

Mictecacihuatl, con su poder de preservación y memoria, nos enseña a valorar cada momento de nuestra vida, sabiendo que cada instante es una oportunidad para dejar una huella indeleble. Nos invita a vivir de manera consciente y plena, reconociendo que cada acción y cada palabra contribuyen al legado que dejaremos atrás. Al honrar a *Mictecacihuatl*, aprendemos a ver la belleza en la continuidad de la vida y la muerte, entendiendo que cada final es un nuevo comienzo, y que nuestras memorias son el puente que une estos dos estados de existencia. Este entendimiento nos permite vivir con una mayor integridad y propósito, sabiendo que nuestras acciones tienen un impacto duradero.

Así, el ciclo de la vida y la muerte se completa, tejiendo un tapiz eterno de recuerdos y amor. Al honrar a *Mictecacihuatl*, reconocemos la importancia de la memoria y la continuidad, y encontramos paz en la certeza de que nuestras vidas, aunque transitorias, dejan una huella perdurable en el universo. Esta perspectiva nos invita a vivir con una mayor conciencia de nuestra interconexión con todos los seres y con el cosmos, apreciando la belleza y la maravilla de cada momento de nuestra existencia.

La enseñanza de *Mictlantecuhtli* y *Mictecacihuatl* nos guía a vivir con plena conciencia, sabiendo que la vida y la muerte son partes de un todo, un ciclo interminable de movimiento y descanso. Que cada paso que damos en nuestro camino sea una ofrenda a la memoria de aquellos que nos precedieron y una preparación para nuestro propio viaje hacia el descanso y la renovación.

Ejercicio: Creando una Ofrenda Circular para *Mikailhuitl*

La celebración de *Mikailhuitl*, la fiesta del descanso es un momento muy importante para honrar a nuestros antepasados y conectarnos con el *Mictlampa*, el rumbo del inframundo. Este ejercicio te guiará en la creación de una ofrenda circular adecuada, respetando las tradiciones mexicas y asegurando que honres a tus seres queridos de manera significativa.

Materiales necesarios:
- Flores de *cempoaxochitl*
- Semillas de diferentes colores
- Un pequeño muñeco de maíz forrado con manta
- Copal y un sahumerio
- Velas
- Fotografías o recuerdos de tus antepasados
- Papel picado de colores
- Objetos simbólicos representando los cuatro rumbos

Instrucciones:

1. Preparación del Espacio:
Encuentra un espacio tranquilo y limpio para preparar tu ofrenda. Puede ser un rincón especial en tu hogar o un lugar al aire libre que te inspire serenidad y conexión con la naturaleza.

2. Forma Circular:
La ofrenda debe ser creada en forma circular sobre el suelo, nunca en forma de altar elevado. La forma circular simboliza la continuidad del ciclo de vida y muerte, sin principio ni fin.

3. División en Cuatro Rumbos:
Divide el círculo en cuatro secciones iguales, representando los cuatro rumbos: Este (*Tlahuiztlampa*), Oeste (*Cihuatlampa*), Sur (*Huiztlampa*) y Norte (*Mictlampa*).

4. Colocación de Semillas:

Coloca semillas de diferentes colores en cada una de las cuatro secciones:

- Este: Semillas blancas, simbolizando el amanecer y el nacimiento.

- Oeste: Semillas rojas, representando la pureza y el ocaso.

- Sur: Semillas azules, representando la fuerza del sol y la madurez.

- Norte: Semillas negras, simbolizando la muerte y el descanso.

4. Nueve Semiarcos de Flores:

En la sección norte, que representa el *Mictlampa*, coloca nueve semiarcos de flores de *Cempoaxochitl*. Estas flores deben formar un camino iniciando del exterior del círculo principal y que lleva hacia el centro del círculo, guiando el recuerdo de los difuntos hacia el *Mictlan*.

5. El Centro de la Ofrenda:

En el centro del círculo, coloca un pequeño muñeco hecho de maíz y forrado con manta. Este muñeco simboliza a nuestros ancestros y representa la conexión con aquellos que han pasado al *Mictlan*.

6. Elementos Simbólicos en los Rumbos:

En cada una de las cuatro secciones, coloca objetos que te recuerden a tus antepasados. Pueden ser fotografías, recuerdos, herramientas, o cualquier objeto significativo que represente su vida y legado.

7. Encendido del Copal y *Popochcomitl*:

Coloca un sahumerio con copal en el centro de la ofrenda y enciéndelo, dejando que el aroma purifique el espacio y llame a los *ihyo* de los difuntos. Coloca fuego alrededor del círculo para recordar el camino al *Tonalli*.

8. Ceremonia Final:

Al final de la celebración de los muertos, realiza una hermosa ceremonia de despedida. Prende fuego a la ofrenda comenzando desde el centro y dejando que el fuego se extienda hacia afuera. Esto simboliza que *Mictlantecuhtli* se lleva a los muertos y *Mictecacihuatl* nos recuerda a nuestros seres queridos hasta el siguiente año.

Reflexión:

Este ejercicio no solo te conecta con tus ancestros, sino que también te recuerda la importancia de honrar la memoria de los muertos y vivir en armonía con los ciclos naturales de la vida y la muerte. A través de esta práctica, puedes profundizar en la cosmogonía mexica y mantener viva la tradición y el respeto hacia tus seres queridos que han pasado al *Mictlan*.

La práctica de crear una ofrenda circular en *Mikailhuitl* es una forma hermosa y poderosa de honrar a nuestros antepasados y conectarnos con la cosmogonía mexica. Al seguir estos pasos, no solo estás reviviendo una tradición ancestral, sino que también estás fortaleciendo tu vínculo con la naturaleza y el universo, reconociendo la dualidad y el ciclo eterno de la vida y la muerte.

Ofrenda realizada por el Maestro Tonawaka durante la Celebración de Mikailhuitl en el año 11 Akatl.

180

LA UNIVERSALIDAD
El Pensamiento del Cosmos

Este capítulo abre con una pregunta fundamental: ¿De qué manera piensa el Universo? Reflexionemos sobre esa pregunta. El Universo es un ser vivo, algo palpable, una entidad formada por un corazón dual, como ya hemos discutido. Este corazón dual se expande y se diversifica en lo que hemos llamado los *Teteo*, o las fuerzas naturales. Pero la pregunta persiste: ¿Cómo es que piensa el Universo?

"Se sitlaltsin kipia ichan ipan noyollo"
(Una estrella tiene su hogar en mi corazón)

La respuesta yace en las manifestaciones universales. ¿A qué se refiere esto? Se refiere a conceptos que no sólo aplican a nuestra realidad, a nuestra Tierra *Tonantzin*, sino que son válidos en cualquier galaxia, en cualquier planeta que pueda gestar vida. Son conceptos que tendrán la misma manifestación, la misma práctica y estructura, sin importar en qué rincón del Universo nos encontremos.

Imaginemos aquel momento cuando un pintor, un *tlacuilo*, se encontraba decorando el interior de la gran casa de *Tlaloc*. Su encomienda era dibujar alrededor de esta casa todo lo que simbolizaba y significaba *Tlaloc*. Primeramente, reflexionó sobre la palabra, entendiendo que se refería al néctar de nuestra tierra, lo que nutre la tierra y permite la vida. Sentado frente al muro en blanco, con sus pinceles y pigmentos listos, el tlacuilo cerró los ojos y dejó que su mente se llenara de la esencia de *Tlaloc*, sintiendo cómo el poder de la lluvia y el agua fluía a través de su ser.

Fue entonces cuando, por casualidad del universo, comenzaron a caer un par de gotas afuera de la gran casa de *Tlaloc*. El artista salió, extendió su mano y se dio cuenta de que las gotas de lluvia estaban pintando de color azul su mano. Las gotas, frescas y vibrantes, escurrían a través de sus dedos, recorriendo cada hebra de los pequeños vellos de su antebrazo. Observó cómo estas gotas dibujaban el mismo patrón que sus venas, una red azul que parecía reflejar el mapa de la vida dentro de su propio cuerpo.

183

Sintió la frescura de la lluvia y el aroma a tierra mojada llenó el aire, un olor que evocaba el ciclo eterno de la vida.

Estas gotas de azul que venían del universo de pronto estaban dibujando el interior de su sangre. Maravillado, llevó sus manos sobre el rostro, dejando que las gotas se mezclaran con el calor de su piel. En ese momento, la inspiración lo invadió. Se dio cuenta de que *Tlaloc* no solo era el néctar de la tierra, sino también el néctar de todo aquello que formaba parte del ciclo líquido del universo. La lluvia, su sangre, los ríos, el océano, todo estaba conectado por el mismo hálito vital de *Tlaloc*.

El *tlacuilo* se permitió imaginar cómo sería *Tlaloc* en otras estrellas, en otros mundos. ¿Cómo lo dibujarían en tierras desconocidas? ¿Qué nombre tendría? ¿Sería también azul? La lluvia seguía cayendo, suave y constante, como un susurro del cosmos. Podía sentir la conexión entre cada gota que caía y la inmensidad del universo, una danza infinita de vida y renovación.

Con esta nueva inspiración, regresó al interior de la casa. El aroma a tierra mojada y el sonido de las gotas repicando en los techos de palma lo acompañaron mientras comenzaba a trazar en el muro. Su pincel, guiado por una visión renovada, dejó caer los primeros trazos de un mural que, años posteriores, sería una sensación en *Tenochtitlan*. Dibujó a *Tlaloc* como el corazón líquido del universo, uniendo el cielo, la tierra y cada ser vivo en un ciclo eterno de vida y renovación.

Cada trazo en el mural era una celebración de la vida, un tributo a la esencia de *Tlaloc* que fluía en cada rincón del universo, llevando con él el misterio y la belleza de la existencia. El *tlacuilo* pintó ríos serpenteantes que atravesaban montañas y valles, lagos que reflejaban la luz de las estrellas, y océanos vastos que resonaban con el eco de las olas. Pintó también el ciclo de las estaciones, con la lluvia que nutre los campos en primavera, el calor del verano que hace crecer las cosechas, el susurro del otoño que prepara la tierra para el descanso, y el manto blanco del invierno que la protege.

Mientras trabajaba, el *tlacuilo* sentía la presencia de *Tlaloc* en cada pincelada. Cada gota de lluvia que caía afuera se convertía en un símbolo de vida en su mural. Los colores vibrantes de sus pigmentos parecían cobrar vida propia, danzando sobre el muro en una sinfonía de azules, verdes y dorados. Pintó también a las criaturas que habitan las aguas: peces de colores brillantes, ranas que cantan con la lluvia, y serpientes de agua que deslizan silenciosas.

El *tlacuilo* entendió que su misión no era solo decorar la casa de *Tlaloc*, sino capturar la esencia misma la lluvia y el agua, y transmitirla a todos los que contemplaran su obra. Así, su mural se convirtió en un espejo del cosmos, reflejando la interconexión de toda la vida y la profunda sabiduría que yace en el corazón del universo. Y con cada pincelada, rendía homenaje a *Tlaloc*, al igual que las gotas de lluvia, todos somos parte de un todo más grande y eterno.

Como leemos, los antiguos entendieron que nosotros somos partículas, polvo de estrellas. Tal vez no contaban con el vocabulario científico que hoy usamos, pero eso no significa que no comprendieran que somos pequeñas partículas del Universo. Ellos pensaron que, al igual que su hermano, ellos también estaban formados por partículas de estrellas. Y si todo a su alrededor está formado de partículas de estrellas, entonces todo se comporta de la misma manera en el Universo, en cualquier realidad. Esto es lo que trata la universalidad del cosmos.

Hoy en día, contamos con un vocabulario más amplio y científico, y podemos hablar sobre física cuántica o la teoría de cuerdas. Pero imaginemos cómo nuestros antiguos, sin todo este vocabulario moderno, encontraron una manera de describir su entorno y llevarlo a un concepto que podemos llamar *Teotl* o la Universalidad.

Iniciemos este capítulo con una mente abierta y pongámonos en los cacles de nuestros antiguos pensadores. Observemos el Universo frente a nosotros y encontremos esas universalidades que nos hacen tangibles en esta existencia. Ellos utilizaron su observación del mundo natural para comprender los patrones y las fuerzas que rigen el cosmos. Nosotros, con nuestras herramientas modernas, podemos continuar este legado de curiosidad y asombro.

Para poder explicar mejor la forma en que el universo se comunica, se vive y se transmite a través de nosotros, haremos caso al corazón de nuestros antiguos y utilizaremos las cuatro direcciones para dar un uso más claro de la palabra cuando expliquemos estos conceptos. Se organizarán de la siguiente manera:

1. **Quetzalcoatl:** Donde todo se comunica.

2. **Tezcatlipoca:** Donde todo es creado con un propósito.

3. **Xipetotec:** Donde todo forma una comunidad y se estudia a sí mismo.

4. **Huitzilopochtli:** Donde todas las cosas tienen un orden, una disciplina, y avanzan hacia el frente, nunca hacia atrás.

Daremos inicio al estudio cada uno de estos diversos espacios de conocimiento. Cada espacio representa una pieza esencial en el vasto rompecabezas que compone la sabiduría ancestral de nuestra cultura. Al profundizar en estos conocimientos, no solo recuperamos fragmentos de nuestro pasado, sino que también fortalecemos nuestra identidad y conexión con el universo.

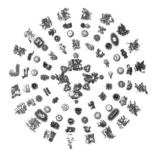

EL VIENTO DE QUETZALCOATL
De la Voz al Recuerdo.

Quetzalcoatl es un concepto profundo y único de nuestro continente, que trasciende las fronteras de las lenguas y las culturas. En la lengua maya, es conocido como *Kukulcan*, y en la lengua náhuatl, no se describe como una serpiente emplumada, sino como una serpiente preciosa. Es crucial poner a un lado la categorización de *Quetzalcoatl* como una deidad o un dios, pues es completamente erróneo. De ninguna manera *Quetzalcoatl* debe ser visto como una deidad mitológica en la forma de un dragón o serpiente con plumas.

Para comprender realmente este concepto, debemos considerar su inspiración inicial: el ave llamada *Quetzal*. Esta ave, con sus tonos verdes y rojos y su característica cola larga de plumas verdes, ofrece una imagen que, al volar, podría parecer una serpiente en el cielo. Es muy probable que los antiguos observadores viesen a esta ave volar sobre sus poblaciones, ya fuera mientras cazaban, cuidaban la tierra o marchaban hacia la guerra, y la llamasen "serpiente preciosa" por su semejanza con la serpiente terrestre, pero con la capacidad de volar, creando una imagen aún más majestuosa.

Partiendo de la simplicidad de observar un ave volar con semejanzas a una serpiente, podemos comenzar a desdoblar el concepto de *Quetzalcoatl* y elevarlo a un punto filosófico. Es importante aclarar que las ideas más profundas de la filosofía y la cosmogonía mexica siempre parten de conceptos simples, como el vuelo de un ave que se asemeja a una serpiente.

Quetzalcoatl, en su esencia, nos invita a ver más allá de lo obvio y encontrar la belleza y la profundidad en la simplicidad de la naturaleza. Así como el *quetzal* vuela libremente, serpenteando por el cielo, *Quetzalcoatl* representa la conexión entre el cielo y la tierra, entre lo universal y lo mundano. Esta serpiente preciosa es un puente que nos recuerda que todos somos parte de un mismo universo, entrelazados en un tejido de energías y fuerzas naturales.

Imaginemos que cada uno de nosotros es una pluma del *quetzal*, única y colorida, pero esencialmente parte de un todo mayor. Cuando el ave emprende su vuelo, no solo lleva consigo cada pluma, sino que crea una danza armoniosa en el aire, simbolizando cómo nuestras vidas individuales se entrelazan y contribuyen al movimiento del universo. *Quetzalcoatl*, la serpiente preciosa, es un recordatorio de que, aunque nuestras acciones parezcan pequeñas, forman parte de un gran vuelo cósmico, uniendo cielo y tierra en una danza eterna.

El corazón nuevamente llama a viajar al pasado y caminar junto con los antiguos. Y en esta ocasión, quiero que me ayudes con tu corazón a imaginar el sencillo caminar de una joven por un sendero rumbo a la bella ciudad de *Tenochtitlan*. El sendero está rodeado de exuberante vegetación, y el aire está impregnado con el aroma fresco de las flores silvestres y el rocío de la mañana. El sol comienza a elevarse, bañando el paisaje con una luz dorada que hace brillar cada hoja y cada piedra en su camino.

Mientras avanza, la joven se encuentra con una majestuosa figura delante de sus ojos: un venado, *Mazatl*, en náhuatl. Su cornamenta es grande y alargada, dándole una apariencia regia y poderosa. La joven se detiene y lo observa con asombro. El venado no parece tener interés en causarle daño; en cambio, sus ojos reflejan una calma serena.

De repente, de los bosques detrás del venado emerge su pareja femenina, una cierva, seguida de su cría. La cierva y su cría cruzan el camino con elegancia, como si estuvieran danzando sobre la tierra. El venado macho, una vez que su pareja y su cría han cruzado a salvo, hace una elegante reverencia ante la joven. Ella interpreta este gesto como un agradecimiento profundo.

Este pequeño pero significativo evento se queda grabado en su corazón. Lleva consigo esta experiencia hasta su pequeño hogar en la gran capital mexica. Al reflexionar, se da cuenta de que el mismo ejercicio de protección y cuidado que hizo el venado por su familia, lo hace su padre por su madre y por ella.

En ese instante, la joven comprende que el comportamiento del venado en el bosque es un reflejo del comportamiento humano. Y su perspectiva se amplía, observando que la naturaleza en su totalidad se comporta de la misma manera, con un ritmo y una armonía que conectan a todos los seres vivos. La joven siente una conexión profunda con el universo, entendiendo que somos parte de un todo más grande, donde cada acto de cuidado y protección se refleja en la danza eterna de la vida.

Ahora, regresando al estudio de *Quetzalcoatl*, después de entender la relación inmediata que tiene con los seres vivos mediante la metáfora anterior, procederemos a estudiar a *Quetzalcoatl* a través de cuatro diferentes manifestaciones de la comunicación. Estas serán las siguientes:

- Ehecatl nemilistle: Viento en Movimiento.
- Totlahtul toihyo: Nuestra palabra, nuestro aliento.
- In Ehecatl tlin moxinachhuia: El Viento que se ensemilla.
- In Ehecatl tlin totech mocahua: El Viento que con nosotros se queda.

Ehecatl Nemilistle: Viento y Movimiento

Ahora vamos a profundizar en el contexto y el significado de *Quetzalcoatl*, posicionando este concepto de forma universal. ¿A qué nos referimos con eso? A que *Quetzalcoatl* se puede manifestar tanto en nuestra hermosa Tierra, como también en nuestro Sistema Solar, en otras galaxias, o en otras Tierras que puedan otorgar su respectiva vida. Aquí podemos definir lo siguiente: *Quetzalcoatl* se puede traducir como todo lo que existe y es percibido, y se puede comunicar.

"Tlin noixpan in ka, kwalli nikkakis"
(Lo que está frente a mí, puedo escucharlo))

¿Qué queremos decir con esto? Frente a mis ojos existen elementos, seres vivos, minerales, que de una u otra forma, a nivel muy sencillo y a nivel muy simple, se comunican conmigo. Por ejemplo, el mar se comunica a través de sus olas, del sonido que producen, del sabor salado de su agua. Se comunica mediante su movimiento constante y su acústica única. La montaña se comunica conmigo a través de su majestuosidad, de su textura rugosa, de la caída de rocas que resuenan en la distancia. El fuego se comunica a través de su luz, del calor que emite, y de la quemadura que puede causar en mi piel.

Incluso los objetos modernos se comunican con nosotros. Pensemos en un teclado de un dispositivo electrónico. Se comunica mediante la forma de sus teclas, la representación de letras y caracteres, y la interacción que permite entre mis dedos y la pantalla, formando palabras y oraciones que construyen ideas.

190

De igual manera, todos los seres vivos se comunican entre sí. Las plantas, aunque no lo veamos fácilmente, tienen un lenguaje propio. Debajo de la tierra, sus raíces funcionan como neuronas que establecen vínculos simbióticos. Los felinos, por ejemplo, se comunican a través de su comportamiento, se perciben y se sienten mutuamente.

Así, todo lo que existe se comunica. Y aquí es donde podemos entender un concepto muy profundo llamado "viento y movimiento vital". En náhuatl, lo podemos definir como "*Ehecatl Nemilistle*". Este concepto nos invita a ver la vida y el universo como un flujo constante de comunicación y energía. Cada elemento, cada ser, está en un continuo intercambio de información y vitalidad.

El mar, con su vastedad y poder, se comunica a través de sus olas que rompen en la orilla. El sonido del mar es un lenguaje en sí mismo, susurrando historias antiguas y cantando canciones de calma y tormenta. Su sabor salado nos habla de los minerales disueltos que llevan consigo la memoria del mundo. Las montañas, con su imponente presencia, nos hablan de la fuerza y la resistencia. Cada roca, cada sendero, nos cuenta la historia de millones de años de formación geológica. El eco de una roca al caer es una conversación con el valle, un recordatorio de la constante transformación de la tierra.

En un bosque, las raíces de los árboles se entrelazan en una red de comunicación subterránea. A través de señales químicas y físicas, los árboles comparten nutrientes y alertas de peligro. Los animales, como los felinos, utilizan vocalizaciones, gestos y feromonas para interactuar entre ellos y con su entorno, mostrando cómo la vida está en constante diálogo.

Quetzalcoatl, como serpiente preciosa, es una metáfora viviente de esta comunicación universal. Nos invita a ver el mundo no como un conjunto de objetos aislados, sino como un tejido interconectado donde cada elemento tiene voz y presencia. La próxima vez que sintamos el viento en nuestra piel o escuchemos el susurro de las hojas, recordemos que estamos participando en un diálogo antiguo y eterno con el universo.

Podemos también entender a *Quetzalcoatl* en la interconexión de eventos cósmicos. Las estrellas, al brillar en el firmamento, se comunican a través de su luz que viaja millones de años luz para llegar a nuestros ojos. Cada estrella, cada constelación, cuenta una historia de creación y destrucción, de ciclos interminables de vida y muerte en el universo. Esta comunicación estelar es parte del gran lenguaje de *Quetzalcoatl*, donde cada destello de luz es un mensaje del cosmos hacia nosotros.

El viento, al mover las hojas de los árboles, nos habla de los cambios y movimientos de la atmósfera. Cada ráfaga de aire es una caricia del *Ehecatl*, el viento primigenio, que nos recuerda que estamos rodeados de fuerzas invisibles pero poderosas. Al sentir el viento en nuestra piel, estamos en contacto con el mismo *Ehecatl*, el portador de mensajes de la tierra y del cielo.

Las aves, al volar, trazan caminos invisibles en el aire, comunicándose con sus cantos y movimientos. Cada especie tiene su propio lenguaje, su propio modo de interactuar con el entorno y con otras especies. El canto de un ave al amanecer es una celebración de la vida, una melodía que resuena con la esencia de *Quetzalcoatl*, un recordatorio de que cada nuevo día trae consigo la oportunidad de un nuevo comienzo.

En los ríos y arroyos, el agua fluye incansablemente, comunicando su energía vital. El murmullo de un arroyo es una canción de la tierra, una sinfonía de vida en movimiento. Al seguir el curso de un río, entendemos que el agua, como *Quetzalcoatl*, conecta y nutre todo lo que toca, llevando vida a través de su corriente.

El concepto de *Quetzalcoatl* se extiende más allá de la mitología y se convierte en una manera de ver y entender el mundo. Nos enseña que todo en el universo está interconectado, que cada elemento tiene su lugar y su propósito, y que todos formamos parte de un gran tejido de comunicación y vida. Nos invita a escuchar con atención, a observar con cuidado y a sentir con el corazón abierto, reconociendo que estamos inmersos en un diálogo constante con el universo.

Así, al entender a *Quetzalcoatl*, aprendemos a ver la belleza y la profundidad de la vida en todas sus formas. Nos recuerda que la comunicación no se limita a las palabras, sino que se extiende a cada aspecto de nuestra existencia, desde el susurro del viento hasta el brillo de las estrellas, desde el canto de un ave hasta el murmullo de un arroyo. *Quetzalcoatl* nos enseña a valorar cada instante, a encontrar significado en cada interacción y a celebrar la maravillosa danza de la vida y el universo.

Totlahtul Toihyo: Nuestra palabra, Nuestro Aliento.

Una vez que comprendemos el sencillo concepto de que todo se puede comunicar, de que es nuestro viento en movimiento, entonces aquí entra una segunda categoría del conocimiento de *Quetzalcoatl*, y se manifiesta en nuestra palabra y nuestro aliento, que en náhuatl se podría decir como *Totlahtul Toihyo*. Esto se resume en algo muy sencillo: todo lo que existe, y por sí solo se puede comunicar, desarrollará una forma de lenguaje, que entonces podrá comunicarse de igual forma con aquellos similares, y de distinta forma con aquellos distintos, pero aun así logrando comunicación.

"Tehwatl kemen neh, titlahtowah iwan titoahsikamatih"
(Tú eres como yo, hablamos y nos entendemos)

Expliquemos esto en palabras más sencillas. Cuando nosotros interactuamos como especie humana con otra especie de ser vivo, por ejemplo, un perro, somos incapaces de comprender completamente el lenguaje de los ladridos del perro, y el perro es incapaz de comprender la complejidad lingüística que nosotros empleamos. Sin embargo, logramos transmitir comunicación de una especie a otra, tal vez con acciones, con expresiones físicas, o incluso utilizando sonidos que emiten una indicación. Ocupamos nuestro viento, nuestro aliento, para transformar eso en un sonido, y la otra especie lo recibe y lo interpreta como un mensaje. Un perro, cuando tiene un ladrido especial, nos puede indicar que tiene hambre, que hay peligro, o que desea jugar. De igual forma, nuestro aliento, nuestra voz, puede indicar una interacción amigable, una interacción de disciplina, o una interacción de simple consuelo.

Esto se puede aplicar a todas las especies que nos rodean. El mar se comunica de igual forma con las similitudes del agua, ríos y lagos. La montaña se comunica de igual forma con la roca, los valles y los cerros. Las plantas, los árboles, las hierbas, el pasto se comunican de igual forma que sus simbiontes diferentes del mundo botánico. Esto es lo que nos explica *Quetzalcoatl*. Nos explica que la vida contiene una palabra, contiene un aliento, y se puede expresar, aun cuando no haya una comunicación directa de similares parámetros.

Imaginemos que estamos en un frondoso bosque, donde los árboles altos susurran con el viento, comunicándose entre sí a través de sus hojas y raíces. Aunque no podemos oír sus conversaciones con nuestros oídos, podemos sentir su lenguaje en el crujir de las ramas y el susurro de las hojas. Del mismo modo, cuando un río fluye, su corriente habla con el lago en el que desemboca, y ambos cuerpos de agua comparten información sobre su viaje, su temperatura y su composición mineral. Esta comunicación, aunque invisible para nosotros, es constante y esencial para la vida en el bosque.

Quetzalcoatl nos enseña que el universo está lleno de palabras y alientos, de mensajes que se cruzan y se entrelazan, creando una red viva de comunicación universal. Este concepto nos invita a abrir nuestros sentidos y nuestros corazones, para escuchar y entender las innumerables formas en que la vida se expresa y se comunica.

Pensemos también en la comunicación entre especies que habitan el mismo ecosistema. Un ciervo, al percibir el peligro, emite un sonido particular que alerta a otros ciervos y a veces incluso a diferentes especies que comparten su hábitat. De esta manera, el mensaje de alerta se propaga y las criaturas del bosque actúan en consecuencia, mostrando una clara comprensión del lenguaje universal de la naturaleza.

En un jardín, las flores de diferentes colores y formas atraen a distintos polinizadores. Las abejas, mariposas y colibríes entienden este lenguaje visual y olfativo, respondiendo a las señales que les indican dónde encontrar néctar. Esta danza entre flora y fauna es una manifestación del *Totlahtul Toihyo*, donde cada parte del ecosistema habla y responde, creando un equilibrio armonioso.

Cuando un volcán entra en erupción, no solo comunica su poder y energía a través de la lava y las cenizas, sino que también envía ondas sísmicas que se pueden sentir a grandes distancias. Estas señales son interpretadas por científicos y animales por igual, demostrando que incluso los eventos geológicos tienen su propio lenguaje.

La conexión entre los humanos y la naturaleza es otro ejemplo profundo de esta comunicación universal. Los antiguos pueblos mexicas comprendían que los elementos naturales no solo eran parte del entorno, sino que también eran maestros y guías espirituales. A través de rituales y ceremonias, se establecía un diálogo con el sol, la luna, las estrellas, y los elementos tierra, agua, aire y fuego. Este diálogo sagrado era una forma de *Totlahtul Toihyo*, un intercambio constante de energía y sabiduría entre el cosmos y la humanidad.

En nuestra vida cotidiana, también podemos encontrar ejemplos de cómo el lenguaje y el aliento se manifiestan. Cuando observamos la caída de las hojas en otoño, podemos ver un mensaje de cambio y renovación. La nieve en invierno nos habla de quietud y preservación. La llegada de la primavera con sus flores nos comunica la esperanza y el renacimiento. Cada estación tiene su propia voz y mensaje, una parte esencial del gran diálogo de *Quetzalcoatl*.

Para entender y vivir plenamente este concepto, necesitamos abrirnos a la idea de que todo lo que nos rodea tiene una historia que contar, una canción que cantar. Al escuchar atentamente, al observar con cuidado, podemos participar en esta conversación eterna, convirtiéndonos en parte activa del flujo de la vida y del universo. Esto nos lleva a una existencia más consciente y conectada, donde cada interacción con nuestro entorno es una oportunidad para aprender y crecer.

Así, *Quetzalcoatl* nos recuerda la importancia de la comunicación en todas sus formas. Nos enseña que cada ser, cada objeto, cada elemento del universo tiene una voz y un mensaje. Nos invita a sintonizarnos con esta vasta red de comunicación, a valorar cada susurro del viento, cada canto del ave, cada murmullo del agua, y a encontrar en ellos las lecciones y la sabiduría que el cosmos tiene para ofrecer. Al hacerlo, nos unimos a la danza eterna de la vida, donde cada palabra y cada aliento son parte del gran poema del universo.

In Ehekatl Tlin Moxinachhuia – El Viento que se Ensemilla.

Ahora, ¿qué pasa cuando *Quetzalcoatl* nos permite compartir la misma palabra en el viento, y la construimos nosotros y la formamos en una idea que genera movimiento, que genera vida? Ahí, hacemos el ejercicio más hermoso de *Quetzalcoatl*, que es sembrar ideas. En otras palabras, nuestro viento, el que se ensemilla. En náhuatl, esto se puede decir como "*Yolnemiliztli*", la vida del corazón.

"Ika tikpewaltiskeh itla, achto moneki sepanian ma tikyokolikan"
(Para comenzar algo, primero se requiere que en unidad lo pensemos)

Podemos explicar esto de la siguiente manera: todo aquello que se puede comunicar, y que tiene la maravillosa virtud de compartir la misma palabra en el viento, también puede sembrar vida en otros. Esto explica por qué cuando nosotros construimos una misma forma de entendimiento, sembramos las ideas en otros, y estas crecen dentro de su ser, llenando su corazón, dándole fuerza y voluntad. Así, las palabras se convierten en semillas que germinan en el *corazón* de quienes las escuchan.

De la misma forma, otras especies lo hacen. Los animales entre sí desarrollan una misma forma de comunicación. Los felinos se comunican con felinos de igual forma, los caninos

198

también, y en el reino botánico, las plantas intercambian señales químicas y físicas. En el mundo acuático, tanto los mamíferos como los peces utilizan diferentes formas de ecolocalización y sonidos para interactuar. Los delfines, por ejemplo, emiten clics y silbidos que funcionan como un lenguaje complejo, permitiéndoles coordinarse en la caza, identificar a miembros específicos de su grupo y expresar emociones.

Así podemos entender que *Quetzalcoatl* no solamente otorgó la capacidad de comunicación a los seres vivos, sino que también les dio la facilidad de poder sembrar ideas y vida en los demás, siempre y cuando hablen la misma palabra en el viento. Este intercambio de ideas y vida es fundamental para el crecimiento y la evolución de cualquier especie. Imaginemos un bosque, donde los árboles y las plantas intercambian nutrientes y señales a través de sus raíces, creando una red subterránea de comunicación. Esta red no solo les permite sobrevivir, sino también prosperar y adaptarse a las condiciones cambiantes de su entorno.

Del mismo modo, los seres humanos, a través de nuestras palabras y acciones, sembramos ideas y valores en los corazones de aquellos que nos rodean. Un maestro que enseña con pasión y dedicación no solo transmite conocimiento, sino que también inspira a sus estudiantes a pensar críticamente, a soñar y a alcanzar sus metas. Una conversación entre amigos puede sembrar la semilla de la empatía, la comprensión y la solidaridad.

En todas estas interacciones, vemos la esencia de *Quetzalcoatl*: el viento que lleva nuestras palabras y pensamientos, sembrando vida y movimiento en cada rincón del universo. Este concepto nos invita a ser conscientes del poder de nuestras palabras y a utilizarlo para sembrar semillas de amor, conocimiento y esperanza en el mundo.

Imaginemos el impacto de nuestras palabras en el ámbito cotidiano. Un padre que lee una historia a su hijo antes de dormir está sembrando sueños y enseñanzas que florecerán en la mente del niño. Un artista que expresa sus pensamientos a través de su obra está plantando semillas de reflexión y emoción en quienes contemplan su arte. Incluso en el ámbito digital, un mensaje de aliento puede transformar el día de alguien al otro lado del mundo, mostrando cómo nuestras palabras trascienden barreras físicas y temporales.

Cada palabra, cada gesto, cada acto de comunicación es una oportunidad para sembrar algo positivo en el universo. Así como los árboles comparten recursos y se apoyan mutuamente a través de sus redes subterráneas, nosotros, como seres humanos, podemos crear una red de apoyo y crecimiento a través de nuestras interacciones. En cada conversación, en cada enseñanza, en cada expresión de arte o cariño, estamos participando en el gran acto de sembrar vida y movimiento, siguiendo el ejemplo de *Quetzalcoatl*.

Este entendimiento nos lleva a una reflexión profunda sobre nuestra responsabilidad en el uso del lenguaje. Las palabras pueden construir o destruir, pueden sanar o herir. Al ser conscientes del poder que llevamos en nuestras voces, podemos elegir sembrar semillas que contribuyan al bienestar y al desarrollo de nuestra comunidad y del mundo en general.

La próxima vez que hablemos, pensemos en *Quetzalcoatl* y en el acto sagrado de sembrar vida a través de nuestras palabras. Cada conversación es una oportunidad para crear un impacto duradero, para inspirar, para enseñar, para consolar. De esta manera, seguimos el camino del viento en movimiento, participando activamente en el gran ciclo de la vida que une a todos los seres del universo.

In Ehekatl Tlin Totech Mocahua
El viento que con nosotros se queda.

Pasamos a la última parte de esta manifestación de *Quetzalcoatl*. Entendemos que todo se comunica y que, nuevamente, reafirmamos, *Quetzalcoatl* no tiene nada que ver con ninguna forma de deidad o dios. De ninguna manera podemos comparar a *Quetzalcoatl* con ninguna otra representación asiática o europea que tenga similares cualidades. Además, *Quetzalcoatl* representa algo más universal en comparación con una simple representación humana o antropomorfa. En esta última parte hablaremos acerca de algo precioso que es el eco del viento. En otras palabras, el viento que se queda con nosotros. En náhuatl, esto se puede traducir como "*In Ehecatl tlin totech mocahua*", el viento que con nosotros se queda.

"Itlahtoltsin nokoltsin nikmokakitia ipan itlanawatiltsin notahtsin"
(Las palabras de mi abuelo las escucho en la voz de mi padre)

Podemos explicar esto de una manera muy sencilla: aquello que en algún momento pronunció un viento o una palabra y sembró una idea en el camino de alguien más, esa idea dejará un eco de la existencia de aquella original palabra dicha. Un ejemplo muy claro: nosotros podemos recordar palabras, frases, enseñanzas directamente de aquellos inmediatos ancestros, es decir, nuestros abuelos. Nuestros abuelos escucharon dichas frases de sus padres y posteriormente las pasaron a nuestros padres, y estos a nosotros. De esa manera, el viento que ya no puede ser pronunciado porque nuestros abuelos ya fallecieron, aún lo sigo yo escuchando vía la siguiente generación.

Hagamos esta reflexión: ¿la naturaleza también hace esto? ¿Los seres vivos también pasan conocimiento antiguo a sus siguientes generaciones? La respuesta es muy evidente. Por supuesto que sí. Hemos visto en muchas ocasiones cómo la madre de un cachorro de jaguar le pasa la enseñanza que le dejó su madre: saber cómo cuidarse, dónde caminar, cómo valerse por sí misma, cómo cazar. Las plantas dejan memoria sobre la tierra; el agua deja memoria sobre las rocas de cuántos años pasó por allí y los sedimentos que construyó. Todo lo que nos rodea deja una memoria, un rastro de que alguna vez pronunció una palabra en el viento.   Justo eso es lo que la lengua náhuatl nos enseña a través de *Quetzalcoatl*: que lo que tú dices se queda por mucho, mucho tiempo, y que nuestro viento se mantiene aquí y alguien lo va a escuchar y alguien lo va a recordar. En cada susurro del viento, en cada brisa que acaricia nuestro rostro, sentimos el eco de aquellos que vinieron antes que nosotros. Las palabras de nuestros ancestros resuenan en el canto de los pájaros, en el murmullo de los ríos, en el susurro de las hojas al viento. Así, *Quetzalcoatl* nos recuerda que el conocimiento, la sabiduría y las enseñanzas no se pierden; se transforman y viven en la memoria del viento, en el eco de la vida misma.

Imaginemos el vasto desierto donde una vez sopló un viento antiguo. Ese viento, cargado de partículas de arena, llevó consigo historias de tiempos remotos, de civilizaciones desaparecidas, de paisajes transformados. Cada grano de arena arrastrado por el viento contiene la esencia de aquello que fue y que sigue siendo en la memoria del desierto. Así, cada ráfaga de viento que sentimos hoy es un recordatorio de que las historias del pasado todavía nos rodean, aunque invisibles, presentes en el eco que se desplaza sobre la tierra.

Consideremos también los bosques, donde los árboles, con sus añosos troncos y raíces profundas, son guardianes de la memoria del viento. Cada anillo de crecimiento en un árbol es un testimonio de las estaciones pasadas, de los vientos que soplaron, de las lluvias que cayeron. Los árboles susurran entre sí a través del viento, compartiendo historias de supervivencia y adaptación. En estos susurros, podemos encontrar las enseñanzas de generaciones pasadas, resguardadas en la memoria de la naturaleza.

Los ríos también son portadores de estas memorias. El agua que fluye lleva consigo las historias de las montañas y los valles por los que ha pasado. Cada curva, cada remolino en el río es una conversación con la tierra, una interacción que deja una huella en el paisaje. El murmullo del agua es el eco de estas historias, una melodía constante que nos recuerda la continuidad de la vida y la permanencia de la memoria en el flujo del tiempo.

En la vida diaria, nuestras palabras y acciones son como el viento que deja una huella en el corazón de aquellos con quienes interactuamos. Cuando compartimos una historia, una enseñanza o un consejo, estamos sembrando semillas en la memoria de quienes nos escuchan. Estas semillas pueden germinar y crecer, llevando nuestras palabras mucho más allá de nuestro tiempo y espacio, perpetuando nuestras ideas y valores a través de las generaciones.

Imaginemos una conversación con un niño, donde le contamos historias de nuestros abuelos y bisabuelos. Estas historias, aunque pasadas de generación en generación, conservan la esencia de quienes las vivieron. El niño, al escuchar estas historias, no solo recibe información; también recibe el eco del amor, la sabiduría y la experiencia de sus antepasados. Así, el viento de nuestras palabras se queda con él, convirtiéndose en parte de su identidad y su comprensión del mundo.

Al reflexionar sobre "*In Ehecatl tlin totech mocahua*", podemos comprender la importancia de ser conscientes de lo que

203

decimos y hacemos. Cada palabra, cada acción tiene el poder de dejar una huella duradera en la memoria colectiva. Así como el viento esculpe paisajes y lleva semillas a tierras distantes, nuestras palabras pueden moldear mentes y corazones, y nuestras acciones pueden inspirar cambios que resuenen a lo largo del tiempo. *Quetzalcoatl* nos invita a considerar el impacto de nuestras palabras y a utilizar nuestro viento, nuestro aliento, para sembrar ideas que nutran y fortalezcan a las futuras generaciones.

Para cerrar el tema de *Quetzalcoatl*, hemos explorado cómo este concepto profundo y universal se manifiesta en cuatro etapas esenciales. Hemos entendido que *Quetzalcoatl* no es una deidad en el sentido tradicional, sino una representación de la comunicación y el movimiento vital que permea el universo.

Primero, vimos cómo *Quetzalcoatl* nos enseña que todo lo que existe puede comunicarse. Desde las olas del mar hasta el murmullo de las hojas en el viento, cada elemento de la naturaleza nos habla en su propio lenguaje. Luego, abordamos cómo esta comunicación se manifiesta en nuestro aliento y nuestras palabras, y cómo nuestra voz y nuestras expresiones son herramientas poderosas para sembrar ideas y vida en los demás.

Continuamos con la idea de que *Quetzalcoatl* nos permite compartir la misma palabra en el viento y, al hacerlo, sembrar vida y movimiento en otros. Esto se refleja en cómo las especies se comunican y transmiten conocimientos de una generación a otra, asegurando la continuidad de la sabiduría y la supervivencia.

Finalmente, exploramos el concepto del eco del viento, donde las palabras y enseñanzas de nuestros antepasados perduran a través del tiempo y el espacio, resonando en las generaciones futuras y en la naturaleza que nos rodea. *Quetzalcoatl*, en su esencia, nos enseña que la comunicación es el vínculo fundamental que une a todos los seres vivos y que el conocimiento y la sabiduría se transmiten y transforman a través del tiempo. Esta visión nos invita a reflexionar sobre nuestra relación con el mundo y con los demás, reconociendo la belleza y la interconexión de todas las cosas.

Ejercicio: Escuchar la voz del viento.

Para integrar esta sabiduría en nuestra vida diaria, propongo un sencillo ejercicio de meditación y conexión con la naturaleza:

1. Encuentra un lugar tranquilo al aire libre, puede ser un parque, un jardín o simplemente un espacio donde puedas sentir la presencia de la naturaleza.
2. Siéntate cómodamente y cierra los ojos. Respira profundamente varias veces, sintiendo cómo el aire llena tus pulmones y luego se libera suavemente.
3. Abre tus sentidos. Escucha los sonidos a tu alrededor: el canto de los pájaros, el susurro del viento, el murmullo del agua. Siente la textura de la tierra o el césped bajo tus manos.
4. Visualiza a *Quetzalcoatl*, la serpiente preciosa, deslizándose suavemente por el aire, conectando cada elemento de la naturaleza con su movimiento. Siente cómo su presencia trae armonía y comunicación entre todo lo que te rodea.
5. Mientras respiras, imagina que tu aliento se convierte en un hilo de conexión con el mundo. Con cada inhalación, absorbes la sabiduría y la energía de la naturaleza. Con cada exhalación, compartes tu propio ser con el entorno.
6. Permanece en esta meditación por unos minutos, permitiendo que el sentido de conexión y comunicación se profundice en tu corazón y tu mente.

Este ejercicio, sencillo pero poderoso, te ayudará a reforzar tu vínculo con la naturaleza y a sentirte parte integral del universo. Practícalo en cualquier momento, en cualquier lugar, y deja que *Quetzalcoatl* te guíe en el camino de la comunicación y la armonía universal.

LA RAZÓN DE SER DE TEZCATLIPOCA
El Propósito de todo.

¿Te has preguntado por qué todo lo que existe a nuestro alrededor está fabricado con el propósito de funcionar de alguna manera? ¿Por qué tienes inteligencia? ¿Por qué los seres vivos se comportan de esta forma? ¿Por qué las plantas parecen comunicarse entre sí? ¿Te has cuestionado si enfrente de ti existe alguna forma de manifestación de inteligencia que no es palpable, pero se puede percibir en el aire? ¿Será acaso que los cuatro elementos primordiales también tienen una manera de pensar, una inteligencia oculta que no podemos ver?

Estas preguntas y más son las que intentaremos responder en esta sección. En primer lugar, nos enfocaremos en *Tezcatlipoca*. Este concepto es profundamente místico en la cultura prehispánica. Si nos enfocamos en la expresión náhuatl, habla del espejo que tiene humo. Proviene de la palabra compuesta "*Tezcatl*," que significa espejo, y "*poca*," que significa humo. *Tezcatlipoca* es, entonces, el humo del espejo.

¿Qué significa el humo de un espejo? Para entender este concepto, debemos retroceder y comprender que todo lo que está frente a nosotros, a nuestro alrededor, funciona como un espejo de luz. Los rayos de *Xiuhtecuhtli* llegan a la superficie de *Tonantzin* y reflejan hacia nosotros la manera en que se presentan. Por eso son espejos. En náhuatl, podemos decir que son espejos de la vida,

"In Tezcame Ipan tonemilis." Todo lo que nos rodea en la existencia se puede definir como un espejo de la vida. Pero existe algo que no refleja, y eso es la inteligencia, la conciencia, el reflejo, o, en otras palabras, el lenguaje secreto y único del corazón oculto.

Cierra los ojos y transpórtate al cuerpo de un guerrero jaguar, un *Ocelotpilli*. Este guerrero jaguar, un día caminando por el denso bosque cercano a *Mexico Tenochtitlan*, se toma un momento de descanso y enciende una fogata para recibir un poco de calor. Respira, revisa su cuerpo para ver si tiene heridas, medita un poco, descansa del combate. En ese momento, inesperadamente, detecta la presencia de un felino de gran tamaño, un jaguar negro, con ojos completamente fijos en el guerrero jaguar. Cruzan miradas a través de la fogata. El jaguar camina lentamente con un paso firme y elegante. No está al acecho, sino estableciendo su territorio. El guerrero jaguar, en lugar de ponerse en defensa, se siente atraído por el misterio y el enigma de por qué este felino se acercó. A través del fuego que ilumina el espacio, bajo la noche estrellada y el misticismo de una neblina que llega, el guerrero y el felino conectan con la mirada. Ambos se preguntan, ¿Quién eres? ¿Qué deseas? ¿Por qué estás aquí?

El guerrero jaguar se cuestiona qué estará pensando el jaguar frente a él, mientras el felino se interroga por qué el guerrero viste las pieles que lo representan. Este vínculo enigmático entre los dos seres vivos se puede respirar en el aire, aunque no se emite ninguna palabra al viento. No hay forma de expresión verbal, solo una conexión mística, inexplicable, pero palpable en el corazón de cada uno de ellos. Eso es *Tezcatlipoca*. Es ver el objetivo, ver lo que está frente a ti, sin saber qué está pensando, sin saber qué desea, pero reconociendo que está ahí por un propósito.

Tezcatlipoca, el espejo que humea, nos invita a ver más allá de las apariencias. Nos pide que consideremos la inteligencia oculta en el aire que respiramos, en los elementos que nos rodean. Nos lleva a reflexionar sobre el propósito inherente en todas las cosas y a buscar la razón detrás de la existencia de cada elemento en el

207

universo. Es un concepto que nos desafía a mirar más allá de lo visible y a encontrar el corazón de todo lo que existe.

Para profundizar más, imaginemos la inteligencia oculta de los elementos primordiales. El agua, por ejemplo, no solo fluye y forma parte del ciclo hidrológico, sino que también tiene la capacidad de recordar las sustancias con las que entra en contacto. La memoria del agua es un fenómeno que algunos científicos han comenzado a estudiar, sugiriendo que el agua tiene la capacidad de retener información a nivel molecular. Esta inteligencia oculta del agua puede verse como una manifestación de *Tezcatlipoca*, el espejo que humea, que nos muestra lo que no podemos ver a simple vista.

El fuego, por otro lado, no solo consume y transforma la materia, sino que también tiene una dinámica propia que puede parecer casi consciente. Las llamas danzan y responden al oxígeno, a los materiales combustibles, y a las condiciones ambientales, creando un espectáculo de movimiento y cambio constante. Esta danza del fuego es otro ejemplo de cómo los elementos primordiales pueden tener una forma de inteligencia que va más allá de nuestra comprensión inmediata.

El viento, con su capacidad de erosionar montañas, de transportar semillas a nuevas tierras, y de moldear el paisaje, también nos muestra una inteligencia en acción. El viento no solo se mueve al azar, sino que sigue patrones climáticos, responde a las diferencias de presión y temperatura, y juega un papel crucial en el equilibrio del ecosistema. Esta inteligencia del viento es una faceta más del espejo humeante de *Tezcatlipoca*.

La tierra, finalmente, no es solo una base inerte para la vida, sino un organismo vivo que respira, que se nutre y que responde a las condiciones a su alrededor. Los microorganismos en el suelo, las raíces de las plantas que se comunican entre sí, y los ciclos de nutrientes son todos ejemplos de la inteligencia de la tierra. La tierra guarda las historias de millones de años, desde la formación de las rocas hasta la descomposición de la materia orgánica, y en cada estrato podemos leer la historia de la vida misma.

Entendiendo lo anterior, procederemos a estudiar a *Tezcatlipoca* a través de cuatro diferentes formas:

- Yowaltecuhtli: Representa la noche y su dominio. Es la fuerza que nos invita a mirar dentro de nosotros mismos, a explorar nuestras sombras y a encontrar la sabiduría oculta en la oscuridad. En la quietud de la noche, cuando el bullicio del día se ha desvanecido, *Yowaltecuhtli* nos guía hacia una introspección profunda, recordándonos que la verdadera sabiduría a menudo se encuentra en nuestros momentos más oscuros.

- Yowalsiwatl: La señora de la noche, la complementaria de *Yowaltecuhtli*. Ella es la protectora de los sueños y las visiones. A través de *Yowalsiwatl*, aprendemos a valorar la importancia del descanso y la regeneración. Es en la noche, bajo su manto protector, que nuestros cuerpos y mentes se recuperan, y donde las visiones y los sueños pueden guiarnos hacia nuevos horizontes.

- Mictlantecuhtli: Como ya hemos discutido, es la representación masculina de la muerte, el guardián del *Mictlan*, el lugar del descanso eterno. *Mictlantecuhtli* nos recuerda que la muerte no es un final, sino una transición. Es el cierre necesario de un ciclo para que otro pueda comenzar. En su rol, *Mictlantecuhtli* nos enseña a aceptar la permanencia de la vida y a encontrar la belleza en el ciclo eterno de nacimiento, vida y muerte.

- Mictecacihuatl: La representación femenina de la muerte, la guardiana de las memorias y los legados de aquellos que han pasado al *Mictlan*. Ella nos enseña que la muerte no es olvido, sino una forma de perpetuación de la memoria. A través de *Mictecacihuatl*, aprendemos a honrar a nuestros antepasados, a mantener viva su memoria y a comprender que su esencia vive en nuestros corazones y en nuestras acciones.

Yowaltecuhtli – El que gobierna donde no hay luz.

Pregúntate, ¿acaso existe algo frente a nosotros, frente a nuestros ojos, que viva y que no tenga un propósito, que exista y que no tenga algo que hacer, que esté frente a nosotros y comparta el espacio y no tenga una función? La respuesta es no. Todo lo que nos rodea, todo lo que comparte nuestro *Tlalticpac*, tiene un propósito y un deseo de ser empleado. El *Mictlampa* explica esto a través de un concepto llamado *Yowaltecuhtli*, que podría traducirse como "aquel que gobierna donde no hay luz de sol" o "donde la ausencia de luz se presenta".

Para comprender mejor el concepto de *Yowaltecuhtli* y su función en el *Mictlampa*, emplearemos una frase en náhuatl: "*Noch Ipan Tlalticpac tlakaka uan moneneke*", cuyo significado es "Todo tiene un propósito y un deseo de ser empleado". Esta frase nos ayuda a entender que, frente a nosotros, todo tiene un propósito. El agua, por ejemplo, tiene el propósito de hidratarnos, de humedecer la tierra, y de generar el ciclo del agua que incluye la evaporación, la formación de nubes y la precipitación. Eso es a nivel macro.

Ahora, llevemos este concepto a un nivel micro. ¿Cuál es el propósito de una sencilla fruta? La fruta tiene el propósito de crecer, de germinar, y una vez que está lista, de proporcionar alimento. ¿Cuál es el propósito de un celular? El propósito es generar comunicación, almacenar información y ser un vínculo entre una comunicación y otra. ¿Cuál es el propósito de un foco? El propósito es iluminar, generar calor y proporcionar electricidad.

Imaginemos ahora la relación entre una semilla y el suelo fértil. La semilla, aparentemente inactiva, tiene el propósito oculto de transformarse en una planta. El suelo, que parece pasivo, tiene el propósito de nutrir la semilla y permitir su crecimiento. Este vínculo es un espejo de la interacción entre el universo y los seres vivos, donde cada elemento tiene un rol específico que contribuye a un propósito mayor. Así como las estrellas, que tienen el propósito de iluminar la vasta oscuridad del cosmos, proporcionando no solo luz sino también orientación y guía para la navegación, tanto en la Tierra como en el mar.

Otro ejemplo puede ser el viento. A primera vista, el viento parece una fuerza sin dirección, pero su propósito es vital: dispersa semillas, regula temperaturas, y limpia el aire de impurezas. Sin el viento, muchas plantas no podrían propagarse y la vida en la Tierra sería muy diferente. El viento es una manifestación de cómo una fuerza natural puede tener múltiples propósitos, cada uno interconectado con el ciclo de vida del planeta.

Consideremos también el fuego. A simple vista, el fuego parece ser solo una fuerza destructiva, pero su propósito va más allá. El fuego es un agente de renovación en muchos ecosistemas, eliminando la vegetación muerta y permitiendo que nuevas plantas crezcan. En las manos del ser humano, el fuego ha sido una herramienta crucial para el avance de la civilización, proporcionando calor, luz y un medio para cocinar alimentos, lo que ha sido esencial para nuestra evolución.

Además, podemos reflexionar sobre la tierra misma. La tierra, en su aparente quietud, es el fundamento de toda vida terrestre. Su propósito es múltiple: albergar semillas, nutrir plantas, soportar construcciones, y ser el hogar de innumerables organismos. La tierra es un testimonio viviente de la interconexión y el propósito inherente en cada elemento del universo.

Así, entendemos que todo lo que nos rodea tiene un propósito de existir y este propósito es algo místico. Aunque algo emane una comunicación, como ya lo explicamos en *Quetzalcoatl*, el propósito de su existencia proviene desde su función más sencilla: la razón de estar. *Yowaltecuhtli* lo explica perfectamente, porque las cosas que existen, incluso cuando no reciben la luz del sol, no dejan de emanar su propósito.

Ahora, reflexionemos sobre cómo *Yowaltecuhtli* se manifiesta en nuestras vidas diarias. Durante la noche, cuando la luz del sol se retira, *Yowaltecuhtli* toma el control, recordándonos que incluso en la oscuridad, todo tiene un propósito. La noche nos invita a la introspección, a explorar nuestras propias sombras y a encontrar el propósito oculto en nuestras vidas. En la quietud de la noche, cuando el bullicio del día se ha desvanecido, *Yowaltecuhtli* nos guía hacia una introspección profunda, recordándonos que la verdadera sabiduría a menudo se encuentra en nuestros momentos más oscuros.

Te motivo entonces, querido alumno, a reflexionar lo siguiente: ¿De qué forma *Yowaltecuhtli* te visita cada noche? ¿Qué te hace reflexionar? ¿De qué manera *Yowaltecuhtli* te enseña tu propósito en este *Tlalticpac*? ¿Cómo te ayuda la oscuridad a encontrar la luz dentro de ti mismo? ¿Qué enseñanzas te ofrece la quietud de la noche que no puedes encontrar en la luz del día?

Yowaltecuhtli nos invita a encontrar nuestro propósito en cada momento de nuestra vida, a entender que cada elemento, cada ser, cada instante tiene un propósito que contribuye al todo. Nos enseña a valorar y a respetar la interconexión de todas las cosas y a buscar siempre el propósito más profundo en cada aspecto de nuestra existencia.

Yowalsiwatl – La que gobierna donde no hay Luz.

La segunda etapa para comprender a *Tezcatlipoca* viene de la mano de la pareja dual de *Yowaltecuhtli*, que se llama *Yowalsiwatl*, traducida como "la que gobierna donde no hay luz" o "donde existe ausencia de iluminación." Aquí, *Yowalsiwatl* se desdobla, se desvincula de sí misma, se sacrifica ante nosotros para que entendamos que todo lo que se encuentra y se manifiesta frente a nuestros ojos se hace uno y se complementa. Esto significa que todo lo que existe requiere de algo más para alcanzar su propósito completo.

Por ejemplo, si tomamos la idea del agua, el agua por sí sola necesita forzosamente de alguien que la consuma, de alguien que la utilice para hidratarse o para otros fines. Otro ejemplo básico sería el de un bolígrafo. El bolígrafo, por sí mismo, necesita de alguien que lo use para escribir, para plasmar letras y para generar ideas. *Yowalsiwatl*, a través de la lengua náhuatl, se manifiesta en palabras como "*Noche tlin monanmiktia mosetilia mohuikaltia*" que podrían dar significado a "Todo lo que se encuentra se hace uno, se complementa".

Consideremos el viento y el árbol como otro ejemplo. El viento, sin árboles, pierde su danza y su susurro entre las hojas, y los árboles, sin el viento, pierden el impulso vital que ayuda a dispersar sus semillas y a fortalecer sus ramas. De manera similar, la luna y el océano se complementan en un eterno baile de mareas, donde la atracción gravitacional de la luna da vida a las olas y

213

corrientes, recordándonos que cada elemento del universo necesita de otro para expresar su máxima esencia.

En este sentido, *Yowalsiwatl* nos enseña que todo en el universo tiene un complemento que lo hace completo, que lo ayuda a cumplir su propósito. Este concepto nos invita a reflexionar sobre cómo nuestras propias vidas están interconectadas con todo lo que nos rodea. Nos recuerda que nuestro ser y nuestro propósito se encuentran y se potencian a través de nuestras relaciones, de nuestras conexiones con los demás y con el entorno. Cada ser, cada elemento, encuentra su verdadera razón de ser en su capacidad de complementar y ser complementado, creando una red de interdependencias que dan sentido y vida al cosmos.

Imaginemos un día soleado en el que caminamos por un parque lleno de vida. Observamos cómo los pájaros vuelan de un árbol a otro, llevando semillas y polen, facilitando la polinización y el crecimiento de nuevas plantas. Vemos cómo las abejas zumban alrededor de las flores, recolectando néctar y al mismo tiempo polinizándolas. Este es un ejemplo claro de cómo *Yowalsiwatl* se manifiesta en la naturaleza. Las abejas necesitan las flores para obtener alimento, y las flores necesitan las abejas para reproducirse. Este intercambio mutuo y complementario asegura la continuidad de ambos.

Consideremos también la relación entre el sol y la sombra. Sin la luz del sol, no existiría la sombra, y sin los objetos que interceptan la luz, no se formarían sombras. Este juego de luces y sombras nos recuerda que ambos son necesarios para crear la realidad que percibimos. La sombra, que representa la ausencia de luz, nos invita a reflexionar sobre los aspectos ocultos y profundos de nuestra existencia, aquellos que solo se revelan cuando la luz se retira.

En la dualidad de *Yowaltecuhtli* y *Yowalsiwatl*, aprendemos que nada existe en aislamiento, que cada cosa encuentra su propósito y su plenitud en la relación y el intercambio con otras.

Esta comprensión nos invita a buscar siempre la unión y la armonía en nuestras interacciones, reconociendo que, al igual que el agua y el sediento, el bolígrafo y el escritor, el viento y el árbol, cada uno de nosotros es parte de un todo mayor, interconectado y vibrante.

Ahora, reflexionemos sobre cómo este concepto se manifiesta en nuestras vidas cotidianas. Piensa en las personas que te rodean, en tus amigos, familiares y colegas. Cada uno de ellos aporta algo único a tu vida, complementándote y ayudándote a ser quién eres. De la misma manera, tú también complementas y enriqueces las vidas de los demás. Esta red de interacciones y conexiones es lo que nos permite crecer y evolucionar como individuos y como comunidad.

Similar al ejercicio de *Yowaltecuhtli*, ahora confía en las enseñanzas de *Yowalsiwatl*. ¿De qué forma el complemento de *Yowalsiwatl* se manifiesta en tu vida? ¿Qué mensaje te trae cuando ya no hay luz de sol? ¿Qué enseñanza te deja al pensar en tu complemento de vida? ¿Cómo puedes aplicar este entendimiento para fortalecer tus relaciones y encontrar un mayor propósito en tus acciones diarias?

Al reflexionar sobre *Yowalsiwatl*, nos damos cuenta de que cada aspecto de nuestra vida, incluso aquellos que parecen aislados o independientes, están profundamente entrelazados con todo lo que nos rodea. Esta comprensión nos invita a vivir con mayor conciencia y gratitud, reconociendo el papel crucial que cada ser, cada elemento y cada experiencia juegan en la realización de nuestro propósito.

Te motivo, querido alumno, a que tomes un momento cada día para contemplar las conexiones en tu vida. Observa cómo cada interacción, cada conversación y cada experiencia contribuye a tu crecimiento y a tu comprensión del mundo. Al hacerlo, honras la esencia de *Yowalsiwatl* y te alineas con la sabiduría ancestral que nos enseña a ver más allá de lo evidente, a buscar la unidad en la diversidad y a encontrar el propósito en cada rincón del universo.

Mictlantecuhtli – El que gobierna el lugar de los senderos

El concepto de *Mictlantecuhtli*, conocido erróneamente como el Dios de la Muerte, ha sido estigmatizado y malinterpretado debido a la perspectiva eurocéntrica y religiosa que llegó con los ibéricos. En realidad, *Mictlantecuhtli* no es una deidad en el sentido europeo, sino una fuerza natural dentro de la cosmogonía mexica. Esta fuerza se describe como "aquel que gobierna el lugar de los senderos," y nos enseña una lección más profunda y universal sobre la existencia y la transición.

Mictlantecuhtli nos explica que todo lo que existe y se queda con nosotros eventualmente pierde su rostro y trasciende. En náhuatl, esto se expresa como: "*Noche tlin totech mokahua ixtlamihmihtok uan tlami*" que significa "todo lo que se queda con nosotros pierde su rostro." Para comprender este concepto, consideremos cómo el sol, *Tonatiuh*, se oculta en el horizonte al atardecer. A medida que el sol desaparece, las cosas a nuestro alrededor pierden visibilidad y se vuelven difíciles de reconocer.

216

Esto es un símbolo de cómo todo lo que vive, eventualmente, pierde su forma y su identidad visible.

Cuando un ser vivo deja de moverse y cierra los ojos para siempre, deja de ver los rostros de quienes lo rodean. Este acto de cerrar los ojos y perder la capacidad de ver es una metáfora de la transición de la vida a la muerte. Al igual que el sol se oculta y deja de iluminar la tierra, todos los seres vivos eventualmente llegarán a un punto en el que perderán la capacidad de interactuar con el mundo visible. *Mictlantecuhtli*, por tanto, no es un dios que juzga, sino una representación de la inevitable transición de la existencia.

Un ejemplo metafórico sería considerar una flor en un jardín. Cuando florece, muestra su rostro al sol y al mundo, pero con el tiempo, sus pétalos se marchitan y caen, perdiendo su forma y desapareciendo de la vista. Sin embargo, las semillas que deja atrás continúan el ciclo de la vida, mostrando que, aunque su forma visible se pierde, su esencia perdura en otra manifestación.

Otro ejemplo es el agua en un río. Mientras fluye, refleja la luz y muestra su rostro en movimiento. Pero cuando se evapora o se absorbe en la tierra, desaparece de nuestra vista, aunque sigue existiendo en otra forma, integrándose en el ciclo del agua que es vital para la vida.

Para expandir esta idea, podemos imaginar el ciclo de vida de un árbol en un bosque. Un árbol comienza su vida como una pequeña semilla, invisible y oculta en el suelo. Con el tiempo, la semilla germina, crece y se convierte en un árbol robusto y majestuoso que proporciona sombra, oxígeno y refugio para innumerables criaturas. Sin embargo, con el paso de los años, el árbol envejece y eventualmente cae, perdiendo su forma y presencia visible. Pero incluso en su caída, el árbol continúa su ciclo de vida al descomponerse y enriquecer el suelo con nutrientes, permitiendo que nuevas plantas y árboles crezcan en su lugar. De este modo, la esencia del árbol perdura en la tierra, perpetuando el ciclo de vida y muerte que caracteriza la naturaleza.

Asimismo, podemos considerar la metamorfosis de una mariposa. La mariposa comienza su vida como una oruga que, tras un periodo de crecimiento, se envuelve en un capullo. Dentro del capullo, la oruga experimenta una transformación profunda, perdiendo su forma original para emerger como una mariposa. Esta metamorfosis simboliza la idea de que la muerte no es un final absoluto, sino una transición hacia una nueva forma de existencia. La mariposa, al desplegar sus alas y volar, lleva consigo la esencia de su vida anterior, transformada y renovada.

La filosofía detrás de *Mictlantecuhtli* nos invita a ver la muerte no como una entidad temible y final, sino como una fase necesaria del ciclo eterno de la vida. Nos enseña que la transición es inevitable y que, en lugar de temerla, deberíamos abrazarla como parte de nuestra existencia. Este entendimiento puede proporcionar consuelo y sabiduría, ayudándonos a enfrentar la pérdida y el cambio con una perspectiva más amplia y compasiva.

Además, la idea de perder el rostro y trascender puede aplicarse a nuestras experiencias personales y emocionales. Pensemos en las etapas de la vida: la infancia, la adolescencia, la adultez y la vejez. Cada etapa implica una transformación y una pérdida de la identidad anterior para dar paso a una nueva. Un niño deja atrás la inocencia de la niñez para convertirse en un adulto con responsabilidades y conocimientos. Un adulto, a su vez, debe adaptarse a los cambios de la vejez, aceptando la pérdida de juventud y fuerza física, pero ganando sabiduría y perspectiva.

En nuestras relaciones, también experimentamos este ciclo. Las amistades y los amores pueden cambiar y evolucionar con el tiempo. Algunas relaciones pueden terminar, pero las experiencias y enseñanzas que obtenemos de ellas permanecen con nosotros, formando parte de nuestra esencia. Este proceso de transformación y crecimiento es una manifestación de *Mictlantecuhtli* en nuestras vidas cotidianas.

La transición de vida a muerte y la pérdida del rostro también pueden verse en la evolución cultural y social. Las sociedades cambian, adoptan nuevas costumbres y dejan atrás antiguas tradiciones. Sin embargo, los valores fundamentales y las lecciones aprendidas de las generaciones pasadas continúan influyendo en la cultura actual. La cultura es un organismo vivo que evoluciona y se adapta, perdiendo algunas de sus formas visibles, pero reteniendo su esencia a través del tiempo.

En la naturaleza, la simbiosis entre especies también refleja esta idea. Los hongos micorrícicos, por ejemplo, forman asociaciones simbióticas con las raíces de las plantas. Los hongos ayudan a las plantas a absorber nutrientes del suelo, mientras que las plantas proporcionan carbohidratos a los hongos. Esta relación simbiótica es esencial para la salud del ecosistema. Cuando una planta muere, los hongos continúan vivos en el suelo, contribuyendo a la fertilidad y apoyando el crecimiento de nuevas plantas. Este ciclo de vida y muerte, interdependencia y renovación, es un reflejo de *Mictlantecuhtli* en el mundo natural.

Por último, podemos considerar la perspectiva científica de la materia y la energía. La primera ley de la termodinámica nos dice que la energía no se crea ni se destruye, sino que se transforma de una forma a otra. Cuando un ser vivo muere, su energía no desaparece; se convierte en otra forma, contribuyendo al equilibrio energético del universo. Este principio científico se alinea con la cosmovisión de *Mictlantecuhtli*, donde la muerte no es un fin, sino una transformación de la energía y la esencia en el gran ciclo de la existencia.

Mictlantecuhtli, por tanto, nos ofrece una visión holística y compasiva de la muerte y la transformación. Nos enseña que la pérdida del rostro es una parte natural del ciclo de la vida, una transición necesaria que forma parte del propósito más amplio del universo. Al entender y aceptar esta perspectiva, podemos encontrar una mayor paz y sabiduría en nuestras propias vidas, reconociendo que somos parte de un ciclo eterno de creación, transformación y renovación.

Mictecacihuatl – La que gobierna el lugar de los senderos

Acompáñame y reflexiona lo siguiente. ¿Por qué nosotros somos capaces de recordar algo cuando ya no está presente frente a nuestros ojos? En otras palabras, ¿por qué somos capaces de volver a ver el rostro o escuchar el viento de aquello que ya nunca más podrá ser visto con nuestros ojos o escuchado con nuestros oídos? A eso nosotros le llamamos la memoria del corazón o el eco de su existencia. Y aquí es donde aparece la figura y el concepto de la dualidad complementaria de *Mictlantecuhtli*, que en este caso se llama *Mictecacihuatl*, y la podemos definir como "la que gobierna el lugar de los senderos."

Mictecacihuatl, a través de la palabra náhuatl, nos dice lo siguiente: *"Noche tlin tlameh tichcahuilihtechua ica tinenehmiske",* esto significaría: "Todo lo que trasciende nos pasa a dejar lo necesario para continuar nuestro andar." Y esta es una belleza de frase, porque significaría que todo lo que nos antecede, lo que existió antes de nosotros, y *Mictlantecuhtli* llegó y le quitó su rostro ante el sol, no significa que haya desaparecido para siempre. Significaría que dejó lo necesario en este mundo, dejó lo esencial

220

en esta existencia, dejó su esencia en el *Tlalticpac* para que nosotros podamos continuar nuestro andar.

Haz esta reflexión conmigo: ¿qué te dejó a ti tu abuelo? ¿Qué te dejó a ti tu compañero de vida, ya sea un perro, un gato o algún animal exótico que ya no esté contigo? ¿Qué te dejó a ti un proyecto que ya no puedes volver a retomar? O vayamos más profundo, ¿qué nos dejó a nosotros la historia de la tierra en general? ¿Cómo es que llegamos nosotros a estar dónde estamos? Eso es la viva esencia de *Mictecacihuatl*, que podríamos resumir en la frase que es el resguardo del corazón de todo lo que existió.

Por ejemplo, el eco de un árbol que ha sido talado puede perdurar en los anillos de su tronco, contando su historia, años de sequía, años de abundancia. Otro ejemplo puede ser el río que ha cambiado su curso, pero deja detrás su memoria en la erosión de las rocas, en los valles que alguna vez fluyeron con su agua.

Es por eso que nosotros en la celebración que hoy en día conocemos como Día de Muertos, pero antiguamente se llamaba *Mikailhuitl*, colocamos elementos que nos hagan recordar a aquellos seres que consideramos cercanos a nuestra existencia o a nuestro corazón. Por esa razón, colocamos cosas que nos recuerden cómo eran, cómo pensaban, qué es lo que hacían. Y eso es una belleza única de nuestra cultura y es un resguardo bello de la protección y la representación internacional que tiene nuestro bello país.

Para expandir esta idea, pensemos en la tradición de los altares de Día de Muertos. Cada objeto colocado en el altar tiene un significado profundo y personal. Las fotografías de los difuntos nos permiten ver sus rostros una vez más y recordar los momentos compartidos. Las comidas y bebidas favoritas que se colocan en el altar evocan el sabor y el aroma que disfrutaban, trayendo su presencia de vuelta a la vida a través de nuestros sentidos. Las flores de *cempoaxochitl*, con su color vibrante y su fragancia distintiva, crean un camino que guía a los *Tonalli* de regreso a nosotros, simbolizando el puente entre el mundo de los vivos y el mundo de los muertos.

Consideremos también el papel de las calaveritas de azúcar en esta celebración. Estas pequeñas figuras, decoradas con colores brillantes y a menudo con los nombres de los difuntos escritos en la frente, son una manera de honrar y recordar a aquellos que ya no están. Al mismo tiempo, nos recuerdan la inevitabilidad de la muerte y nos invitan a vivir plenamente, apreciando cada momento y cada relación.

La memoria del corazón no se limita a las personas. Los objetos y lugares también llevan consigo esta esencia de lo que alguna vez fue. Un antiguo libro, por ejemplo, puede contener las huellas de quienes lo leyeron, sus pensamientos y reflexiones anotadas en los márgenes, permitiendo que sus voces se escuchen a través del tiempo. Una casa familiar, con sus paredes llenas de recuerdos, es testigo silencioso de generaciones que vivieron y amaron en su interior, cada rincón resonando con las risas y lágrimas de antaño.

En la naturaleza, esta memoria del corazón se manifiesta en los ecosistemas. Un bosque antiguo, con sus árboles centenarios, guarda las historias de las criaturas que vivieron y murieron bajo su dosel. Los anillos de crecimiento en los troncos de los árboles registran los años de abundancia y de escasez, narrando una historia de resiliencia y adaptación. Un lago que se ha secado puede dejar un lecho de sedimentos que cuenta la historia de su vida pasada, revelando a través de fósiles y minerales los cambios climáticos y geológicos que ha presenciado.

La memoria del corazón también puede verse en las costumbres y tradiciones transmitidas de generación en generación. Las canciones, danzas y rituales que aprendemos de nuestros ancestros son portadoras de su sabiduría y experiencias, y al practicarlas, mantenemos viva su esencia. Cada vez que cantamos una canción tradicional o participamos en una danza ancestral, estamos conectándonos con aquellos que nos precedieron, honrando su legado y permitiendo que su *ihyo* continúe vivo en nosotros.

En el ámbito personal, esta memoria del corazón nos ayuda a mantener la conexión con nuestros seres queridos que ya no están. Las cartas, fotografías y objetos personales que guardamos de ellos se convierten en tesoros que nos permiten revivir momentos compartidos y sentir su presencia una vez más. Incluso los olores y sabores pueden evocar recuerdos poderosos, transportándonos instantáneamente a momentos específicos del pasado y permitiéndonos sentir la calidez de aquellos tiempos.

La dualidad complementaria de *Mictlantecuhtli* y *Mictecacihuatl* nos enseña que la muerte no es un final absoluto, sino una transición hacia otra forma de existencia. Nos recuerda que, aunque los rostros de nuestros seres queridos ya no estén físicamente presentes, su esencia perdura en la memoria del corazón. Esta comprensión nos permite enfrentar la pérdida con una perspectiva de continuidad y renovación, sabiendo que llevamos con nosotros las huellas de aquellos que amamos y que sus enseñanzas y amor siguen guiando nuestro camino.

Al reflexionar sobre estas ideas, podemos encontrar consuelo y fortaleza en la conexión eterna con nuestros ancestros y seres queridos. La memoria del corazón nos invita a vivir con gratitud y consciencia, apreciando cada momento y cada relación como parte de un ciclo continuo de vida, muerte y renacimiento. Nos enseña a honrar el pasado, vivir plenamente el presente y mirar hacia el futuro con esperanza y propósito, sabiendo que somos parte de una red interminable de existencia que trasciende el tiempo y el espacio.

Así, al celebrar tradiciones como el Día de Muertos, no solo recordamos a nuestros difuntos, sino que también afirmamos nuestra propia conexión con la historia y el universo. Cada ofrenda, cada oración y cada recuerdo compartido es un acto de amor y reconocimiento, un testimonio de que, aunque los rostros físicos puedan desvanecerse, la esencia de quienes somos y de quienes amamos permanece viva en nuestros corazones.

Al explorar los cuatro aspectos de *Tezcatlipoca*, nos adentramos en una comprensión más profunda del *Mictlampa*, el lugar donde abunda el descanso y la reflexión. Cada aspecto nos ofrece una perspectiva única y complementaria sobre la existencia y el propósito de todo lo que nos rodea.

Yowaltecuhtli aquel que gobierna donde no hay luz," nos enseña que todo lo que existe tiene un propósito. Desde el agua que hidrata hasta el bolígrafo que escribe, cada elemento de la naturaleza y cada creación humana tiene una razón de ser. Incluso en la oscuridad, el propósito de las cosas permanece inalterado, esperando ser descubierto y comprendido.

Yowalsiwatl, "la que gobierna donde no hay luz," nos revela la importancia de la complementariedad. Todo lo que existe se complementa con algo más, creando una red interconectada de significados y funciones. Así como el agua necesita ser bebida para cumplir su propósito, cada ser y cada objeto encuentra su plenitud en su interacción con otros.

Mictlantecuhtli, "aquel que gobierna el lugar de los senderos," nos recuerda que todo lo que existe eventualmente pierde su rostro y trasciende. Este no es un final, sino una transformación. Las cosas que dejamos atrás, aunque no puedan ser vistas, siguen existiendo en la memoria y en la influencia que dejaron en el mundo.

Mictecacihuatl, "la que gobierna el lugar de los senderos," nos enseña que lo que trasciende nos deja lo necesario para continuar. La memoria de nuestros ancestros, las enseñanzas de quienes ya no están, y los legados de todas las formas de vida que han existido, nos proporcionan las herramientas y el conocimiento para seguir adelante.

Todo tiene un propósito, todo se complementa, todo trasciende, y todo deja un legado. Esta visión nos conecta con una cosmovisión profunda que va más allá de la vida y la muerte, integrando todas las formas de existencia en una red infinita de significados y propósitos. Te propongo el siguiente **Ejercicio de Meditación** para Conectar con *Tezcatlipoca*:

1. Encuentra un lugar tranquilo: Busca un espacio donde puedas sentarte cómodamente sin interrupciones. Puede ser al aire libre, en un parque, o en una habitación tranquila de tu hogar.

2. Cierra los ojos y respira profundamente: Toma varias respiraciones profundas, inhalando por la nariz y exhalando por la boca. Siente cómo tu cuerpo se relaja con cada exhalación.

3. Visualiza el *Mictlampa*: Imagina un vasto paisaje nocturno, iluminado solo por la luz de la luna y las estrellas. Siente la quietud y la paz que trae la ausencia de la luz del sol.

4. Reflexiona sobre *Yowaltecuhtli* y *Yowalsihuatl*: Piensa en algo en tu vida que tiene un propósito claro. Luego, reflexiona sobre cómo este propósito se complementa con otras cosas o personas a tu alrededor.

5. Medita sobre *Mictlantecuhtli* y *Mictecacihuatl*: Recuerda a alguien o algo que ha pasado de tu vida, pero que ha dejado una influencia duradera en ti. Siente gratitud por el legado y las enseñanzas que has recibido.

6. Siente la conexión: Permítete sentir la profunda interconexión de todo lo que existe. Reconoce cómo cada elemento, cada ser y cada experiencia contribuye a la vastedad del universo.

7. Agradece y regresa: Termina tu meditación con una sensación de gratitud por el entendimiento y la conexión que has experimentado. Abre los ojos lentamente y vuelve a tu entorno, llevando contigo la sabiduría y la paz del *Mictlampa*.

XIPETOTEC
El Reconocimiento y Estudio de Nuestro Camino.

¿Alguna vez te has detenido a reflexionar sobre cómo los seres vivos aprendemos a interactuar con el mundo que nos rodea? Este apartado nos invita a embarcarnos en un viaje introspectivo y expansivo, donde desglosaremos el proceso de aprendizaje y comprensión de nuestra existencia. Este viaje se divide en cuatro etapas fundamentales, cada una crucial para nuestra comprensión del universo y nuestra conexión con él.

Tómate un momento para salir y observar lo que ocurre frente a ti, la vida pasando. Esto mismo sucedió hace muchos años, cuando un joven mexica despertó en su pequeña casa en *Tenochtitlan*, salió por la puerta y fue recibido por el fresco aroma de los canales, una mezcla de agua dulce y tierra fértil. Observó la vida a su alrededor, sintió la brisa acariciar su rostro y el sol bañar la ciudad con su luz dorada. Vio a la gente pasar, a los mexicas caminar entre calzadas y canales, trabajando en las chinampas. El aire estaba lleno de sonidos: el murmullo de las conversaciones, el canto de las aves, el chisporroteo de los fuegos encendidos para cocinar.

El joven notó un pequeño panal en la esquina de su hogar. Las abejas zumbaban de un lado a otro, el olor dulce de la miel flotaba

226

en el aire. Vio cómo las abejas realizaban sus tareas, dividían trabajos y asignaban responsabilidades. Se dio cuenta de que la labor de las abejas se parecía mucho al funcionamiento de *Tenochtitlan*. Caminó por las calzadas hermosas y blancas, saludando a sus compañeros, y percibió el olor fresco de las plantas y el barro. Vio cómo crecían los maíces, sus tallos altos y verdes, y se detuvo para observar los peces y ajolotes en los canales. Las aguas eran claras y reflejaban el cielo azul, creando un espejo natural donde los peces nadaban con gracia, moviendo el agua con suaves ondulaciones.

El joven notó cómo los peces y *axolotl* interactuaban, formando una comunidad ordenada y simbiótica. Levantó la mirada y vio las aves, observando cómo se organizaban en el aire. Las aves volaban en formación, cada una con su rol: quien guiaba, quien observaba, quien cuidaba la retaguardia y quien vigilaba la presencia de depredadores. El joven mexica reflexionó y comprendió que, al igual que la naturaleza se estudia a sí misma y encuentra su lugar, él también estaba conectado a ese orden. Entendió que su vida, frente a sus ojos, estaba perfectamente estructurada en cuatro sencillas partes: el estudio de su entorno, el estudio de su sentir, el estudio de la cuantificación y el estudio de su existencia. La naturaleza, en su complejidad, reflejaba la organización de la vida humana, enseñándole que todo ser vivo tiene su lugar y función en el vasto tejido del universo. El movimiento de *Tenochtitlan*, con sus sonidos, aromas y colores, le mostró que la vida es un continuo aprendizaje y adaptación, donde cada elemento tiene su propósito y razón de ser.

De la misma forma en como el joven mexica comprendió su entorno, en este apartado, a través del prisma de *Xipetotec*, aprenderemos que el conocimiento no es solo una acumulación de datos, sino una integración armoniosa de experiencias, emociones y conexiones.

El propósito de este viaje es que cada lector se reconozca como parte integral del universo, que sienta el latido de la vida en su ser y que encuentre en la simplicidad de la existencia, la belleza y el misterio del cosmos. Así, invitamos a cada uno a embarcarse en este camino de autoconocimiento y conexión, a aprender de la naturaleza y de sí mismos, y a reconocer la profunda interrelación que nos une a todo lo que existe.

En primer lugar, exploraremos el reconocimiento de nuestro entorno. Aprendemos a responder preguntas esenciales como: ¿dónde vivimos? ¿Qué elementos conforman mi ecosistema? Este reconocimiento es vital, pues es a través de él que entendemos los componentes que nos rodean y que influyen en nuestra vida diaria. Imaginemos un joven jaguar recorriendo su territorio, identificando cada árbol, cada río, cada rastro de otros animales. De la misma manera, nosotros debemos identificar y comprender nuestro propio hábitat, desde las montañas majestuosas hasta los ríos que serpentean a través de los valles.

La segunda parte de este viaje nos lleva a cómo sentimos y nos relacionamos con nuestro entorno y los demás seres vivo. Aquí, el foco está en la empatía y la percepción sensorial. Sentimos la brisa que nos acaricia, escuchamos el canto de los pájaros al amanecer y percibimos la energía de quienes nos rodean. En náhuatl, podríamos llamar a esto "*tequihua*", la capacidad de sentir lo que otros seres sienten, de compartir emociones y experiencias. Es como un árbol cuyas raíces se entrelazan con las de otros árboles, compartiendo nutrientes y sosteniéndose mutuamente en una danza silenciosa de cooperación y entendimiento.

La tercera etapa nos invita a reconocer cuántos somos y cómo nos organizamos. No somos solo individuos aislados, sino parte de una matemática universal que nos agrupa en unidades mayores. Esto incluye desde nuestra familia y comunidad inmediata hasta la especie y más allá, en la red interconectada de la vida. Imaginemos un enjambre de abejas trabajando en perfecta armonía, cada una con su rol específico, contribuyendo al bienestar del conjunto. Este reconocimiento nos ayuda a vernos no solo como individuos, sino como partes esenciales de un todo mayor.

Finalmente, la cuarta etapa se enfoca en reconocer nuestra propia existencia, posicionándonos en el tiempo y el espacio. Nos preguntamos: ¿de dónde venimos? ¿Hacia dónde vamos? Esta introspección nos lleva a conectar con nuestra herencia, nuestras raíces, y a proyectarnos hacia el futuro. Es un acto de comunión con nuestra Madre Tierra, *Tonantzin Tlalli Coatlicue*, y con el cosmos que nos envuelve. Visualicemos una antigua ceiba, cuyas raíces se hunden profundamente en la tierra mientras sus ramas se extienden hacia el cielo, simbolizando la conexión entre nuestro pasado, presente y futuro.

Consecuentemente, estudiaremos a *Xipetotec* a través de cuatro formas de relación:

- Tlamatiliztle: El Estudio de Nuestra Tierra.
- Yolmatiliztle: El Estudio del Corazón.
- Tlapowaliztle: El Computo de Todo.
- Kwache nepakopa in tlamanik: El Estudio de lo que no está establecido.

Tlamatiliztle – El estudio de la Tierra.

Nuestra tierra, nuestro hogar, *Tonantzin Tlalli Coatlicue*, la que tiene faldas de serpiente, es nuestra madre. Así lo describe la lengua náhuatl al referirse a nuestro entorno. Empecemos desde ese primer paso: es nuestra madre, y, por lo tanto, todos somos hijos e hijas de ella, no solo los seres humanos, sino también todos los corazones en movimiento. La lengua náhuatl para definir un ser vivo utiliza la combinación de palabras corazón con el sustantivo ser o entidad, formando la palabra *Yoltlakatl*. Esta palabra nos habla de los corazones que viven o los corazones que se mueven, y es aquí donde *Xipetotec* nos abraza y nos enseña la primera de sus cuatro cualidades: el estudio y el conocimiento con el que alcanzamos a saber todo lo que está en esta tierra. La lengua náhuatl lo expresa de la siguiente forma: "*Tlamatiliztle ika ticahcikamati noche tlintakaka*".

Reflexiona conmigo: ¿qué es lo que alcanzamos a saber en nuestra tierra? ¿Realmente conocemos todo lo que existe? ¿Somos capaces de almacenar todo ese conocimiento en nuestra mente y transmitirlo a nuestro corazón para que dé guía a nuestro camino? ¿O en realidad cada uno de nosotros traza un largo camino que inicia desde el primer momento que llegamos aquí, desde el primer rayo de sol que nos recibe hasta el último destello de luz que separa nuestro calor de nuestro cuerpo y regresamos a *Mictlan*?

Cada camino traza una línea de conocimiento, pero algo que nos llama la atención es que en nuestro camino vamos aprendiendo de diferente forma lo que es existir en nuestra tierra, lo que es estar aquí y la relación que tenemos con todo lo que nos rodea. Aprendemos de qué forma los seres vivos del agua viven, de qué forma los seres vivos del aire viven, de qué forma los seres vivos terrestres lo hacen y, de igual forma, los elementos y minerales que comparten el mismo espacio con nosotros.

¿Cómo es que ellos mismos estudian? ¿Cómo es que se forman bancos de peces o se forman grupos de aves? O incluso entre nosotros, ¿cómo es que trabajadores con específicas funciones colaboran de manera más efectiva? Eso es lo que la lengua náhuatl define muy bien y lo que *Xipetotec* nos quiere enseñar, que cada trazo de vida, cada línea de vida cumple con la función de aprender lo que le corresponde de esta tierra.

Imaginemos al joven mexica observando el vasto lago de *Texcoco*, viendo cómo los ajolotes se mueven en armonía, cada uno con su propio propósito, pero todos contribuyendo a la vida del lago. Pensemos en las abejas, cada una con su tarea específica, trabajando en conjunto para mantener la colmena. De la misma manera, nosotros debemos aprender de nuestra tierra, entender nuestro entorno y reconocer nuestro lugar en el gran tejido de la vida. Cada ser, cada entidad, desde la más pequeña hierba hasta el majestuoso águila, tiene una lección que enseñarnos sobre la vida en esta tierra. *Xipetotec* nos invita a abrir nuestros corazones y nuestras mentes, a estudiar y conocer, a vivir en armonía con el entorno y a comprender profundamente el propósito de nuestra existencia en *Tonantzin Tlalli Coatlicue*.

Pensemos también en la noble tortuga que, con su paso lento pero firme, sigue su camino hacia el mar, recordándonos la importancia de la perseverancia y el conocimiento del camino que recorremos. Observemos el viento, que acaricia las hojas de los árboles y lleva consigo los mensajes del cielo a la tierra, enseñándonos la conexión entre todos los elementos de la naturaleza. Así como la tortuga sigue su sendero y el viento susurra entre las ramas, nosotros debemos caminar con propósito y sabiduría, reconociendo y aprendiendo de cada ser, de cada planta, de cada roca y de cada estrella. *Xipetotec* nos muestra que el conocimiento de nuestra tierra y de todos sus habitantes es un viaje continuo de aprendizaje y descubrimiento, una danza eterna en la que todos participamos, desde el más diminuto insecto hasta el más grandioso de los astros.

En esta tierra, nuestra madre, todos somos estudiantes y maestros a la vez, aprendiendo y enseñando, observando y siendo observados. En cada paso, en cada mirada, en cada aliento, descubrimos la belleza de nuestra existencia y el profundo vínculo que nos une con todo lo que nos rodea. Cada ser viviente, desde el más pequeño insecto hasta el más grande de los árboles, tiene algo que enseñarnos sobre la vida, sobre la perseverancia, sobre el ciclo de nacimiento, vida y muerte.

Observemos a las hormigas, laboriosas y organizadas, trabajando juntas para construir sus hogares, recolectar alimento y proteger a su colonia. Cada movimiento de las hormigas nos habla de la cooperación, del trabajo en equipo, de la importancia de cada individuo en el éxito de la comunidad. Así también, nosotros debemos aprender a colaborar, a trabajar en armonía con aquellos que nos rodean, a valorar el esfuerzo colectivo por encima del individual.

Miremos a los árboles, con sus raíces profundas que buscan agua y nutrientes en la tierra, y sus ramas que se extienden hacia el cielo en busca de luz. Los árboles nos enseñan sobre la conexión entre lo terrenal y lo celestial, sobre la importancia de tener raíces firmes y a la vez aspirar a lo más alto. Nos muestran cómo, al igual que ellos, necesitamos nutrirnos de nuestras raíces culturales y espirituales mientras buscamos crecer y expandirnos hacia nuevas alturas.

Consideremos el ciclo del agua, que se eleva como vapor, se condensa en nubes y cae de nuevo como lluvia, nutriendo la tierra y completando el ciclo una y otra vez. Este ciclo nos enseña sobre la renovación, sobre cómo cada final es también un nuevo comienzo, sobre la continuidad de la vida y la importancia de cada etapa en el ciclo.

Y así, *Xipetotec* nos guía a través de estas enseñanzas, nos muestra que cada ser, cada elemento, cada fenómeno natural tiene un propósito, una lección que impartir. Nos invita a observar, a aprender, a vivir en armonía con nuestro entorno, reconociendo que somos parte de un todo mayor, un todo que está en constante movimiento, en constante cambio, en constante aprendizaje.

Finalmente, recordemos que nuestra madre tierra, *Tonantzin Tlalli Coatlicue*, nos ofrece un vasto campo de estudio, una inmensa biblioteca viviente donde cada ser es un libro abierto, listo para compartir su sabiduría con nosotros. Debemos ser estudiantes atentos, observadores cuidadosos, dispuestos a aprender y a aplicar ese conocimiento en nuestra vida diaria. Así, honramos a *Xipetotec* y a nuestra madre tierra, viviendo en armonía, en conocimiento y en respeto con todo lo que nos rodea.

Yolmatiliztle – El Estudio del Corazón.

¿Has prestado atención a cómo la lengua náhuatl asocia muchas cosas con el corazón o con el efecto que el corazón tiene sobre la mayoría de los seres vivos? Pareciera que la lengua náhuatl vincula el sentir con una fuerza invisible que provoca que aquellos capaces de moverse en esta vida encuentren un vínculo entre la forma en que interpretan su mundo y cómo lo relacionan directamente con su interior. La lengua náhuatl tiene múltiples maneras de hablar sobre la profundidad de la conciencia, pero en lugar de utilizar palabras como reflexionar, hacer conciencia o pensar, prefiere expresiones como conversar con el corazón, escuchar tu corazón, o cuando no estás conectado con tu reflexión o has perdido tu rumbo, la lengua náhuatl lo describe como *"ocholo iyollotl"*, que en castellano diría "su corazón huyó". ¡Qué hermosa manera de poder relacionar el sentimiento y la emoción con un órgano tan vital en los seres vivos y que además compartimos con todos!

Es aquí donde Xipetotec nos enseña su maravillosa forma de conectar con el sentimiento de todos, y la lengua náhuatl lo expresa de la siguiente manera: *"Tlamatiliztle itech tlin tichyolana tlin tichyolcuitia"*, que se traduce como "el conocimiento de lo que nos jala y arrebata el corazón". Aquí, *Xipetotec* nos dice que una vez que iniciamos nuestro camino por la vida, comenzamos a conocer las cosas que nos corresponden en ese trazo que está frente a nosotros, y también evaluamos qué nos arrebata el corazón, qué nos gusta, qué nos disgusta, y dónde está aquello hacia lo que nuestra mirada simplemente se dirige, pero con lo que nuestro corazón está aún más conectado. Esta manera tan bonita que tiene *Xipetotec* de decirnos que los seres vivos sentimos es mucho más profunda que cómo la lengua castellana define el concepto de amor.

Cuando en la lengua castellana se dice "amar algo", es tan corto, tan sencillo, tan simple. Pero cuando la lengua náhuatl dice "hablar con mi corazón", "poner mi corazón en algo", "no permitir que mi corazón huya", es considerablemente más poético. Otro ejemplo es decir *"itlahtul noyollo"*, que significa "su palabra de mi corazón", indicando que la lengua náhuatl es siempre relacional; es decir, todo le pertenece a algo, y en este caso, el viento emitido le pertenece a mi sentir. *Xipetotec* nos dice que cuando sentimos el corazón en nuestro andar, ahí conectamos realmente con el rumbo *Cihuatlampa*, con la parte femenina de nuestro ser.

Reflexiona conmigo: ¿alguna vez has sentido cómo el viento acaricia tu rostro y parece susurrarte secretos del universo? Esa sensación, ese susurro, es el viento hablando a tu corazón. La naturaleza está llena de estos mensajes, esperando ser escuchados. Imagina una mariposa posándose delicadamente sobre una flor. Para la mariposa, esa flor es su mundo en ese instante; es su alimento, su refugio; para la flor, la mariposa es su aliada, su polinizadora. Este delicado baile es un intercambio de sentimientos, de necesidades y de vidas conectadas por hilos invisibles que forman un tapiz de emociones y propósitos compartidos.

Pensemos también en el momento en que observas una puesta de sol. El cielo se tiñe de colores cálidos, y en ese momento sientes una conexión profunda con el todo. No es solo la belleza visual lo que te conmueve, sino el entendimiento de que eres parte de algo más grande, algo eterno. Ese sentimiento de pertenencia y asombro es *Xipetotec* hablándote a través de la naturaleza, recordándote que tu corazón es un puente hacia el universo.

Ahora, imagina el abrazo de un ser querido. No es solo el acto físico lo que te consuela, sino la energía y el amor que fluye entre los corazones. En ese abrazo, las barreras desaparecen y los corazones se comunican en un lenguaje antiguo y profundo. Este es el conocimiento del corazón que *Xipetotec* nos invita a descubrir y a valorar en cada interacción, en cada mirada, en cada gesto.

La Tierra, *Tonantzin*, nos enseña que la vida misma es una danza de sentimientos y emociones, una conversación constante entre nuestro corazón y todo lo que nos rodea. Y es a través de este entendimiento profundo que podemos apreciar verdaderamente la belleza de nuestras conexiones, el valor de nuestras emociones y la importancia de escuchar a nuestro corazón en cada paso de nuestro camino.

Imaginemos a un campesino que, al amanecer, siente el suelo bajo sus pies mientras camina hacia su campo. Cada paso que da, siente la conexión con la tierra, percibe el latido de su corazón resonando con el pulso del suelo. Al sembrar las semillas, no solo planta alimento para el futuro, sino que también deposita partes de su propio corazón en la tierra, esperando que estas crezcan y prosperen. Cada planta que florece es una manifestación del amor y el esfuerzo del campesino, un reflejo de su conexión con *Tonantzin*.

Consideremos también a un pescador que, al navegar en su pequeño bote, siente cómo el agua le habla en susurros y ondas. Al lanzar sus redes, siente la esperanza y la anticipación en su corazón, esperando que el lago le ofrezca su generosidad. Cada pez que captura es una respuesta a su llamado, una conversación silenciosa entre su corazón y la esencia del agua.

Observemos a los niños jugando en un bosque, sintiendo la brisa fresca en sus rostros, escuchando el canto de los pájaros y el susurro de las hojas. Sus risas y juegos son una celebración de la vida, una expresión pura y sincera del corazón. Los niños, sin saberlo, se comunican de corazón a corazón con todo lo que les rodea, absorbiendo las enseñanzas de la naturaleza, de *Tonantzin*, y aprendiendo a vivir en armonía con el mundo.

Y así, cada ser viviente, cada entidad en este vasto mundo, tiene su propia manera de escuchar y hablar con el corazón. Desde el más pequeño insecto hasta el más grande de los árboles, todos somos parte de un gran diálogo universal, una conversación eterna que trasciende el tiempo y el espacio. *Xipetotec* nos enseña que este diálogo es la esencia de la vida, la razón por la cual existimos y nos conectamos con todo lo que nos rodea.

En cada mirada, en cada susurro del viento, en cada latido de nuestro corazón, encontramos las enseñanzas de *Xipetotec*. Aprendemos a valorar la belleza de nuestras emociones, a respetar las conexiones que compartimos con los demás seres vivos y a vivir en armonía con nuestra madre tierra. Así, descubrimos el verdadero significado de la vida, el propósito de nuestra existencia, y la importancia de escuchar siempre a nuestro corazón.

La próxima vez que sientas el viento en tu rostro, que escuches el murmullo de un río o que veas una flor abrirse al sol, recuerda las enseñanzas de *Xipetotec*. Permite que tu corazón se abra a las maravillas del mundo, que se llene de la sabiduría y el amor que nos rodean. Vive cada momento con la certeza de que estás conectado a un todo mayor, y que tu corazón es un reflejo de la grandeza del universo.

Tlapowaliztle – El Estudio de Contar.

Es perfectamente conocido y aceptado que la ciencia que gobierna la mayor parte del universo es la ciencia más exacta, la matemática. Pero pocas veces nos hemos preguntado de qué forma esta ciencia se presenta ante nosotros sin antes conocerla, es decir, sin antes ponerle la palabra matemática y comenzar a estudiarla. ¿De qué forma se manifiesta de carácter simple ante nuestros ojos?

Imagina que tomas un momento para salir y observar cómo un grupo de patos está disfrutando de un día en el lago. De repente, llega un nuevo integrante, pero es distinto. Es un pato, pero de diferente especie. En ese momento te das cuenta de que este nuevo pato, al intentar integrarse al grupo original, no lo consigue, ya que el grupo inicial se hace a un lado y el nuevo integrante no puede sumarse al grupo, a pesar de ser de la misma especie. Ambos disfrutan de la belleza del lago, pero se mantienen separados. Esto sucede porque la naturaleza misma es capaz de diferenciar de forma inmediata dos grupos: grupo A y grupo B. Además, enseña a cada integrante cuál es la unidad básica de ese grupo, es decir, cuántos somos de la misma forma y cuántos son de la otra forma.

La lengua náhuatl define esta capacidad no solamente en términos de matemáticas, sino de una manera más profunda y holística como *Tlapowaliztli*, el cómputo y la forma de contar del todo. Aquí, la matemática no es solo una ciencia reservada para la humanidad o para aquellos que se sienten altamente inteligentes. Al contrario, el acto simple y esencial de contar y diferenciar está al alcance de cualquier ser vivo desde el primer momento de su existencia. Desde el primer latido del corazón, en el primer caminar de la vida, los seres vivos aprenden a reconocer y contar las cosas que los rodean.

Tomemos el ejemplo de un ser humano. Desde temprana edad, una persona puede reconocer que tiene dos manos, cada una distinta a la otra, dos pies, también diferentes entre sí, y dos ojos, cada uno con su propia perspectiva. Esta es la magia de la simetría y la forma de contar el mundo, una habilidad que no llega en forma de complejos logaritmos, sino a través de una sencilla percepción de lo que es igual y lo que es diferente. Un grupo y otro grupo. Yo tengo esto, tú tienes aquello. Y conforme avanzamos en la vida, esta habilidad se refina y ampliamos nuestra capacidad de asociar y diferenciar más grupos y elementos a nuestro alrededor.

En la naturaleza, este principio es evidente. Los bancos de peces se organizan en patrones numéricos, las flores se agrupan en cantidades específicas y simétricas, y los planetas orbitan en trayectorias que siguen las leyes matemáticas universales. Incluso en los átomos, la disposición de los electrones sigue reglas precisas de números y simetría. Todo en el universo parece obedecer a una lógica de orden y conteo que podemos reconocer y aprender.

Un ejemplo de esto se encuentra en las flores de girasol, cuya disposición de semillas sigue la secuencia de Fibonacci, un patrón matemático que también se observa en conchas de caracol y en las galaxias espirales. Esta simetría no solo es estéticamente placentera, sino que también tiene un propósito funcional, optimizando el espacio y la eficiencia de crecimiento.

Otro ejemplo es el vuelo de las aves migratorias, que forman formaciones en V para reducir la resistencia del aire y conservar energía. Este comportamiento, aunque instintivo, sigue principios matemáticos de aerodinámica que les permiten viajar largas distancias con menor esfuerzo. La matemática, en este caso, no es solo una abstracción, sino una herramienta práctica que la naturaleza utiliza para sobrevivir y prosperar.

Esta capacidad de diferenciar, contar y organizar no solo nos ayuda a comprender nuestro entorno, sino también a interactuar de manera más armoniosa con él. Nos permite reconocer patrones, establecer relaciones y construir un conocimiento más profundo de la realidad que nos rodea. Por eso, la lengua náhuatl y la sabiduría de *Xipetotec* nos enseñan que el estudio y la práctica de la matemática no son solo una herramienta intelectual, sino una forma de entender y vivir en armonía con el universo y todo lo que en él habita.

Consideremos también el ciclo de las estaciones. La precisión con la que la Tierra órbita alrededor del Sol sigue una matemática perfecta, marcando el tiempo con los solsticios y equinoccios. Esta regularidad permite a las plantas y animales adaptar sus ciclos de vida, floreciendo y reproduciéndose en sincronía con las estaciones. Los humanos, al observar estos patrones, hemos desarrollado calendarios y métodos agrícolas que aseguran nuestra supervivencia y prosperidad.

La matemática se manifiesta incluso en nuestros cuerpos. El ritmo cardíaco, la estructura del ADN, la proporción áurea en nuestras caras y extremidades, todo sigue un orden matemático que asegura nuestro funcionamiento óptimo. Cada célula de nuestro cuerpo se divide siguiendo un código genético preciso, demostrando que la matemática no solo es una herramienta externa, sino una esencia interna de la vida misma.

En este sentido, *Tlapowaliztli* no es simplemente una forma de contar números, sino una forma de conectarnos con el universo, de entender nuestra posición en el gran esquema de la existencia.

240

Nos enseña a ver la belleza y la armonía en la estructura de las cosas, a apreciar la simetría y el equilibrio que subyace en todo lo que existe.

Imagina ahora a un niño mexica aprendiendo a contar, no con números abstractos, sino con elementos de la naturaleza: contando los pétalos de una flor, las plumas en la cola de un *quetzal*, las estrellas en el cielo nocturno. Este aprendizaje es más que una simple lección de aritmética; es una conexión profunda con el entorno, una comprensión de que la matemática es una lengua universal que nos une a todos los seres vivos y al cosmos entero.

Así, al estudiar y practicar la matemática, no solo cultivamos nuestra mente, sino también nuestro corazón. Aprendemos a vivir en sintonía con los ritmos del universo, a reconocer nuestra interdependencia con todo lo que nos rodea. La matemática, entonces, se convierte en una meditación, una forma de ver y ser en el mundo que nos lleva a una mayor comprensión y apreciación de la vida.

En cada uno de nosotros reside la capacidad de contar, de reconocer patrones y de encontrar orden en el aparente caos. Esta habilidad innata es un regalo que nos conecta con la esencia misma del universo, una herramienta poderosa que nos guía en nuestro camino de aprendizaje y descubrimiento. Y así, cada vez que miramos el mundo con ojos matemáticos, vemos reflejada en él la sabiduría de *Xipetotec* y la belleza del *Tlapowaliztli*, recordándonos que somos parte de un todo armonioso y perfecto.

Tlamachtilistle Tlin Kwache Nepakopa in Tlamanik
El Estudio de lo Metafísico

Mexica, acompáñame a caminar por un sendero que parece no tener fin. A tu derecha, se eleva majestuosa una montaña, y a tu izquierda, se extiende una vasta llanura. El camino soporta tus pasos, y el eco de tus pisadas se mezcla con los susurros del atardecer. Puedes percibir tu respiración, y el ambiente a tu alrededor pinta un cuadro de absoluta soledad, a la vez que te sientes en compañía de todo tu entorno.

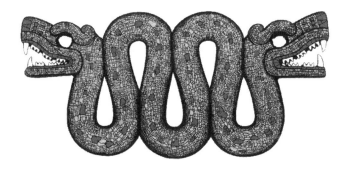

En ese momento, haces una pausa, asientas tus pies firmemente en el suelo y levantas la mirada hacia la enorme jícara celeste. Te haces una pregunta profunda: ¿Cuál es la razón de que yo exista? ¿Por qué estoy vivo? ¿Por qué las cosas a mi alrededor viven y cómo interactúan conmigo? Esas preguntas no solo resuenan en tu corazón, sino en cada fibra de tu ser.

Tus pies dejan de avanzar y sientes que el entorno mismo se hace la misma pregunta. Observas la montaña y entiendes que ella también ha reflexionado sobre su propósito. Miras la extensa llanura a tu izquierda y te preguntas si el viento, que acaricia suavemente la tierra, conoce la razón de su existencia. *Xipetotec* nos lleva de la mano para comprender este profundo concepto, conocido en la lengua náhuatl como *Tlamachtilistle tlin kwache nepakopa in tlamanik*, el estudio de lo que está más allá de lo establecido, el estudio de todo lo que vive, se comprende y está en nosotros.

Mientras continúas tu camino, percibes cómo el bosque a tu alrededor vibra con vida. Los árboles, con sus raíces profundas, parecen susurrar secretos antiguos. Cada hoja que cae, cada rama que cruje bajo tus pies te recuerda que todo en la naturaleza tiene un propósito. Los árboles no solo existen para crecer y dar frutos; también proporcionan sombra, refugio y alimento a innumerables criaturas. El ciclo de la vida en el bosque es un ejemplo perfecto de cómo cada elemento encuentra su razón de ser en la interacción con los demás.

Siguiendo el sendero, llegas a un río cristalino que serpentea a través del paisaje. El agua, con su constante fluir, te enseña que el propósito puede ser tan simple y vital como mantener la vida misma. El río nutre a las plantas en sus orillas, sacia la sed de los animales y, en su viaje hacia el océano, recoge y transporta nutrientes esenciales. Cada gota de agua cumple una función crucial en el ecosistema, recordándonos que hasta los elementos más pequeños tienen un papel que desempeñar.

Xipetotec no nos dice que estamos solos; nos enseña que, a nuestra izquierda y a nuestra derecha, en algún momento de su existencia, todos los seres vivos, desde los microorganismos más diminutos hasta los grandes titanes mamíferos, se preguntan cuál es su razón de estar vivos. Esta forma de pensamiento no es exclusiva de los seres humanos. Es un error pensar que somos los únicos en que nos cruza esa idea; en realidad, todos los corazones en movimiento se lo preguntan.

Imagina, por ejemplo, a una mariposa que ha emergido de su crisálida. En sus primeros momentos de libertad, se pregunta cuál es su propósito en el vasto jardín. Observa las flores a su alrededor,

243

percibiendo sus colores y fragancias. Al posarse en una flor, la mariposa cumple su papel como polinizadora, transportando polen de una flor a otra y contribuyendo al ciclo de vida del jardín. Este acto, aparentemente simple, es vital para la supervivencia de muchas plantas y, en última instancia, para la biodiversidad del ecosistema.

Xipetotec nos dice que debemos estar en conjunto, asociarnos y conversar el uno con el otro para entender nuestro propósito aquí, nuestra razón de ser. Así como el río encuentra su camino hacia el océano y las estrellas encuentran su lugar en el firmamento, también nosotros debemos encontrar nuestro propósito a través de la conexión con el entorno y con los demás seres vivos. Observa cómo las hormigas trabajan juntas para construir sus hogares, cómo las aves migran en formaciones perfectas, cómo los lobos cazan en manada, cada uno desempeñando un papel crucial para el éxito del grupo.

Este concepto se aplica también a la manera en que los humanos colaboramos. Piensa en una comunidad donde cada persona tiene un rol específico: los agricultores cultivan alimentos, los artesanos crean herramientas, los maestros educan a los jóvenes. Cada individuo, al desempeñar su función, contribuye al bienestar y la prosperidad de toda la comunidad. Este sistema interdependiente asegura que cada necesidad sea satisfecha y que cada talento sea aprovechado, creando una red de apoyo mutuo y crecimiento colectivo.

La enseñanza de *Xipetotec* nos muestra que, al igual que cada estrella en el cielo tiene su lugar y cada árbol en el bosque tiene su función, nosotros también debemos encontrar nuestro lugar y propósito en este vasto universo. Solo a través de la introspección y la comunión con la naturaleza y nuestros semejantes podremos comprender plenamente el significado de nuestra vida y el rol que estamos destinados a desempeñar.

Xipetotec nos invita a explorar nuestras pasiones y talentos, a descubrir aquello que nos hace sentir vivos y conectados con el mundo. Reflexiona sobre tus propias habilidades y cómo pueden ser utilizadas para contribuir al bienestar de tu comunidad. Quizás encuentres satisfacción en la enseñanza, en el arte, en la ciencia o en el cuidado de otros. Al identificar y cultivar estos dones, no solo encuentras tu propósito personal, sino que también enriqueces la vida de quienes te rodean.

La naturaleza es nuestra mayor maestra en esta búsqueda de propósito. Al observar la armonía y la interconexión de todos los seres vivos, aprendemos a vernos como parte de un todo mayor. Entendemos que cada acción, por pequeña que sea, tiene un impacto en el equilibrio del universo. *Xipetotec* nos enseña que el propósito no es algo que se nos da, sino algo que descubrimos y creamos a través de nuestras interacciones y experiencias.

En este viaje de autodescubrimiento, es esencial mantener una mente abierta y un corazón receptivo. Escucha las señales que te envía el mundo, presta atención a las oportunidades que se presentan y sigue el llamado de tu corazón. Al hacerlo, te alineas con la esencia de *Xipetotec* y encuentras tu lugar en el gran tejido de la vida.

En última instancia, la enseñanza de *Xipetotec* es un recordatorio de que la búsqueda de propósito es un viaje continuo. Cada día nos ofrece nuevas lecciones y oportunidades para crecer y evolucionar. Al vivir con intención y conciencia, nos acercamos cada vez más a comprender nuestro verdadero propósito y a cumplir nuestro papel en el maravilloso tapiz del universo.

Así, Mexica, mientras continúas caminando por ese sendero interminable, recuerda que tu propósito es tan vasto y profundo como el mismo universo. Cada paso que das, cada pregunta que te haces, te acerca más a la verdad de tu existencia. Y en esa búsqueda, encontrarás no solo tu propósito, sino también la belleza y la maravilla de estar vivo en este mundo interconectado y vibrante.

Resumiendo, hemos recorrido un viaje profundo y revelador a través de las enseñanzas de *Xipetotec*, desentrañando los secretos de nuestro entorno, nuestro sentir, la cuantificación de nuestro ser y el propósito de nuestra existencia. Cada uno de estos aspectos nos ha guiado a una comprensión más rica y completa de cómo los seres vivos aprendemos y nos relacionamos con el cosmos y con la tierra, nuestra madre *Tonantzin Tlalli Coatlicue*.

Primero, exploramos la importancia de reconocer y estudiar nuestro entorno. Entendimos que todo lo que nos rodea tiene un propósito y que es fundamental conocer nuestro ecosistema para comprender cómo interactuar con él de manera armoniosa. Este conocimiento se extiende no sólo a los seres humanos, sino también a todas las formas de vida que comparten este planeta con nosotros, desde los microorganismos hasta los grandes mamíferos. La enseñanza de *Xipetotec* aquí es clara: debemos aprender de nuestra madre tierra, observar sus ciclos, sus patrones y sus formas de vida para poder vivir en equilibrio con ella.

Segundo, nos sumergimos en el estudio del sentir, descubriendo cómo nuestro, *yollotl*, corazón nos guía en la interpretación y conexión con el mundo. La lengua náhuatl, con su hermosa lírica, nos mostró que el corazón no sólo es un órgano vital, sino también el centro de nuestra conciencia y nuestra emoción. Aprender a escuchar nuestro corazón y reconocer lo que nos arrebata el *ihyo* es esencial para vivir una vida plena y conectada con nuestra esencia y con los demás seres vivos.

Tercero, abordamos la cuantificación de nuestro ser, reconociendo la importancia de la matemática universal en la vida cotidiana. Desde los grupos de animales hasta la simetría de nuestro propio cuerpo, la matemática se manifiesta en todas partes, enseñándonos que todo en la naturaleza está interconectado y estructurado de manera ordenada. Esta comprensión nos ayuda a ver el mundo con ojos nuevos, apreciando la belleza y la precisión de la naturaleza en cada uno de sus detalles.

Finalmente, exploramos el propósito de nuestra existencia, preguntándonos por qué estamos aquí y cuál es nuestro papel en este vasto universo. *Xipetotec* nos enseñó que todos los seres vivos, en algún momento de su existencia, se hacen esta pregunta y que la respuesta se encuentra en la unión y la comunión con los demás y con la naturaleza. Sólo a través de la reflexión compartida y la colaboración podemos comprender plenamente el significado de nuestra vida y encontrar nuestro lugar en el cosmos.

Para cerrar este capítulo y poner en práctica las enseñanzas de *Xipetotec*, te propongo un **Ejercicio en comunidad** llamado "El Sendero del Corazón" que nos ayudará a reconectar con nuestro entorno, nuestro sentir, nuestra comunidad y nuestro propósito.

1. Reunión y Presentación:
- Invita a un grupo de amigos, familiares o miembros de tu comunidad a reunirse en un lugar natural, como un parque, un bosque o cerca de un río.
- Cada participante debe presentarse y compartir brevemente algo sobre sí mismo, algo que le apasione o le preocupe.

2. Caminata de Observación:
- Realicen una caminata juntos, observando atentamente el entorno. Invita a todos a tomar nota mental o escrita de lo que ven, oyen y sienten.
- Fomenta la curiosidad y la conversación sobre las diferentes formas de vida que encuentran, desde las plantas y los animales hasta los elementos naturales como el agua y las rocas.

3. Meditación del Corazón:
- Encuentren un lugar tranquilo para sentarse en círculo.
- Guía a los participantes en una meditación centrada en el corazón. Invítalos a cerrar los ojos, respirar profundamente y sentir los latidos de su corazón.
- Pídeles que piensen en algo o alguien que les arrebate el corazón, algo que los haga sentir profundamente conectados y vivos.

247

4. Diálogo y Reflexión:
- Abre un espacio para que cada persona comparta sus experiencias y reflexiones sobre la caminata y la meditación.
- Discute cómo estas experiencias les han ayudado a comprender mejor su entorno, sus emociones y su propósito.

5. Creación Colectiva:
- Invita a todos a trabajar juntos en un proyecto comunitario, como plantar un jardín, crear un mural o limpiar un área natural.
- Este acto de colaboración simboliza la unión y el propósito compartido, poniendo en práctica las enseñanzas de *Xipetotec* sobre la conexión y el trabajo en comunidad.

6. Cierre y Agradecimiento:
- Termina la jornada con un círculo de agradecimiento, donde cada persona puede expresar su gratitud por la experiencia y por los demás participantes.
- Anima a todos a llevar lo aprendido en sus corazones y a continuar practicando la conexión con su entorno, su sentir y su comunidad en su vida diaria.

Este ejercicio no sólo refuerza las enseñanzas de *Xipetotec*, sino que también nos ayuda a vivir de manera más consciente y conectada con el universo y con los seres vivos que comparten nuestro camino.

HUITZILOPOCHTLI
La Fuerza del Todo

En nuestra vasta y rica cosmogonía mexica, *Huitzilopochtli* emerge como una figura poderosa y enigmática, pero es esencial comenzar con una aclaración fundamental: *Huitzilopochtli* no es un dios. A lo largo de los siglos, diferentes versiones de su etimología han intentado capturar su esencia y significado. Algunas narraciones lo presentan como un gran guerrero, zurdo, que peleaba con la agilidad y rapidez de un colibrí. Tras su muerte, los guerreros mexicas lo elevaron a la categoría de un ejemplo supremo de valentía y destreza. Esta interpretación, que lo asocia con la guerra y el heroísmo, resuena profundamente en el corazón de la cultura mexica.

Otra versión etimológica sugiere que *Huitzilopochtli* significa "colibrí zurdo". Sin embargo, esta interpretación es menos creíble y poco acreditada, ya que es prácticamente imposible determinar si un colibrí es zurdo o derecho a simple vista. Por lo tanto, dejaremos esta versión a un lado y nos enfocaremos en una interpretación más universal y simbólica.

La versión que adoptaremos hace referencia a dos componentes: "*Huitzil*" que significa espina, y "*Opochtli*" que se traduce como izquierda. No nos referimos aquí al ave, sino a su pico, que es comparado con una espina. Esta interpretación nos permite entender a *Huitzilopochtli* no solo como una entidad ligada a la guerra, sino también como una representación del sol. En muchas grafías mexicas, el sol es dibujado como un círculo con extensiones espinadas de maguey, vistas desde arriba. Estas espinas simbolizan los rayos del sol, moviéndose hacia la izquierda, reflejando el tránsito del sol a través del punto sur.

Huitzilopochtli, por lo tanto, no es simplemente un guerrero o un colibrí. Es una representación de la fuerza y el movimiento del sol, el astro que da vida y calor, y cuya presencia es fundamental para la existencia en la Tierra. Este sol, con sus rayos espinosos, atraviesa el cielo y marca el ritmo de los días, los ciclos agrícolas y las ceremonias más importantes de nuestra cosmogonía. Es una fuerza que no solo ilumina, sino que también guía y dirige, influyendo en todas las formas de vida. Al comprender a *Huitzilopochtli* como la espina del sol, podemos apreciar su significado más profundo y universal. Es la fuerza que impulsa el movimiento y la vitalidad del mundo, una fuerza que todos los seres vivos sienten y responden. Es el recordatorio de que, al igual que el sol, debemos movernos con propósito, avanzar con determinación y enfrentar los desafíos con la certeza de que estamos siguiendo un camino trazado por una energía mucho más grande que nosotros mismos.

Cierra los ojos un momento y permite que el aroma del copal impregne tu corazón. Imagina a una mujer mexica saliendo del *Calmecac*. El aire matutino trae consigo un ligero frescor, mezclado con el olor a tierra húmeda y flores de *cempoaxochitl*. Esta mujer camina por la plaza principal de la *Huey Mexico Tenochtitlan*, sintiendo bajo sus pies las piedras lisas y bien colocadas de la calzada. A su izquierda se alza imponente el *Huey Teocalli* o Templo Mayor, esa enorme y majestuosa construcción que parece tocar el cielo. El sol comienza a elevarse, bañando la plaza con su luz dorada, y el calor suave acaricia su piel.

Ella se detiene justo enfrente del *Huey Teocalli* y reflexiona sobre sus ancestros, sus abuelos, quienes, antes de iniciar cualquier construcción, tuvieron que pensar cuidadosamente dónde colocar esta gran estructura. Consideraron el suelo, pero más importante aún, tuvieron una razón profunda para construirla en ese lugar preciso. El eco de las voces de los mercaderes y los sonidos de la vida diaria llenan el aire: el bullicio del mercado, el canto de los pájaros, el murmullo del agua de los canales cercanos.

Baja la mirada y observa a su alrededor. Ve a muchas personas caminando en diferentes direcciones: algunas van al mercado cargando canastas llenas de productos frescos, otras se dirigen al juego de pelota con rostros de concentración y entusiasmo, y algunos jóvenes corren hacia el *Calmecac*, listos para su siguiente lección con los *Temachtiane* o Maestros. Los colores vibrantes de los atuendos tradicionales se mezclan con el brillo del sol, creando una sinfonía visual de movimiento y vida.

Levanta la mirada hacia la jícara celeste, ese vasto cielo azul que se extiende sobre ellos, y se percata de una gran esfera blanca, la luna que aún se asoma en el horizonte. Luego, voltea a ver nuevamente al *Huey Teocalli* y se da cuenta de algo crucial. Sus antiguos, sus ancestros, entendieron la relación universal entre el sol y la tierra. Inspirados por ese círculo estrellado del cielo, trazaron y alinearon la arquitectura del *Huey Teocalli* con los cambios de temporada marcados por los Solsticios y Equinoccios, indicando temporada de reverdecimiento y temporada de sequía, es náhuatl "*Xopan*" y "*Tonalko*". Ella se dio cuenta de que cada piedra, cada alineación, cada sombra proyectada tenía un propósito, una conexión directa con el cosmos.

Mientras el sol asciende y las sombras se acortan, ella siente una conexión profunda con sus raíces y con la sabiduría de los antiguos. La comprensión de que la fuerza del ser opuesto, simbolizada en *Huitzilopochtli*, es entender y respetar el orden universal, se hace más clara. Este orden no es una imposición, sino una danza armoniosa que cada ser, cada estructura, y cada

251

corazón debe seguir para mantener el equilibrio del cosmos. El olor del copal y el murmullo de la ciudad en movimiento son testigos de esta reflexión, mientras ella, con el corazón lleno de gratitud y reverencia, sigue su camino, sintiendo que forma parte de un gran tejido universal.

Es así, similar a lo que experimento esa joven mexica en aquel entonces, como en este capítulo, exploraremos la forma en que *Huitzilopochtli* encarna esta fuerza del sol, esta espina de energía y dirección que atraviesa nuestras vidas y nuestro mundo. Nos adentraremos en sus manifestaciones, su simbolismo y su impacto en la cosmogonía mexica, buscando entender no solo su figura histórica, sino también su relevancia y resonancia en nuestro propio tiempo.

Para explicar mejor la fuerza de *Tonatiuh*, estudiaremos a *Huitzilopochtli* de la siguiente forma:

- Huehueteotl: El Primer Fuego.
- Pilzintecuhtli: El Fuego Joven.
- Xiuhtecuthli: Los Rayos del Sol.
- Teositlaltzin: La Gran Estrella.

Huehueteotl – El Primer Fuego.

Tonalzin, nuestro calor, nuestra fuente de energía, nuestro sol, el que hace que las cosas se puedan ver, palpar y sentir su temperatura. Pero antes de nuestro calor, existió un calor muy antiguo, mucho más antiguo que nuestra existencia, más antiguo incluso que las primeras llamas de nuestro Padre *Tonatiuh*. Ese fuego, esa primera chispa, esa primera esencia de temperatura de calor que en algún momento se hizo, proviene de un lugar muy lejano, llamado *Omeyocan*. Y esa chispa de calor, esa primera fuente de energía, en náhuatl la podemos definir como Huehueteotl. Aquello permanente que es muy antiguo.

En muchas ocasiones, con mucha tristeza, se ha nombrado a *Huehueteotl* como el Dios del Fuego. Tal vez no esté tan erróneo, pero lo único equivocado es que no es un dios, sino que *Huehueteotl* nos cuenta, nos habla, nos describe que venimos de una fuente de calor, que la existencia tiene un punto de inicio de energía calorífica, muy distante de nosotros, y que seguramente dio origen a la totalidad de las cosas, entre ellas nuestro sistema solar. Por lo tanto, *Huehueteotl* nos enseña que todas las cosas que nos rodean, que todo lo que existe a nuestro alrededor, nace de una chispa de calor. En otras palabras, tiene un inicio, un inicio de un choque de chispas.

253

Por ejemplo, el nacimiento de una persona. Cuando un espermatozoide logra pasar a través de todas las adversidades y llega al óvulo para fecundarlo, en ese microsegundo de instante sucede una pequeña chispa de luz. Esa chispa de luz, esa pequeña partícula de luz que sucede, es *Huehueteotl*. Es la chispa primigenia que genera las cosas de la vida.

Otro ejemplo podría ser el fuego que encendemos para calentarnos en una fría noche. Esa primera chispa que inicia la fogata proviene de la fricción entre dos piedras o de un fósforo encendido. Esa chispa inicial es el *Huehueteotl*, el origen del calor que nos rodea y nos protege.

El universo mismo comenzó con una chispa, un estallido primordial conocido como el Big Bang, una explosión de energía y calor que dio origen a las estrellas, planetas y todo lo que existe. Esa explosión primordial es un reflejo del *Huehueteotl*, la chispa que dio origen a todo lo que conocemos.

Entendemos ahora que es mucho más profundo que tan solo decir "Dios del Fuego". *Huehueteotl*, ocupando la fuerza y la sabiduría de Huehueteotl, nos deja la enseñanza de que no hay nada sin un inicio, no hay nada sin un principio, no hay nada que no tenga una concepción única que parta del fuego.

Consideremos también el ciclo de vida de una planta. Cuando una semilla es plantada en la tierra, necesita la chispa de la energía solar para germinar. Esa primera interacción de la semilla con el calor del sol, que despierta la vida dentro de ella, es un acto de *Huehueteotl*. Sin ese primer calor, la semilla permanecería inerte, sin posibilidad de desarrollarse en una planta robusta y frondosa.

Del mismo modo, pensemos en la creación del arte. Un artista, antes de iniciar su obra, experimenta una chispa de inspiración. Esa primera idea, esa pequeña llama que enciende su creatividad, es el *Huehueteotl* en el ámbito del pensamiento y la emoción humana. Esa chispa inicial se convierte en un torrente de creatividad que da forma a una obra de arte que puede emocionar, inspirar y transformar a quienes la contemplan.

La naturaleza misma se organiza y se estructura a partir de esa chispa inicial. Los patrones de crecimiento de los árboles, la formación de cristales en los minerales, e incluso la estructura de los copos de nieve, todos ellos son testigos de la influencia de Huehueteotl, la chispa primordial que ordena y da sentido a la materia y la energía.

La esencia de *Huehueteotl* también se encuentra en los eventos cotidianos de nuestra vida. El acto de encender una vela para iluminar una habitación oscura es un reflejo de cómo la chispa del fuego transforma nuestro entorno, brindándonos no solo luz, sino también calidez y confort. Es en esos momentos simples y a menudo pasados por alto donde podemos apreciar la profundidad y la omnipresencia de *Huehueteotl* en nuestras vidas.

A través de *Huehueteotl* y la sabiduría de *Huehueteotl*, aprendemos que cada inicio, por pequeño que sea, es crucial. Cada chispa, cada destello de luz, cada comienzo, es una manifestación del calor primordial que da vida y propósito a todo lo que existe. Este entendimiento nos invita a honrar y valorar los inicios, a reconocer la importancia de cada primer paso, de cada acto de creación, y a ver el fuego no solo como una fuerza destructiva, sino como el origen de todo lo que es y será.

Consideremos también el ciclo de vida de una planta. Cuando una semilla es plantada en la tierra, necesita la chispa de la energía solar para germinar. Esa primera interacción de la semilla con el calor del sol, que despierta la vida dentro de ella, es un acto de Huehueteotl. Sin ese primer calor, la semilla permanecería inerte, sin posibilidad de desarrollarse en una planta robusta y frondosa.

Imaginemos ahora el proceso de forja de un metal. Para transformar un trozo de metal en una herramienta útil o una obra de arte, es necesario aplicar calor intenso. La chispa que enciende la fragua y permite moldear el metal es una representación de

Huehueteotl. Sin esa chispa inicial, el metal permanecería en su forma cruda, incapaz de cumplir su propósito potencial. *Huehueteotl*, en este caso, es el agente de cambio y transformación que convierte lo básico en algo valioso y funcional.

La influencia de *Huehueteotl* también se extiende al ámbito de las emociones y las relaciones humanas. Pensemos en el inicio de una amistad o una relación amorosa. Ese primer momento de conexión, la chispa que surge cuando dos personas encuentran un vínculo especial, es una manifestación del calor primordial de *Huehueteotl*. Esta chispa inicial puede crecer y convertirse en una relación profunda y significativa, transformando la vida de ambas personas y enriqueciendo su existencia.

En la ciencia, la idea de la chispa inicial se puede observar en el concepto de la inspiración y el descubrimiento. Muchos avances científicos y tecnológicos comenzaron con una chispa de curiosidad y creatividad. El momento en que un científico o inventor tiene una idea brillante, esa chispa de innovación que lleva al desarrollo de una nueva tecnología o al descubrimiento de una ley natural, es una manifestación de *Huehueteotl* en el ámbito del conocimiento humano. Esa chispa inicial impulsa el progreso y la evolución de la humanidad.

El arte de la cocina también refleja la influencia de *Huehueteotl*. Pensemos en la creación de una nueva receta. El primer momento en que un chef experimenta con ingredientes y técnicas, buscando crear un platillo único y delicioso, es una chispa de creatividad culinaria. La chispa que enciende el fuego en la cocina y transforma los ingredientes crudos en una comida exquisita es una manifestación de *Huehueteotl*. Esta chispa inicial no solo crea una obra de arte culinaria, sino que también nutre y da placer a quienes disfrutan del platillo.

La esencia de *Huehueteotl* también se puede ver en la innovación tecnológica. Consideremos el desarrollo de una nueva tecnología, como la invención de la electricidad o la creación de internet. Estas innovaciones comenzaron con una chispa de inspiración en la mente de un inventor. La chispa inicial de curiosidad y creatividad llevó al desarrollo de tecnologías que han transformado el mundo. *Huehueteotl*, en este contexto, es el fuego que enciende la chispa de la innovación y permite que nuevas ideas y tecnologías cambien la vida de las personas en todo el mundo.

La influencia de *Huehueteotl* también se extiende al ámbito cognitivo y filosófico. Pensemos en el momento de iluminación, cuando una persona experimenta una revelación o un entendimiento profundo de la vida y el universo. Esa chispa de iluminación es una manifestación del calor primordial de *Huehueteotl*. Esta chispa inicial puede transformar la perspectiva de una persona, llevándola a un mayor entendimiento de sí misma y del mundo que la rodea. *Huehueteotl*, en este caso, es el agente de cambio cognitivo que guía a las personas hacia un mayor conocimiento y sabiduría.

Finalmente, reflexionemos sobre el papel de *Huehueteotl* en la naturaleza y el medio ambiente. El ciclo de los incendios forestales, aunque a menudo destructivo, es una parte natural del ecosistema que permite la renovación y el crecimiento. La chispa que inicia un incendio forestal ya sea por causas naturales o humanas, es una manifestación de *Huehueteotl*. Aunque el fuego consume y destruye, también prepara el terreno para el crecimiento de nuevas plantas y la restauración del ecosistema. *Huehueteotl*, en este sentido, es la fuerza de transformación y renovación en la naturaleza.

A través de *Huehueteotl* y la sabiduría de Huehueteotl, aprendemos que cada inicio, por pequeño que sea, es crucial. Cada chispa, cada destello de luz, cada comienzo, es una manifestación del calor primordial que da vida y propósito a todo lo que existe. Este entendimiento nos invita a honrar y valorar los inicios, a reconocer la importancia de cada primer paso, de cada acto de creación, y a ver el fuego no solo como una fuerza destructiva, sino como el origen de todo lo que es y será. Al comprender y apreciar la presencia de *Huehueteotl* en nuestras vidas, podemos encontrar un mayor significado y propósito en nuestros propios inicios y transformaciones, sabiendo que cada chispa tiene el poder de dar origen a algo nuevo y maravilloso.

Pilzintecuhtli – El Fuego Joven

Una vez que ya hemos entendido que absolutamente todo lo que está a nuestro alrededor nació de una chispa que le dio calor, le dio textura, le dio forma, y que esa chispa de calor proviene del fuego más antiguo de la existencia llamado *Huehueteotl*, ahora podemos pensar en cómo es que esa chispa comenzó a avanzar, a dar sus primeros pasos. ¿Y cómo es que damos los primeros pasos? Pues como un joven, como un niño, como un infante. Estos pequeños pasos son de descubrimiento, son sin un rumbo específico, son traviesos. Los primeros pasos que damos se pueden comparar a cuando encendemos por primera vez una llama. Las llamas del fuego crecen y se expanden por la leña, las chispas vuelan en diferentes direcciones, y el fuego parece estar descubriendo su entorno por primera vez.

De igual forma sucede con el crecimiento de una planta. Cuando la planta rompe la semilla y comienza a emerger en el *Tlalticpac*, en esta tierra, las primeras hebras de sus tallos comienzan a explorar su entorno. Reciben el calor del sol, el frío de la noche, las gotas de lluvia, y experimentan el amanecer de sus primeros días. Este inicio lleno de curiosidad y novedad nos recuerda a *Pilzintecuhtli*, el que gobierna lo pequeño, lo joven, y

259

nos enseña algo maravilloso: que todo aquello que inició se comporta en su primera instancia como un niño.

Qué bonito es pensar de esa forma, que nuestra vida, nuestro andar, los seres vivos, todo lo que nos rodea, en un inicio, es muy joven, es muy inocente, no sabe su rumbo y requiere de la experiencia para poder entender cuál es su propósito, qué es lo que quiere hacer. Pero su comportamiento inicial es ingenuo, es inocente, y eso es lo que *Pilzintecuhtli* nos enseña con esto. Todo lo que inicia tiende a comportarse como un niño y merece vivir esa etapa con la ingenuidad de un joven.

Imagina a un cachorro de jaguar dando sus primeros pasos en la selva, tropezando con hojas y ramas, descubriendo el mundo con cada movimiento. Este pequeño felino, aún torpe y curioso, simboliza la fase de *Pilzintecuhtli*. Cada brizna de hierba, cada sonido, cada sombra es una nueva experiencia para él, un paso más en su aprendizaje sobre el mundo que lo rodea. A medida que crece, el cachorro se vuelve más hábil, más consciente de sus habilidades y su entorno, pero esos primeros pasos están llenos de la pureza del descubrimiento.

Otra imagen poderosa es la de una estrella joven en el vasto cosmos, brillando con intensidad, pero aún sin una forma definida, explorando su lugar en el universo. Las estrellas nacen de nebulosas, vastas nubes de gas y polvo, y en sus primeros momentos, su brillo es inestable, sus contornos indefinidos. Este período de incertidumbre y crecimiento es esencial para su desarrollo, tal como lo es para cualquier ser vivo en la Tierra. Las estrellas jóvenes simbolizan el potencial y la posibilidad, recordándonos que incluso los cuerpos celestes más grandiosos tuvieron un comienzo lleno de descubrimiento y formación.

Consideremos también el ejemplo de un río joven, naciendo de un manantial en lo alto de una montaña. Sus aguas fluyen rápidas y erráticas, esculpiendo su propio camino a través de rocas y tierra. Este río aún no ha encontrado su curso definitivo, está en constante cambio, aprendiendo sobre su entorno a medida que avanza. Con el tiempo, su flujo se estabiliza, encuentra su cauce y se convierte en una fuerza de la naturaleza, pero sus primeros días están marcados por la misma exploración e incertidumbre que cualquier joven en el universo.

El comportamiento de un joven río puede observarse en su interacción con el entorno. Las rocas que encuentra en su camino son obstáculos que aprende a sortear, los árboles y plantas que crecen en sus márgenes lo nutren y lo guían. Así, el río joven aprende a coexistir y a encontrar su lugar en el ecosistema, reflejando la travesía de cualquier ser vivo en su fase inicial de vida.

Pilzintecuhtli nos invita a abrazar esta etapa, a reconocer la belleza de lo nuevo y lo joven, y a entender que el camino hacia la madurez está pavimentado con la experiencia de estos primeros pasos. Nos enseña a valorar el crecimiento, a apreciar el proceso de descubrimiento y a comprender que cada inicio, por pequeño que sea, tiene una importancia fundamental en el gran esquema de la existencia. En cada chispa, en cada brote, en cada estrella naciente, encontramos el eco de *Pilzintecuhtli*, recordándonos que la juventud y la novedad son fases esenciales de la vida y del universo mismo.

En cada ser vivo, desde el más diminuto insecto hasta los mamíferos más grandes, vemos la manifestación de *Pilzintecuhtli*. Pensemos en los primeros vuelos de un pajarillo recién nacido, que con sus alas aún débiles intenta alcanzar el cielo. Cada aleteo, cada caída, cada nuevo intento es una lección, una parte fundamental de su desarrollo. Así, *Pilzintecuhtli* nos muestra que la fragilidad inicial es un precursor de la fortaleza futura.

El joven ser humano también refleja esta enseñanza. Los primeros pasos de un niño, su balbuceo al intentar hablar, sus miradas curiosas ante el mundo desconocido, son todas expresiones de *Pilzintecuhtli*. La infancia, llena de asombro y aprendizaje, es una etapa crucial donde se sientan las bases del carácter y la comprensión del mundo.

Así como una semilla contiene dentro de sí todo el potencial para convertirse en un árbol frondoso, cada inicio en la vida está lleno de posibilidades. La chispa de *Huehueteotl* enciende no solo el fuego, sino también la pasión y el deseo de explorar y crecer. *Pilzintecuhtli* nos enseña que cada comienzo, por incierto y frágil que sea, lleva consigo la promesa de un futuro lleno de logros y descubrimientos.

Esta etapa de la vida, marcada por la ingenuidad y la curiosidad, es un tesoro que debe ser protegido y nutrido. En la naturaleza, vemos cómo las madres animales cuidan a sus crías, les enseñan las habilidades necesarias para sobrevivir y prosperar. De la misma manera, en las sociedades humanas, los adultos tienen la responsabilidad de guiar a los jóvenes, de compartir con ellos el conocimiento y la sabiduría acumulados a lo largo de generaciones.

Pilzintecuhtli también nos recuerda que el aprendizaje no se detiene con la juventud. La vida es un continuo proceso de descubrimiento, y cada etapa trae consigo nuevas lecciones y experiencias. La madurez y la sabiduría se construyen sobre la base de la curiosidad y el calor explorador de la juventud.

En la grandeza de la vida, *Pilzintecuhtli* nos enseña a valorar cada momento de inicio, a abrazar cada oportunidad de aprendizaje y a celebrar cada pequeño logro. Nos invita a ver el mundo con ojos de niño, a maravillarnos con la belleza de cada nuevo día y a reconocer que, en el vasto universo, somos parte de un proceso continuo de crecimiento y transformación.

En conclusión, *Pilzintecuhtli* nos muestra que la juventud y la novedad son fases esenciales de la vida y del universo. Nos enseña a abrazar estos momentos con alegría y gratitud, a aprender de cada experiencia y a ver cada inicio como una oportunidad para crecer y prosperar. Así, en cada chispa, en cada brote, en cada estrella naciente, encontramos el reflejo de *Pilzintecuhtli*, recordándonos que la vida es un viaje maravilloso de descubrimiento y crecimiento.

Xiuhtecuhtli – Los Dardos de Calor

Las flechas atraviesan las nubes y, conforme lo hacen, perforan la coraza de nuestra tierra como pedernales cayendo del espacio hacia la superficie del gran lagarto. Esta frase nos lleva a reflexionar sobre *Xiuhtecuhtli*, los dardos de calor. En muchas ocasiones, *Xiuhtecuhtli* ha sido identificado como otro nombre para el sol. Sin embargo, si profundizamos en la etimología de la palabra *Xiuhtecuhtli*, descubrimos una riqueza más grande. La primera parte, "*xiuh*," se refiere al resplandor o rayo de luz, mientras que "*tecuhtli*" se traduce como "señor" o "aquel que tiene dominio sobre algo". Por lo tanto, estamos hablando de "el que tiene dominio sobre el rayo de luz" o "los dardos de luz."

Xiuhtecuhtli se puede entender como la siguiente etapa en la evolución de todo lo que existe, de todos los seres vivos. Es ese punto en el que la flama infantil, que inicialmente titubeaba, se transforma en una flama firme y segura. Este es el momento en el que uno comienza a pisar con mayor seguridad, observando el mundo con la firmeza de quien ha encontrado su propósito. Es como un rayo de luz que, habiendo viajado desde el origen de la estrella, madura a través del espacio, traza su senda a través de las

263

nubes y finalmente llega a la tierra con la fuerza y determinación de un dardo.

Xiuhtecuhtli es el dador del rayo de nuestra esencia, aquel que perfora nuestra tierra para imprimir en ella lo que somos, para trazar el camino hacia nuestro propósito, el Tonalamatl. Este concepto nos invita a reflexionar sobre cómo, en nuestro proceso de crecimiento, pasamos de la infancia a la juventud, y luego alcanzamos una etapa de madurez donde comprendemos nuestra senda de vida con claridad. Así como el rayo de luz que encuentra su camino a través del cosmos, nosotros también debemos encontrar nuestra senda, guiados por la firmeza y el propósito que hemos desarrollado.

Imaginemos a una planta joven que ha brotado del suelo. Al principio, sus hojas son delicadas, su tallo frágil. Con el tiempo, se fortalece, sus raíces se afianzan en la tierra, y su tallo se endereza y crece robusto hacia el cielo. La planta, en su fase juvenil, busca la luz del sol con determinación, absorbiendo los rayos que la nutren y la guían en su crecimiento. Este proceso refleja la esencia de *Xiuhtecuhtli*: la transición de la fragilidad a la fuerza, el crecimiento dirigido y firme.

De manera similar, observemos el vuelo de un joven águila. Al principio, sus alas pueden no sostenerlo por mucho tiempo, pero con cada intento, sus vuelos se vuelven más largos y seguros. Finalmente, alcanza la majestuosidad de un vuelo pleno, dominando el cielo con seguridad y propósito. *Xiuhtecuhtli* es esa fuerza que guía al águila desde sus primeros aleteos inseguros hasta su dominio pleno del cielo.

Reflexionemos también sobre el proceso de aprendizaje en los seres humanos. Pensemos en un joven que, al principio, explora el mundo a través de la curiosidad, sin un rumbo definido. Cada experiencia nueva, cada lección aprendida, va formando su carácter, su conocimiento y su comprensión del mundo. Este joven, al crecer, va encontrando su propósito, definiendo sus metas y avanzando con determinación hacia ellas. *Xiuhtecuhtli* es esa fuerza que nos guía desde la curiosidad infantil hasta la claridad de propósito en la juventud.

Otro ejemplo lo encontramos en el ciclo del agua. Imaginemos el agua que cae en forma de lluvia, joven y fresca, iniciando su viaje en las montañas. Este agua fluye por los ríos, recoge nutrientes, se filtra por la tierra y finalmente, después de un largo recorrido, llega al mar. En cada etapa de su viaje, el agua madura, aprende y se transforma, adquiriendo nuevas propiedades y beneficios. *Xiuhtecuhtli* es esa energía que impulsa al agua a través de su ciclo, desde la juventud hasta su destino final.

En el reino animal, *Xiuhtecuhtli* se manifiesta en el desarrollo de las habilidades de cada criatura. Pensemos en un cachorro de león, que al principio depende totalmente de su madre para alimentarse y aprender a cazar. Con el tiempo, este joven león empieza a practicar sus habilidades de caza a través del juego, afinando sus movimientos y estrategias. Eventualmente, se convierte en un cazador experto, capaz de sobrevivir y liderar su manada. La guía de *Xiuhtecuhtli* se refleja en cada paso de este viaje, desde la dependencia inicial hasta la independencia y maestría.

La fase de *Xiuhtecuhtli* también se puede observar en el desarrollo de una comunidad humana. Imaginemos una aldea que, en sus inicios, está formada por un grupo pequeño de personas que se establecen en un nuevo territorio. Con el tiempo, construyen sus hogares, cultivan la tierra y desarrollan sistemas de organización y cooperación. A medida que la comunidad crece, se fortalece y se vuelve más compleja, cada miembro encuentra su papel y contribuye al bienestar común. *Xiuhtecuhtli* está presente en esta evolución, guiando a la comunidad desde sus primeros esfuerzos hasta su madurez y estabilidad.

Además, podemos ver la influencia de *Xiuhtecuhtli* en la evolución de la tecnología y el conocimiento humano. Tomemos el ejemplo de la invención de la rueda. En sus inicios, esta invención

265

fue una simple herramienta de transporte. Con el tiempo, la rueda evolucionó y se aplicó en diversas formas, desde carros y carretas hasta maquinaria compleja y vehículos modernos. Cada avance en la tecnología representa un rayo de luz de Xiuhtecuhtli, guiando a la humanidad hacia un mayor entendimiento y capacidad.

Xiuhtecuhtli nos enseña que cada paso en nuestro camino, desde nuestros primeros titubeos hasta nuestros pasos más firmes, está lleno de propósito y significado. Es la etapa en la que, habiendo dejado atrás la infancia, abrazamos con firmeza nuestra misión, avanzamos con determinación y entendemos que nuestro camino está iluminado por la luz del conocimiento y la madurez. Este proceso de maduración, de encontrar nuestro camino y de avanzar con propósito, es fundamental para nuestra existencia y para la comprensión de nuestro lugar en el universo. *Xiuhtecuhtli*, como el señor de los dardos de luz, nos guía en este viaje, iluminando nuestro camino y ayudándonos a encontrar nuestro propósito en el gran tejido de la vida.

Así como un rayo de luz atraviesa el cosmos y llega a la tierra, *Xiuhtecuhtli* nos inspira a ser esa fuerza luminosa en nuestras propias vidas, a avanzar con claridad y determinación, y a dejar nuestra huella en el mundo. Cada paso que damos, cada decisión que tomamos, está imbuida con el poder y la sabiduría de *Xiuhtecuhtli*, recordándonos que somos parte de un ciclo mayor de crecimiento y evolución, y que nuestra luz puede iluminar no solo nuestro camino, sino también el de aquellos que nos rodean.

Teositlaltsin– La Estrella Primigenia

¿Qué podríamos definir como plenitud? ¿Te has puesto a reflexionar el significado de esta palabra? Plenitud, es decir, alcanzar la máxima dimensión y estar pleno o sereno con el resultado. ¿Es posible obtener esto? ¿O simplemente somos partícipes de un proceso natural que llega a un punto máximo y posteriormente deja el camino listo para que alguien más reciba esa misma posición? Esta es la enseñanza que *Huitzilopochtli* nos quiere impartir en esta última parte, con esta última etapa. La etapa de *Citlaltotonacinteotl*, el fuego que permanece de nuestra gran estrella.

Huitzilopochtli nos enseña que todo a nuestro alrededor debe cumplir un propósito, debe tener un objetivo, debe pasar a través de etapas de fuego y, finalmente, debe dejar algo por lo cual los demás vivan. Esta última enseñanza de *Huitzilopochtli* nos lleva a comprender algo muy importante: el concepto de orden. El universo trabaja a partir del orden y no del desorden. Las cosas a nuestro alrededor tienen una mecánica; somos parte de un diagrama intrincado que permanece indescifrable porque así debe ser. La ecuación universal no puede ser descifrada, controlada ni modificada. Es permanente porque la ecuación universal forma parte del concepto más profundo de la lengua náhuatl, que es *Teotl*, y ahora ya lo comprendes.

Imagina el ciclo del agua, tan simple y a la vez tan complejo. El agua se evapora de los océanos, forma nubes, y luego cae como lluvia para nutrir la tierra y alimentar los ríos y lagos. Este ciclo perpetuo muestra cómo la naturaleza respeta y sigue su curso ordenado. Cada gota de agua cumple su propósito en este ciclo interminable, desde evaporarse hasta volver a la tierra, nutriendo a los seres vivos. Este proceso no sólo muestra la plenitud en cada etapa, sino también cómo cada fase es vital para el equilibrio y la armonía de la naturaleza.

De manera similar, considera el ciclo de vida de una estrella. Desde su nacimiento en una nebulosa, pasando por su etapa de juventud donde brilla intensamente, hasta su envejecimiento y eventual muerte, cada fase de una estrella cumple un propósito. Una estrella joven proporciona luz y calor, mientras que una estrella en su etapa final puede explotar en una supernova, dispersando elementos esenciales para la formación de nuevos sistemas solares. Este ciclo demuestra cómo incluso en su destrucción, una estrella contribuye al orden y continuidad del universo.

En esta última etapa, *Huitzilopochtli* te da en tu mano la enseñanza más importante que vas a recibir en tu vida: respeta lo que eres, el fuego que representas. La chispa que creció joven maduró, envejeció y está lista para convertirse en algo más. No rompas el orden universal, sé parte de él, unifica tu entorno y colabora con él. Esa es la enseñanza que nos deja al final *Huitzilopochtli*, diciéndonos que el sol que te dio vida también forma parte de un gigante engranaje donde él es igual que tú, una pequeña semilla suspendida en el universo, lista para cumplir su ciclo.

Así como el ciclo del agua y el ciclo de vida de una estrella, cada ser vivo en la Tierra tiene un papel que desempeñar en este vasto entramado de la existencia. Desde la humilde abeja que poliniza las flores hasta el majestuoso roble que se erige como guardián del bosque, cada uno de estos seres es una pieza esencial en el rompecabezas de la vida. Las abejas, con su danza comunicativa, aseguran la reproducción de las plantas, mientras que los robles, con sus raíces profundas y extensas ramas, proporcionan refugio y sustento a innumerables criaturas. Este intrincado baile de interdependencias es un reflejo del orden y la plenitud que *Huitzilopochtli* nos invita a reconocer y respetar.

Además, pensemos en la migración de las aves. Cada año, millones de aves migran miles de kilómetros en busca de climas más cálidos y abundantes fuentes de alimento. Este viaje, aunque desafiante, es un testimonio del orden natural y del propósito que guía a estas criaturas. Las aves migratorias, siguiendo rutas ancestrales, encuentran su camino gracias a un instinto innato y a la posición de las estrellas. Este comportamiento no solo asegura su supervivencia, sino que también contribuye al equilibrio de los ecosistemas en los que participan, demostrando una vez más la interconexión y la armonía del universo.

A través de esta práctica, nos damos cuenta de que nuestra existencia está entrelazada con la de todos los seres vivos y con los ritmos del universo. Al entender y vivir estas enseñanzas, no solo honramos a *Huitzilopochtli*, sino que también nos convertimos en guardianes del orden y la plenitud del universo. De esta manera, cada acción que tomamos, cada palabra que pronunciamos y cada pensamiento que cultivamos se convierte en un acto de respeto y reverencia hacia el gran entramado de la vida.

Imaginemos también el crecimiento de un bosque desde una pequeña semilla hasta convertirse en un ecosistema completo. Al principio, una sola semilla cae en la tierra, germina y comienza a crecer. Con el tiempo, esa planta joven se convierte en un árbol robusto, y ese árbol da frutos que contienen más semillas. Estas semillas, a su vez, caen al suelo y el ciclo continúa, creando un bosque lleno de vida y biodiversidad. Cada árbol, cada planta y cada criatura dentro de ese bosque tiene un papel crucial en el mantenimiento del equilibrio ecológico, demostrando cómo cada etapa de crecimiento y cada ser contribuye a la plenitud y la armonía del todo.

En el mundo marino, los arrecifes de coral representan otro ejemplo perfecto de este orden natural. Los corales, a lo largo de cientos de años, construyen estructuras complejas que sirven de hogar para una increíble variedad de vida marina. Cada organismo en el arrecife, desde los pequeños peces hasta los grandes depredadores, desempeña un papel en el mantenimiento del equilibrio de este ecosistema. La simbiosis entre las especies, la competencia por recursos y la cooperación para la supervivencia son todas manifestaciones de la plenitud y el orden que *Huitzilopochtli* nos enseña.

Recuerda que eres una chispa de esa gran estrella que ilumina nuestro camino. Respeta tu luz, honra tu fuego y sigue adelante con la sabiduría de saber que eres parte de un todo mucho más grande y maravilloso. Cada paso que damos, cada acto de bondad, cada esfuerzo por entender y conectar con nuestro entorno, es un homenaje a la enseñanza de *Huitzilopochtli*. Nos recuerda que, aunque nuestra existencia individual es breve, somos parte de un ciclo eterno de vida y energía que se perpetúa a través del tiempo.

Finalmente, reflexionemos sobre nuestras propias vidas. Al igual que el agua en su ciclo, la estrella en su evolución y el bosque en su crecimiento, nosotros también estamos aquí para cumplir un propósito. Nuestras experiencias, nuestros aprendizajes y nuestras interacciones con los demás forman parte de un todo mayor. *Huitzilopochtli* nos enseña que debemos vivir con propósito, avanzar con determinación y contribuir al equilibrio y la armonía del universo. En cada acción y pensamiento, llevemos con nosotros la chispa de esa gran estrella, recordando siempre que somos parte de un orden más grande y de una plenitud que trasciende nuestra existencia individual.

En resumen, hemos recorrido un viaje profundo y revelador a través de las enseñanzas de *Huitzilopochtli*, comprendiendo su esencia y el impacto que tiene en nuestra vida y en el universo. *Huitzilopochtli* nos lleva a través de cuatro etapas cruciales que revelan el ciclo del fuego y su significado en nuestra existencia.

Primero, *Huehueteotl*, el primer fuego, nos enseña que todo lo que existe nace de una chispa primordial, una fuente de energía antigua que da inicio a la vida. Es el origen del calor, la energía que da forma y textura a todo lo que nos rodea. Como el primer destello que dio vida a las estrellas y a nuestro sol, *Huehueteotl* nos recuerda que nada existe sin un principio, sin una chispa inicial que enciende el viaje de la existencia.

Luego, *Pilzintecuhtli*, el fuego joven, nos muestra los primeros pasos de esa chispa, que se comporta como un niño, descubriendo su entorno con curiosidad e ingenuidad. Esta etapa es crucial, ya que es donde se desarrollan las primeras experiencias, donde la vida empieza a tomar forma y a aprender de su entorno. Así como una planta joven que emerge de la semilla o un niño que explora el mundo con ojos nuevos, esta etapa simboliza el crecimiento y la formación inicial.

En la tercera etapa, *Xiuhtecuhtli*, los dardos de calor, representan el fuego que ha madurado, que ha encontrado su senda y ahora avanza con propósito y dirección. Este fuego joven que ha crecido y ha tomado fuerza ahora actúa con determinación, perforando la tierra y dejando su marca. Como un rayo de sol que atraviesa las nubes, *Xiuhtecuhtli* nos enseña que la juventud, con el tiempo, se convierte en un poder formidable, capaz de moldear y transformar su entorno con claridad y fuerza.

Finalmente, *Teositlaltsin*, el fuego permanente de nuestra gran estrella, nos enseña la plenitud y el propósito final. Este fuego simboliza el equilibrio y la continuidad, recordándonos que todo en el universo tiene un lugar y una función que debe ser respetada. Este ciclo de vida y energía es parte del orden universal, donde cada ser y cada cosa tiene su tiempo y su contribución. La plenitud

271

no es el fin, sino un punto de transición que asegura la continuidad del ciclo de la vida.

Para honrar estas enseñanzas y poner en práctica lo aprendido, propongo un **ejercicio** que te ayudara a enfocar tu conexión con la fuerza del todo.

Paso 1: Conexión con *Huehueteotl* - El Inicio

Descripción:
Huehueteotl, simboliza el inicio de todo proyecto. Es el momento de la chispa, la inspiración y la idea inicial.

Ejercicio:
- Encuentra un lugar tranquilo donde puedas relajarte y pensar. Lleva contigo una libreta y un bolígrafo.
- Reflexiona sobre un proyecto o idea que te gustaría iniciar. Puede ser algo personal, profesional o creativo.
- Cierra los ojos y visualiza cómo la idea toma forma en tu mente. Imagina una chispa encendiendo una pequeña llama.
- Abre los ojos y escribe tus pensamientos e ideas iniciales. No te preocupes por los detalles; enfócate en la inspiración y la emoción que sientes al pensar en este nuevo proyecto.

Paso 2: Conexión con *Piltzintecuhtli* - Los Primeros Pasos

Descripción:
Piltzintecuhtli, la flama joven, representa los primeros pasos y la energía primaria en cualquier emprendimiento. Es el momento de la acción inicial y el entusiasmo.

Ejercicio:
- Revisa las notas que tomaste en la etapa de *Huehueteotl*.
- Identifica tres acciones concretas que puedas tomar para comenzar a trabajar en tu proyecto.
- Visualiza estas acciones como los primeros pasos de un joven aventurero que comienza su viaje.

- Realiza estas acciones con entusiasmo y energía, recordando que cada pequeño paso te acerca más a tu objetivo.

Paso 3: Conexión con *Xiuhtecuhtli* - La Madurez

Descripción:
Xiuhtecuhtlil, los rayos de fuego, representa la madurez y el desarrollo pleno de un proyecto. Es el momento en que la idea ha crecido y ha tomado forma sólida.

Ejercicio:
- Reflexiona sobre el progreso que has hecho hasta ahora.
- Identifica las áreas de tu proyecto que han crecido y se han desarrollado.
- Piensa en cómo puedes mantener y fortalecer estas áreas. Escribe un plan detallado para continuar trabajando en tu proyecto, asegurándote de mantener la energía y el enfoque.
- Visualiza tu proyecto como una flama brillante y estable que ilumina todo a su alrededor.

Paso 4: Conexión con *Teositlatzin* - El Legado

Descripción:
Teositlatzin, la estrella primigenia, representa el legado y la transformación. Es el momento de pensar en el impacto duradero de tu proyecto y cómo dejar una huella significativa.

Ejercicio:
- Reflexiona sobre el impacto que tu proyecto puede tener a largo plazo.
- Piensa en cómo puedes compartir los resultados de tu proyecto con otros y cómo puede beneficiar a tu comunidad o al mundo.
- Escribe una declaración de legado. Describe cómo te gustaría que tu proyecto sea recordado y qué impacto deseas que tenga.
- Visualiza tu proyecto como una estrella brillante en el cielo, un legado que ilumina y guía a otros.

Al realizar este ejercicio, te conectarás con las fuerzas de *Huehueteotl*, *Piltzintecuhtli*, *Xiuhtecuhtli* y *Teositlatzin*, y podrás aplicar sus energías a tus proyectos y a tu vida diaria. Recuerda que cada etapa es esencial y que el equilibrio y la conexión con estas energías te ayudarán a alcanzar tus objetivos de manera más armoniosa y significativa.

Itlatul Noyollo – La Palabra de mi Corazón

En este recorrido profundo y místico a través de las enseñanzas de *Quetzalcoatl*, *Tezcatlipoca*, *Xipetotec* y *Huitzilopochtli*, hemos desvelado la sabiduría ancestral que nos conecta con el universo, la naturaleza y nuestro propio ser. Cada uno de estos conceptos nos ha revelado una faceta diferente de nuestra existencia, una forma de comprender la vida y nuestro lugar en ella. A través de sus fragmentaciones, hemos descubierto las múltiples dimensiones de la comunicación, el propósito, la introspección y el orden.

Quetzalcoatl, la serpiente preciosa, nos ha enseñado que todo lo que existe se comunica. Desde la voz del viento hasta el eco de nuestras palabras, cada ser y cada elemento tiene una forma de expresión que trasciende el tiempo y el espacio. Nos invita a reflexionar sobre cómo nuestras acciones y palabras siembran ideas en otros, creando una red de interconexiones que moldean nuestra realidad. Imagina cómo una palabra amable puede cambiar el curso del día de alguien, o cómo un gesto de solidaridad puede encender la chispa de la esperanza en el corazón de quien lo recibe. *Quetzalcoatl* nos recuerda que estamos todos entrelazados, que nuestras vidas se tejen juntas en una danza de comunicación y reciprocidad. Cada sonido que emitimos, cada gesto que hacemos, tiene el poder de resonar en los corazones de los demás, tejiendo una red invisible que nos une más allá de lo físico.

Tezcatlipoca, el espejo humeante, nos ha llevado a explorar el propósito de todo lo que nos rodea. Nos recuerda que cada cosa tiene un lugar y una función, y que el misterio y la introspección son esenciales para comprender nuestro camino. Nos ha desafiado a mirar más allá de lo visible, a cuestionar lo que se oculta tras el humo del espejo y a encontrar nuestro propio propósito en el gran esquema del universo. Al mirarnos en el espejo de *Tezcatlipoca*, no solo vemos nuestro reflejo, sino también los sueños no realizados, los miedos ocultos y las verdades que evadimos. Este espejo nos invita a enfrentar esas sombras, a descubrir en ellas la fuerza y la

275

sabiduría que necesitamos para avanzar en nuestro camino. Imagina el momento en que te atreves a mirar dentro de ti mismo, más allá de las apariencias, enfrentando los desafíos internos con valentía. En esa exploración, encuentras no solo respuestas, sino también una guía hacia tu verdadero propósito, un camino iluminado por la comprensión profunda de quién eres realmente.

Xipetotec, el renovador, nos ha mostrado la importancia de estudiar y reconocer nuestra vida. Desde la comprensión de nuestro entorno hasta la conexión con nuestro sentir, *Xipetotec* nos enseña que la vida es un proceso de aprendizaje continuo. Nos anima a vernos a nosotros mismos y a los demás con ojos nuevos, a valorar cada experiencia y a aprender de cada interacción. Considera cómo, en la rutina diaria, cada encuentro puede ser una oportunidad para aprender y crecer. Desde una conversación con un amigo hasta un momento de silencio en la naturaleza, *Xipetotec* nos enseña a ver cada instante como una posibilidad de renovación y descubrimiento. Piensa en cómo cada amanecer trae consigo la promesa de un nuevo comienzo, y cada atardecer la oportunidad de reflexionar sobre lo vivido y prepararse para lo que vendrá. Este ciclo de renovación constante nos invita a apreciar la belleza de cada momento, a encontrar significado incluso en los detalles más pequeños.

Huitzilopochtli, la fuerza del sur, nos ha guiado a través del ciclo del fuego. Desde la chispa inicial de Huehueteotl hasta la plenitud de *Citlaltonacintéotl*, hemos aprendido que todo en el universo tiene un orden y un propósito. *Huitzilopochtli* nos enseña que somos parte de un ciclo más grande, y que nuestro camino está entrelazado con el de los demás y con el cosmos. Imagina el calor del sol en tu piel, el latido constante de tu corazón, ambos ritmos de vida que *Huitzilopochtli* nos enseña a honrar. Nos recuerda que, aunque nuestros caminos sean individuales, estamos todos conectados en el gran ciclo de la existencia, donde cada acción tiene su repercusión y cada vida su lugar en la sinfonía del universo. Visualiza la danza de las estrellas en el cielo nocturno, cada una siguiendo su propia trayectoria, pero todas unidas en una armonía cósmica. Así también, nuestras vidas, aunque únicas, forman parte de un todo más grande, un entramado de relaciones y conexiones que nos ligan con el universo entero.

A medida que cerramos este capítulo, nos queda la reflexión sobre cómo integrar estas enseñanzas en nuestra vida diaria.

Pregúntate:

- ¿Cómo puedo utilizar mi voz y mis acciones para sembrar ideas positivas en los demás?
- ¿Qué propósito encuentro en las cosas que me rodean y cómo puedo descubrir el mío propio?
- ¿De qué manera puedo aprender de mi entorno y de mis experiencias para crecer como individuo?
- ¿Cómo puedo respetar y honrar el ciclo de la vida, reconociendo mi lugar en el gran orden del universo?

Estas preguntas no tienen respuestas fáciles, y su significado puede variar para cada uno de nosotros. Te invito a tomarte el tiempo para reflexionar sobre ellas, a escribir tus pensamientos y a compartir tus descubrimientos con quienes te rodean. De esta manera, continuarás el ciclo de aprendizaje y crecimiento que nuestros ancestros han dejado como legado.

Para profundizar en estas reflexiones, piensa en momentos específicos de tu vida donde una palabra o acción haya tenido un impacto significativo. Recuerda el abrazo de un amigo en un momento de tristeza, la sonrisa de un extraño que iluminó tu día, o una palabra de aliento que te dio fuerzas para seguir adelante. Estos momentos, aunque pequeños, son las semillas de cambio que *Quetzalcoatl* nos enseña a valorar y propagar. Piensa en cómo esas pequeñas interacciones pueden tener un efecto dominó, inspirando a otros a hacer lo mismo y creando un impacto positivo en la comunidad y más allá. Es en estos detalles donde reside el poder de la comunicación y la interconexión que *Quetzalcoatl* nos invita a cultivar.

En el espejo de *Tezcatlipoca*, permítete confrontar las partes de ti mismo que has evitado. Tal vez hay sueños que has dejado de lado por miedo al fracaso, o heridas que necesitas sanar para avanzar. Este proceso de introspección puede ser doloroso, pero es necesario para descubrir tu verdadero propósito y liberar la esencia de tu ser. Piensa en el valor que se requiere para enfrentarte a tus propias sombras, para mirar dentro de ti y reconocer tanto tus fortalezas como tus debilidades. En este acto de valentía, encuentras no solo claridad, sino también un camino hacia la autenticidad y la autoaceptación.

Xipetotec nos recuerda que cada día es una oportunidad para renovarnos. Cada amanecer trae consigo la posibilidad de empezar de nuevo, de aprender algo nuevo, de ser mejores versiones de nosotros mismos. Piensa en cómo puedes aplicar esta enseñanza en tu vida cotidiana. Tal vez es el momento de aprender una nueva habilidad, de reconectar con alguien que amas, o de simplemente apreciar la belleza de la naturaleza que te rodea. Considera la práctica de la gratitud diaria, donde cada noche reflexionas sobre las cosas buenas que te han sucedido durante el día. Este simple acto puede transformar tu perspectiva, ayudándote a ver la vida con una lente de apreciación y optimismo.

Finalmente, *Huitzilopochtli* nos enseña a reconocer nuestro lugar en el ciclo de la vida. Apreciar el momento presente, entender que cada etapa de nuestra vida tiene su propio valor y propósito. Desde la juventud llena de energía hasta la sabiduría de la vejez, cada fase es una pieza vital en el mosaico de nuestra existencia. Reflexiona sobre estas enseñanzas y encuentra maneras de integrarlas en tu vida. Tal vez podrías iniciar un diario donde registres tus pensamientos y descubrimientos diarios, o crear un espacio sagrado en tu hogar donde puedas meditar y reconectarte con estas enseñanzas. Compartir tus experiencias con otros no solo fortalece tu comprensión, sino que también inspira a quienes te rodean a buscar su propio camino de crecimiento y autodescubrimiento.

En última instancia, la palabra de tu corazón, *Itlatul Noyollo*, es un llamado a vivir con autenticidad y profundidad, a valorar cada momento como una oportunidad para crecer y conectar con el universo y con quienes te rodean. Dejemos que las enseñanzas de *Quetzalcoatl*, *Tezcatlipoca*, *Xipetotec* y *Huitzilopochtli* nos guíen, no solo como conocimientos ancestrales, sino como principios vivos que enriquecen y transforman nuestra vida diaria. Esta integración no es un proceso inmediato, sino un viaje continuo de autodescubrimiento y crecimiento personal.

Además, considera cómo puedes aplicar estas enseñanzas en tus relaciones con los demás. Cada interacción es una oportunidad para practicar la empatía, la compasión y la comprensión. Piensa en cómo puedes ser un faro de luz en la vida de los demás, ofreciendo apoyo, amor y aliento en momentos de necesidad. La influencia de *Quetzalcoatl* puede inspirarte a ser una voz de consuelo y motivación, mientras que la introspección de *Tezcatlipoca* te ayuda a comprender las profundidades de los corazones ajenos.

EL TONALAMATL
El Propósito de estar vivo

Para comenzar a explorar el *Tonalamatl*, es esencial entender el origen de las palabras que usamos para describir el tiempo y los ciclos, y cómo estas palabras reflejan nuestra percepción del universo y nuestro lugar en él. La palabra "día" en castellano proviene del latín "dies," que significa tanto "día" como "dios de la luz." Esta raíz latina subraya la conexión intrínseca entre la luz del sol y la medida del tiempo diurno. La luz, fuente de vida y energía, marca el ritmo de nuestras vidas, dividiendo la existencia en ciclos de claridad y oscuridad.

En náhuatl, la palabra "*tonal*" deriva de "*tona*," que significa "calor" o "radiación," haciendo referencia directa al calor del sol. Así, "*tonalil*" puede interpretarse como "nuestro calor" o "aquel que es iluminado por el sol." Esto subraya la importancia del sol y su calor en la vida diaria y en la cosmovisión mexica. El sol no solo ilumina, sino que también infunde vida y energía, simbolizando el poder vital que fluye a través de todos los seres vivos. De esta manera, cada día es un nuevo comienzo, un nuevo rayo de esperanza y energía que nos impulsa a seguir adelante.

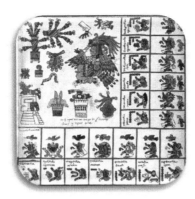

Si exploramos otras etimologías relacionadas con el tiempo y los ciclos, encontramos términos como "horóscopo" y "zodiaco." "Horóscopo" viene del griego "hōroskopos," que significa "observador de la hora," indicando su función de observar y interpretar las posiciones de los cuerpos celestes en un momento

282

específico. El "zodiaco," también de origen griego, deriva de "zōdiakos kyklos," que significa "círculo de animales," reflejando la serie de constelaciones que forman este círculo imaginario en el cielo. Estos términos nos muestran cómo diferentes culturas han intentado entender y conectar con el cosmos, buscando patrones y significados en los movimientos de las estrellas y los planetas.

Ahora, regresando a "*tonalli*," podemos ver que su significado profundo se relaciona directamente con la vitalidad y la esencia de la vida, algo que se percibe y se siente cada día con el calor del sol. Mientras que "horóscopo" y "zodiaco" están enraizados en la observación y la interpretación de los cuerpos celestes, "tonal" se enfoca en la energía vital que el sol nos proporciona, el calor que nos anima y nos conecta con el universo.

Viajemos juntos al pasado y entremos al interior de una antigua casa en *Tenochtitlan*. La casa, humilde y hermosa, está decorada con patrones blancos y rojos, con detalles en azul que destacan como pequeñas joyas en un lienzo. El piso, pintado de blanco y perfectamente limpio, refleja el cuidado y amor de sus habitantes. El aroma del copal se mezcla con el suave perfume de las flores frescas que adornan la habitación, llenando el aire con una fragancia sagrada que acaricia los sentidos.

En el interior, encontramos a una familia emocionada y nerviosa, con corazones palpitantes en un ritmo de anticipación y amor. Del otro lado de una división natural de la casa, se encuentra un grupo de mujeres. Este grupo de mujeres son parteras, y están acompañando en el maravilloso viaje del embarazo a una mujer que está a escasos minutos de dar a luz, de traer una nueva semilla a nuestro *Tlalticpac*. La luz del sol entra tímidamente por las ventanas, creando un ambiente cálido y acogedor que envuelve a todos los presentes en un abrazo de serenidad.

Las parteras sostienen la mano de la mujer que está dispuesta a brindar vida. La acompañan, la cuidan, la guían. Le dan un abrazo de amor, una caricia al corazón y le hacen saber que están ahí para ella y que estarán también para su semilla. La mujer, con el rostro

283

perlado de sudor, respira profundamente, sintiendo la fortaleza y el apoyo de las manos que la sostienen. El sonido suave de susurros de aliento y palabras de ánimo flota en el aire, mientras el fuego del hogar chisporrotea suavemente en el fondo, proporcionando calor y consuelo.

En ese momento mágico, vemos el nacimiento de un nuevo ser vivo aquí en nuestro *Tlalticpac*. Las parteras reciben al bebé con ternura y cuidado, asegurándose de que esté bien. Lo primero que hacen es llevar a este ser vivo al exterior, en los brazos de su padre y acompañado de un tonalpoque. Juntos, le presentan al sol. El bebé, apenas llegando a esta vida, siente el aire fresco en su piel por primera vez, un susurro suave que le da la bienvenida al mundo. Sus ojitos se abren lentamente, y observa el sol brillar sobre él, sintiendo el cálido abrazo de sus rayos.   Recibe los primeros rayos de sol, y es en ese momento cuando el bebé sonríe, una risa pura y cristalina que parece emanar de lo más profundo de su ser. La sonrisa del bebé es como un rayo de sol reflejado en una gota de rocío, brillante y llena de promesas.

El *Tonalpoque*, el contador de los días, sosteniendo la mano del padre y la mano de la madre, les cuenta y les dice que su hijo ha nacido en un día específico, en una trecena particular, en una veintena singular y en un año determinado de la gran cuenta del tiempo mexica. El padre, con lágrimas de orgullo y emoción en sus ojos, y la madre, con una expresión de amor infinito en su rostro cansado pero radiante, comprenden el profundo significado de haber traído a un niño en este día especial.

En ese instante, el *Tonalamatl* es producido y entregado a la familia. La semilla ahora entiende su camino, pues el universo le ha otorgado su primer nombre. El nombre del día en que nació, marcando el comienzo de una nueva posibilidad en este vasto y maravilloso mundo. El aire fresco de la mañana se llena de la promesa de una vida nueva, mientras el sol continúa su viaje por el cielo, testigo del inicio de un nuevo ciclo, de un nuevo camino que apenas comienza.

Después de el ejemplo mencionado, es claro que, a diferencia del horóscopo, que hoy se ha banalizado y comercializado, el *Tonalamatl* es una herramienta profunda de autoidentificación y reflexión. Mientras que el horóscopo se ha convertido en una forma popular y superficial de clasificación, el *Tonalamatl* busca un diálogo auténtico con nuestra identidad, ayudándonos a encontrar nuestro rostro y nuestro corazón. Este diálogo nos permite mirarnos en el espejo de nuestra existencia, entender nuestro propósito y reconocer nuestro camino en la vida. El estudio del *Tonalamatl* no se trata de adivinación, sino de una introspección profunda facilitada por los *tonalpouhque*, los lectores de nuestros días. Ellos nos guían en el viaje hacia nuestro interior, revelando las capas de nuestro ser y ayudándonos a comprender la esencia de nuestra existencia.

De forma muy simple, imagina el *Tonalamatl* como un mapa estelar personal, donde cada signo es una estrella que ilumina nuestro camino, revelando las fuerzas y energías que moldean nuestra vida. Mientras el horóscopo moderno puede decirnos superficialmente nuestro "signo" basado en nuestra fecha de nacimiento, el *Tonalamatl* nos invita a explorar profundamente quiénes somos y cómo nos conectamos con el universo. Nos invita a reflexionar sobre nuestro papel en el gran tejido de la existencia, a comprender nuestras fortalezas y desafíos, y a alinearnos con las energías cósmicas que influyen en nuestra vida.

Este capítulo narrará y explicará de manera didáctica cómo el *Tonalamatl* nos ayuda a encontrar nuestro rostro y nuestro corazón. Exploraremos cómo está constituido un *Tonalamatl* y proporcionaremos una guía práctica para entender los diferentes 20 tipos de días de la cuenta mexica. Este viaje nos llevará a una comprensión más profunda de nuestra identidad y nuestro propósito en el mundo, invitándonos a descubrir quiénes somos realmente y cómo nos relacionamos con el universo. A través de este estudio, aprenderemos a vernos no solo como individuos, sino como partes integrales de un todo mayor, conectados con las estrellas, el sol y la vasta red de la vida.

Traer una Semilla a Nuestro Tlaltipac

¿Qué significa vivir en el *Tlalticpac*? ¿Por qué vinimos a esta tierra que nosotros conocemos como *Tonantzin*? ¿Por qué nuestra particular semilla, la semilla humana, llegó a vivir aquí? Según la mitología maya, una gran serpiente con un rostro humano viaja a través de diferentes galaxias, esparciendo semillas a derecha, izquierda, arriba y abajo, en todas direcciones. Estas semillas viajan entre el polvo cósmico hasta que un día llegan y se siembran, siendo recibidas por la caricia de una hermosa mujer que se encarga de criarlas, darles alimento y, una vez que estén listas, brindarles la oportunidad de tener vida. De forma similar, los mexicas tenían esta mitología adaptada a su cultura, con conceptos como *Cipactonal* y *Oxomoco*. El hecho de que nuestra semilla humana esté aquí en nuestra Tierra es la combinación de un innumerable número de casualidades y consecuencias armadas en un engranaje profundamente intrínseco e imparable que nos trajeron aquí a nuestra *Tonantzin*. Este engranaje nos permite vida en este lugar, y nos permite poder caminar, hablar, construir y progresar, además de tener una conexión profunda con todo lo que nos rodea.

Pero ahora vamos a preguntarnos algo muy importante. ¿Existe de alguna forma un patrón de personalidad o una estructura de formas de pensamiento y andar que hacen que la ecuación del universo funcione de forma perfecta? Si es así, estaríamos hablando de que cada nacimiento de una semilla humana en esta Tierra está perfectamente calculado dentro del orden cósmico y nada pasa por casualidad, sino por orden y estructura. Siguiendo esta línea, significaría que nosotros, de alguna forma, podemos comenzar a estudiar cuáles son estos patrones de personalidad y entonces enfocarnos en algo altamente valioso que es identidad y propósito.

En el corazón de esta comprensión está el *Tonalamatl*, el registro de nuestro calor. Este registro no es solo un calendario, sino una guía espiritual que refleja la esencia de quiénes somos desde el momento de nuestro nacimiento. El *Tonalamatl* se basa en la cuenta del tiempo de 260 días, divididos en 20 trecenas. Cada uno de estos días tiene una energía única, una tonalidad que influye en nuestra personalidad, en nuestro camino y en nuestra relación con el universo. Este sistema nos enseña que no somos simples individuos al azar, sino que cada uno de nosotros tiene un papel que jugar en el gran teatro del cosmos. Desde el primer rayo de sol que nos recibe, estamos conectados a una red de energías que nos guían y nos moldean. Es un recordatorio de que somos parte de algo mucho más grande que nosotros mismos, un engranaje en una maquinaria cósmica que sigue un orden perfecto.

Imaginemos por un momento el nacimiento de una semilla humana. Al igual que una planta que brota de la tierra, cada ser humano emerge con un propósito, con un camino ya trazado por las estrellas. Este camino no es rígido, pero está influenciado por las energías del universo que nos rodean. Cada día, cada momento, está impregnado de estas energías que nos guían y nos acompañan en nuestro viaje por la vida. Por ejemplo, una persona nacida en el día 1 *Cipactli* (Caimán) está influenciada por la energía de la creación, el inicio y la fertilidad. Esta persona puede sentir un fuerte deseo de comenzar nuevos proyectos, de crear y de nutrir. Por otro lado, alguien nacido en el día 1 *Ehecatl* (Viento) puede estar influenciado por la energía del cambio, la comunicación y el movimiento. Esta persona puede tener una vida marcada por transformaciones constantes y una necesidad de expresarse. Estos ejemplos nos muestran cómo el tonalámatl nos da una visión profunda de nuestra identidad y propósito. No se trata de un destino fijo, sino de una guía que nos ayuda a entender nuestras inclinaciones naturales y a encontrar nuestro lugar en el mundo. Nos enseña a reconocer las energías que nos rodean y a utilizar estas energías para crecer y prosperar.

¿Te has preguntado alguna vez cuál es tu lugar en el cosmos? ¿Cómo las energías del universo influyen en tu vida diaria? Al estudiar el *tonalamatl*, puedes comenzar a entender mejor tu propio camino y a ver cómo cada día está impregnado de un significado profundo. Esta comprensión no solo te ayuda a conocer tu identidad, sino también a encontrar tu propósito y a vivir en armonía con el orden cósmico. En este capítulo, exploraremos más a fondo el *tonalamatl* y aprenderemos cómo esta antigua sabiduría puede guiarnos en nuestro viaje por la vida. A medida que avancemos, descubrirás cómo cada día, cada momento, está lleno de posibilidades y cómo puedes aprovechar estas energías para alcanzar tu máximo potencial.

Destino y Propósito: Su Diferencia

Según la cultura griega, existe algo llamado destino. La palabra "destino" proviene del latín "destinare", que significa "determinar", "fijar" o "establecer". Para los griegos, el destino era considerado un capricho inmutable marcado por las deidades y dioses. En su mitología, los héroes nacen con el propósito de derrotar enemigos, establecer límites o cumplir grandes tareas titánicas. Estos héroes son aplaudidos por sus actos heroicos o trágicamente derrotados, pero siempre cumplen su tarea destinada. En esta perspectiva, las deidades controlan el futuro de cada ser, y la idea de destino se romantiza al punto en que todo el pueblo desea un destino glorioso, digno de ascender más allá del Olimpo.

Imagina, por ejemplo, a Aquiles, el héroe de la Ilíada, quien estaba destinado a ser un gran guerrero. Su vida fue un constante cumplimiento de este destino, desde su infancia entrenada para la batalla hasta su trágica muerte en Troya, marcada por una profecía que no podía evitar. Este concepto de destino establece una trayectoria fija, un camino inalterable que cada individuo debe seguir, queriendo o no, y esta trayectoria es vista como la voluntad de los dioses.

Sin embargo, para nuestras culturas, especialmente en el ahora llamado continente americano, el concepto de destino tenía otro enfoque, más alineado con la idea de propósito. En nuestras culturas, el nacimiento de alguien estaba marcado con un propósito de identidad, trazando una línea de vida, pero nunca con un objetivo final predeterminado. Cada persona debía avanzar en su vida, cargando consigo una identidad otorgada por el universo, principalmente por el sol. Aquí, el pueblo no romantizaba la idea de convertirse en un héroe, sino que aceptaba su camino de vida, sus habilidades, su rango de percepción y sus características de personalidad. Caminaban cada uno en su propia senda, sin importar el deseo del otro.

Piensa en la vida de *Nezahualcoyotl*, el gran poeta y tlatoani texcocano. Su vida no estaba escrita en piedra por un destino divino, sino que estaba marcada por su propósito, su identidad, y su camino personal. Su poesía, su liderazgo y su filosofía no fueron el resultado de un capricho de los dioses, sino de su búsqueda continua de conocimiento, justicia y belleza en un mundo en constante cambio. Este propósito le permitió adaptarse, crecer y dejar un legado que resonaría a través de las generaciones.

La idea de destino no se aplica muy bien al concepto de *Tonalamatl. Tonalamatl* se centra en la forma en que el universo te otorgó una lista específica de cualidades físicas, mentales y emocionales, que te guían a caminar tu senda de manera correcta y con el propósito de ser funcional en nuestro universo. Imagina un río que fluye. En la visión griega, este río tendría un destino fijo, un punto final determinado por los dioses. Pero en nuestra perspectiva, el río fluye con un propósito, adaptándose a los terrenos, nutriendo las tierras que encuentra a su paso, sin un final predeterminado, sino un viaje continuo de aprendizaje y adaptación.

Otro ejemplo que ilustra la diferencia entre destino y propósito es el ciclo de vida de una mariposa. En una visión de destino, la mariposa estaría predestinada a convertirse en ese hermoso insecto desde el momento en que es una oruga, siguiendo un camino fijo hasta su metamorfosis final. En cambio, desde la perspectiva del propósito, cada etapa de su vida, desde oruga hasta mariposa, tiene un significado y una función. La oruga no está simplemente destinada a ser una mariposa, sino que tiene el propósito de nutrirse, de prepararse para el cambio, de encontrar el momento y lugar adecuados para su transformación. Este propósito guía su desarrollo de una manera que es adaptable y continua.

Así, el *tonalamatl* nos ofrece una guía, un espejo en el que podemos ver nuestras cualidades y comprender nuestro propósito, no como una sentencia inmutable, sino como una oportunidad para crecer y contribuir en armonía con el universo. La mariposa, el río y el ser humano, todos encuentran en su propósito una manera de ser parte integral del todo, de contribuir y recibir del entorno, de estar en constante evolución y aprendizaje.

En última instancia, mientras que el destino griego nos fija en un camino inamovible, el propósito mexica nos libera para explorar, adaptarnos y florecer en nuestro propio viaje, respetando y valorando la interconexión con todo lo que nos rodea. Es un reconocimiento de la belleza y complejidad del universo, donde cada ser tiene un lugar y un papel que cumplir, no por imposición divina, sino por una profunda armonía con la naturaleza y el cosmos.

Reflexiona sobre tu propia vida. ¿Ves tu camino como un destino fijo, o como un propósito que te permite crecer y adaptarte? ¿Qué cualidades te ha otorgado el universo, y cómo puedes usarlas para encontrar tu senda? ¿Cómo puedes contribuir al equilibrio y la belleza de este vasto universo del que todos somos parte? Estas son las preguntas que el estudio del tonalámatl nos invita a considerar, no para darnos respuestas definitivas, sino para guiarnos en la búsqueda de nuestro propio camino.

El concepto de propósito, en lugar de destino, nos invita a una reflexión más profunda y a una participación activa en la construcción de nuestra vida. En las culturas mesoamericanas, el propósito no es visto como una imposición rígida, sino como una invitación a descubrir y desarrollar nuestras potencialidades innatas. Cada ser humano nace con una serie de cualidades que se manifiestan a través del *tonalamatl*, y es nuestra responsabilidad entender y cultivar estas cualidades para contribuir al equilibrio del cosmos.

Tomemos como ejemplo la vida de *Cuauhtemoc*, el último *Tlatoani* Mexica. Su liderazgo no estaba destinado a ser simplemente el de un guerrero, sino que su propósito abarcaba la resistencia y la preservación de la cultura mexica frente a la invasión española. *Cuauhtemoc* no se veía a sí mismo como un peón en un tablero de ajedrez divino, sino como un ser con la

291

capacidad y la responsabilidad de tomar decisiones que afectarían el destino de su pueblo. Su resistencia, aunque trágica en términos históricos, se convierte en un símbolo de propósito y lucha por la identidad cultural.

Este enfoque en el propósito nos lleva a ver la vida no como una serie de eventos predeterminados, sino como una serie de oportunidades para crecer, aprender y contribuir al bienestar de la comunidad y del universo. En lugar de sentirnos atrapados por un destino inmutable, somos alentados a tomar las riendas de nuestro camino, a adaptarnos a los cambios y a buscar continuamente nuestro lugar en el mundo. Este sentido de propósito se refleja en la manera en que nos relacionamos con la naturaleza, con los demás y con nosotros mismos.

Consideremos también el papel de la educación en las culturas mesoamericanas. La enseñanza no estaba dirigida simplemente a cumplir con un destino, sino a desarrollar el potencial de cada individuo para que pudiera encontrar y cumplir su propósito. Los calmécac y los telpochcalli, centros educativos para la élite y el pueblo respectivamente, eran espacios donde se fomentaba el conocimiento, la disciplina y la conexión con el universo. Aquí, los jóvenes aprendían no solo habilidades prácticas y conocimientos teóricos, sino también la importancia de su papel en la comunidad y en el cosmos.

El propósito, entonces, no se limita a un solo aspecto de la vida, sino que abarca todas nuestras acciones y decisiones. Nos impulsa a ser conscientes de nuestro entorno, a valorar nuestras relaciones y a buscar un equilibrio entre nuestras necesidades individuales y las de la colectividad. Este equilibrio es fundamental para mantener la armonía del universo, y es una responsabilidad que todos compartimos.

Imaginemos ahora un artesano mexica, cuyo propósito no es solo crear objetos bellos, sino también infundir en ellos un significado profundo que refleje la cosmovisión de su cultura. Cada pieza de arte, cada escultura, cada joya no es solo un producto de habilidad técnica, sino también un vehículo de expresión artística y cultural. El artesano, consciente de su propósito, trabaja con dedicación y respeto, sabiendo que su obra contribuye a la continuidad de la tradición y al enriquecimiento del patrimonio cultural.

En conclusión, mientras que el destino puede ser visto como una senda fija y preestablecida, el propósito nos ofrece la libertad y la responsabilidad de construir nuestra vida de manera consciente y significativa. Nos invita a explorar nuestras capacidades, a adaptarnos a los desafíos y a contribuir al bienestar de nuestra comunidad y del universo en su conjunto. Al reflexionar sobre nuestro propósito, nos conectamos con la esencia misma de nuestra existencia y encontramos la motivación para seguir adelante, creciendo y aprendiendo en cada etapa de nuestro viaje.

El Mecanismo del Tonalamatl.

El momento de entender cómo funciona el *tonalamatl* ha llegado. El *tonalamatl* es la consecuencia de un calculado estudio sobre la cuenta del tiempo, un sistema de numeración basado en 260 días. Estos días se dividen en 20 signos correspondientes a la cuenta del tiempo mexica, comenzando por *Cipactli* y terminando en *Xochitl*. Cada uno de estos signos se agrupa en una especie de semana de 13 días, conocida como trecena. Así, tenemos 20 signos y cada uno de ellos tiene una semana de 13 días, resultando en un total de 260 días. A este proceso le llamamos trecenas.

Cuando una persona nace, lo hace dentro del espacio de una trecena y dentro de un día específico de esa trecena. Su numeración puede ser del 1 al 13, pero jamás excede estos números. Tomemos como ejemplo la primera trecena, Trecena *Cipactli*, o Trecena Caimán. Esta trecena comienza con *Cipactli* y termina con *Acatl*. Aquí encontramos 13 días o 13 símbolos, cada uno con un número del 1 al 13. Una persona nacida dentro de la

Trecena *Cipactli* puede tener una numeración del 1 al 13 en su signo. Cuando llegamos al siguiente signo, *Ocelotl*, la numeración reinicia en 1, marcando el comienzo de la Trecena *Ocelotl*.

Imaginemos ahora el nacimiento de una persona en la Trecena *Cipactli*. Esta persona nace bajo el signo de *Cipactli* y tiene un número asociado, digamos el 5. Esto la convierte en 5 *Coatl*, pues corresponde al quinto día de esa trecena, es decir, 1-*Cipactli*, 2-*Ehecatl*, 3-*Calli*, 4-*Cuetzapallin* y 5 *Coatl*. En otra trecena, como la de *Cuauhtli*, una persona puede nacer en el signo de *Cuauhtli* con el número 2, siendo 2 *Coscacuauhtli,* es decir, 1-*Cuauhtli*, 2-*Coscacuauhtli*. De esta forma, cada persona recibe su identidad y propósito a través de su día y trecena de nacimiento.

Para comprender mejor la importancia del *tonalamatl*, consideremos un segundo ejemplo. Una persona nace en la Trecena *Tochtli* (Conejo). Si su día de nacimiento es el octavo día, entonces su nombre será 8 *Cuauhtli*. Esta combinación particular no solo define el día en que nació, sino que también le otorga cualidades y características que influirán en su vida. La energía del Conejo, asociada con la fertilidad, la creatividad y la agilidad, impregna su camino, guiando sus pasos y moldeando su personalidad y esto es complementado por la energía de la unidad 8 y el signo *Cuauhti*.

El tercer ejemplo podría ser el nacimiento en la Trecena *Atl* (Agua). Imaginemos que alguien nace en el décimo día, convirtiéndose en 10 *Tecpatl*. Esta persona llevará consigo la energía fluida y adaptable del agua, que le permite ser flexible, nutrir a los demás y tener una profunda conexión con las emociones. Su vida estará marcada por la capacidad de fluir a través de las dificultades, adaptarse a los cambios y encontrar serenidad en la profundidad de sus sentimientos y se complementa con el valor de la unidad 10 y la energía de *Tecpatl*.

La importancia del tiempo y del conocimiento del tiempo para los antiguos mexica no puede ser subestimada. La cuenta del tiempo de 260 días era esencial para comprender las energías y las

295

influencias que rodeaban cada momento de la vida. Para los mexica, el tiempo no era una línea recta sino un ciclo continuo, una danza eterna de creación, destrucción y renacimiento. Retomar la secuencia de cuentas auténtica del tonalámatl es reconectar con una visión del tiempo que honra la naturaleza cíclica de la existencia, que nos recuerda que cada momento es sagrado y está lleno de significado.

Los días del *tonalpohualli* son:

Tlahuiztlampa	Mictlampa	Cihuatlampa	Huiztlampa
Cipactli	Ehekatl	Calli	Cuetzpallin
Coatl	Mikistli	Mazatl	Tochtli
Atl	Itzquintli	Ozomahtli	Malinalli
Akatl	Ocelot	Cuauhtli	Coscacuauhtli
Ollin	Tecpatl	Kiawitl	Xochitl

Estos días representan no solo el paso del tiempo, sino también la energía y el propósito que cada uno de nosotros lleva en su camino. Al comprender en qué trecena nacimos y cuál es nuestro día específico, podemos profundizar en nuestro propio ser y descubrir las cualidades únicas que nos definen. El estudio del *tonalamatl* nos invita a reflexionar sobre nuestra identidad y propósito dentro del vasto engranaje del universo, reconociendo que cada uno de nosotros es una chispa única en el gran fuego cósmico.

El conocimiento del *tonalamatl* nos ofrece una brújula de calor que nos guía en nuestra jornada, ayudándonos a navegar los desafíos y las oportunidades con una comprensión más profunda de quiénes somos y cuál es nuestro papel en el gran tapiz de la vida. Esta antigua sabiduría, transmitida a través de generaciones, nos llama a reconectar con nuestras raíces y a caminar nuestro camino con conciencia, respeto y gratitud.

¿Qué representan cada uno de estos símbolos? Además de que representan elementos de nuestra naturaleza, como animales o fuerzas principales como el agua, los símbolos de nuestra cuenta del tiempo también representan una unidad de explicación. El glifo no solamente está diseñado para tener una representación animal, sino que también es una representación numérica. Por ejemplo, cuando colocamos el símbolo de *Cipactli* siendo el primer tonal, siempre estamos indicando el inicio de algo, el comienzo de un ciclo o el comienzo de una cuenta. Por lo tanto, cuando revisamos códices en diferentes culturas que compartieron la misma temporada, podemos identificar que cuando aparece el símbolo *Cipactli*, estamos marcando el inicio de una cuenta.

Además de eso, cada uno de estos días está orientado u organizado dentro de uno de los principales cuatro rumbos que ya hemos estudiado. ¿No te parece fascinante que nuestros antiguos observadores del tiempo, desde los Olmeca, Maya, Azteca, Teotihuacanos, Totonacas y últimamente Mexicas, ¿se preocuparon mucho por entender que el universo está fabricado con una ecuación que lleva un orden, que nada está desordenado y que dentro del orden existe ahora un sub-nivel que hace que las cosas funcionen de acuerdo con esa estructura cósmica?

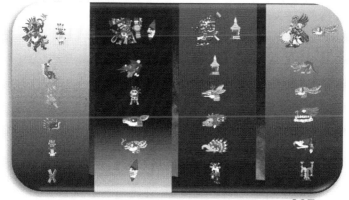

Observa cómo los días se organizan dentro de los cuatro rumbos:

1. **Quetzalcóatl**: Representa la comunicación, el movimiento del viento. Los días asociados con *Quetzalcoatl* son *Cipactli* (Caimán), *Coatl* (Serpiente), *Atl* (Agua), *Acatl* (Caña), y *Ollin* (Movimiento). Estos días nos hablan del inicio, de la vida que se mueve, de la fluidez, del crecimiento y de la transformación continua. Imagina el primer soplo del viento en un amanecer, la serpiente deslizándose por la tierra, el agua que fluye sin cesar, la caña que crece alta y firme, y el movimiento constante del universo. Cada uno de estos símbolos no solo nos conecta con la naturaleza, sino también con el ciclo interminable del cambio y la renovación.

2. **Tezcatlipoca**: Representa el espejo humeante, la introspección y la oscuridad. Los días bajo *Tezcatlipoca* son *Ehecatl* (Viento), *Mikistli* (Muerte), *Itzquintli* (Perro), *Ocelotl* (Jaguar), y *Tecpatl* (Pedernal). Aquí, se nos recuerda la inevitabilidad del cambio, la reflexión interna, la lealtad, la fuerza y la precisión. Piénsalo así: el viento que sopla en la noche, la sombra de la muerte que nos invita a reflexionar, la lealtad y compañía del perro, la fuerza y agilidad del jaguar, y la dureza y precisión del pedernal que corta y da forma.

3. **Xipetotec**: Representa la renovación, la introspección y la comunidad. Los días asociados con Xipetotec son *Calli* (Casa), *Mazatl* (Venado), *Ozomahtli* (Mono), *Cuauhtli* (Águila), y *Kiawitl* (Lluvia). Nos muestran la importancia del hogar, la fertilidad, la creatividad, la visión y la fertilidad. Imagina el calor de un hogar, el venado que se mueve con gracia, el mono que juega y aprende, el águila que ve más allá de los límites, y la lluvia que nutre la tierra y trae vida.

4. **Huitzilopochtli**: Representa la fuerza, la disciplina y el avance. Los días bajo Huitzilopochtli son *Cuetzpallin* (Lagartija), *Tochtli* (Conejo), *Malinalli* (Hierba), *Coscacuauhtli* (Buitre), y *Xochitl* (Flor). Nos enseñan la transformación, la abundancia, el

renacimiento, la capacidad de ver más allá y la belleza. Considera la lagartija que se adapta rápidamente, el conejo que simboliza la abundancia, la hierba que renace incluso después de ser cortada, el buitre que ve más allá de la muerte, y la flor que siempre busca la luz.

Cada uno de estos días, dentro de sus respectivos rumbos, nos ayuda a comprender la naturaleza intrínseca del universo y nuestra conexión con él. El estudio y el entendimiento de estos símbolos no solo nos permiten conocer nuestro propio camino, sino también el camino de aquellos que nos rodean. Nos invitan a reflexionar sobre nuestro propósito en esta tierra y cómo podemos vivir en armonía con el orden universal.

La conexión con el universo no es solo una idea abstracta, es una realidad tangible que se manifiesta en la forma en que nuestras vidas están entrelazadas con los ciclos naturales. Así como el viento se mueve, así se mueve nuestro calor. Así como el agua fluye, así fluye nuestra vida. Así como la caña crece y se fortalece, así crecemos y nos fortalecemos nosotros. Y así como el movimiento nunca cesa, nuestro crecimiento y aprendizaje nunca terminan.

Pensemos en esto: la vida humana, desde su concepción hasta su nacimiento, sigue un ciclo natural de aproximadamente nueve meses, no doce. Sin embargo, celebramos nuestros cumpleaños cada doce meses. ¿Por qué? La naturaleza nos enseña que los ciclos de vida, de crecimiento y de cambio no siguen el calendario gregoriano de 12 meses, sino un ciclo más cercano al ritmo natural del universo. Celebrar nuestros cumpleaños cada nueve meses, en vez de cada doce, estaría más alineado con el tiempo que tomamos para venir al mundo.

Nuestros antiguos entendieron que el tiempo es una danza entre el universo y la vida. La cuenta de los días, el *Tonalamatl*, es una manifestación de esa comprensión. Es un mapa del tiempo que nos invita a vivir en armonía con los ciclos naturales, a reconocer que cada día, cada símbolo, tiene un propósito y una enseñanza.

Así, los cuatro rumbos, *Quetzalcoatl*, *Tezcatlipoca*, *Xipetotec* y *Huitzilopochtli* se reparten los veinte días de nuestra cuenta del tiempo, creando un mapa cósmico que guía nuestras vidas y nos conecta profundamente con el universo y con nuestra propia esencia. En esta conexión, encontramos no solo nuestro propósito, sino también la plenitud y la belleza de vivir en armonía con el orden universal.

¿Y cuál es el siguiente paso? ¿Cómo reconozco mi identidad? Aquí te recomendaría, querido Mexica, que lo primero que debes hacer es aprender la cuenta del tiempo llamada *Tonalpohualli*. Esta cuenta del tiempo ha sido estudiada por muchas décadas y recientemente por excelentes investigadores. Uno de ellos, César Morlan, ha profundizado en estos estudios, ofreciendo una comprensión más clara y accesible de la cuenta mexica. En el apartado de Bibliografía he dejado los datos de su libro.

El primer paso que tienes que tomar es aceptar humildemente que el actual calendario gregoriano al que estás acostumbrado es el producto de una globalización mundial. Este calendario enseña que la cuenta del tiempo la crean las personas y no el cosmos. Y aquí yace un gran error, porque el tiempo ha existido mucho antes del nacimiento de la humanidad. Si no es así, pregúntate: ¿cómo es que los primeros mamíferos consideraban sus largos viajes y sus migraciones? ¿Cómo es que los dinosaurios entendían el ciclo de su nacimiento y su reproducción? El tiempo ha existido mucho antes que las personas y, por lo tanto, la humildad de aceptar que el universo es más grande que tú es el primer paso.

El segundo paso sería tomarte un momento, sentarte en un espacio adecuado para ti y comenzar a estudiar las bases del *Tonalpohualli*. Existen varios cursos que puedes tomar para entender la mecánica de esta cuenta del tiempo, el significado de cada día y cómo se estructura el calendario. La cuenta mexica comienza a partir de un punto de referencia altamente trágico para nuestra cultura: la entrega de nuestra gloriosa *Tenochtitlan* a las manos de aquellos que llegaron de otro continente. Esa fecha está marcada como el 13 de agosto de 1521, y bajo gran consenso de diversas fuentes históricas, está acordado que esa fecha juliana es la base del *Tonalpohualli*, marcada como año 3 *Calli*, trecena *Coatl*, día 1 *Coatl*.

Tomemos este ejercicio como un ejemplo de cómo correlacionar la fecha mexica con las fechas modernas del calendario gregoriano. Si hacemos el ejercicio de contar a partir de esa fecha hasta nuestras modernas cuentas del tiempo gregorianas, podríamos encontrar una correlación que nos permita entender cómo se alinean estos calendarios y cómo podemos integrarlos en nuestra vida diaria.

Para comenzar, aquí tienes algunas recomendaciones prácticas:

1. Estudia los símbolos y significados: Familiarízate con los 20 días y los 13 numerales del *Tonalpohualli*. Aprende qué representa cada símbolo y cómo influye en la personalidad y el destino de quienes nacen en esos días.

2. Lleva un diario: Comienza a registrar tus actividades diarias y observa cómo se alinean con los símbolos del *Tonalpohualli*. Esto te ayudará a comprender mejor cómo estas energías influyen en tu vida.

3. Consulta con un *Tonalpouhque*: Los sabios que leen los días pueden ayudarte a interpretar tu fecha de nacimiento y cómo ésta se relaciona con tu identidad y propósito.

4. Medita y reflexiona: Dedica tiempo a la meditación y la reflexión diaria. Conéctate con la energía del día y siente cómo resuena en ti. Pregúntate qué lecciones puedes aprender y cómo puedes aplicarlas en tu vida.

5. Participa en ceremonias: Involúcrate en ceremonias y rituales que honren la cuenta del tiempo mexica. Esto te ayudará a profundizar tu conexión con la tradición y a vivir en armonía con el cosmos.

Muchos mexicanos conocen su signo zodiacal y pueden decir si son Aries, Tauro, Géminis o Cáncer. Pero ¿cuántos de esos mexicanos conocen su signo del *Tonalpohualli*? ¿Cuántos te pueden decir "yo soy 3 *Calli*", "yo soy 6 *Tochtli*", "yo soy 4 *Coatl*"? ¿No te parece extraño que el mundo conozca el zodiaco y horóscopo griego, pero tú no conoces la relación de los símbolos de tu propia tierra?

Ahora reflexiona: cuando miras las estrellas, tus ojos quieren buscar animales fantásticos como Pegasus o héroes como Perseo. Pero nuestros antiguos mayas y mexicas no conocían a un Pegaso, ni a un Perseo. Entonces, los ojos de los astrónomos mayas y mexicas, ¿qué constelaciones veían en el firmamento? Reflexiona sobre esto y permite que estas preguntas te guíen en tu viaje de redescubrimiento.

El *Tonalpohualli* no es una herramienta de adivinación, sino una guía para vivir una vida plena y consciente, en sincronía con el universo y sus ciclos naturales. Al seguir estos pasos, estarás en el camino de redescubrir tu verdadera identidad y propósito en esta tierra. Recuerda, el conocimiento del tiempo y de nuestro lugar en el cosmos nos conecta con algo mucho más grande que nosotros mismos.

Imagina que estás sentado bajo un cielo estrellado, observando las constelaciones que tus ancestros veneraban. Siente cómo el aire fresco acaricia tu piel y escucha el susurro de las hojas moviéndose con el viento. Este es el mismo cielo que ellos miraron, el mismo cosmos que les inspiró a crear un sistema tan preciso y armonioso como el *Tonalpohualli*. Al conectar con esta antigua sabiduría, no solo honras a tus antepasados, sino que también te alineas con el gran orden del universo, encontrando en él la fortaleza y claridad para seguir tu camino.

Si viajamos en el tiempo nuevamente y seguimos los pasos de un hombre sabio, una persona de gran conocimiento, cuyo oficio en la gran capital mexica, *Tenochtitlan*, es contar los días, nos encontramos con un *Tonalpouhque*. Este sabio, con años de experiencia, es conocido por su serenidad y sabiduría. Su piel, curtida por el sol, refleja las innumerables jornadas dedicadas al estudio de los cielos y las estrellas. La brisa fresca de la mañana acaricia su rostro mientras él, con calma y determinación, prepara su espacio de trabajo en el corazón de su humilde casa.

Antes de recibir a cualquier visitante, el *Tonalpouhque* realiza un breve pero significativo ritual. Enciende un pequeño sahumerio de copal, cuyo aroma purifica el ambiente y calma el corazón. Se arrodilla en el suelo de tierra compactada, sintiendo el calor residual del sol que ha calentado la superficie durante el día. Con las manos extendidas hacia el cielo, murmura unas palabras en nuestra lengua náhuatl, agradeciendo al universo por la sabiduría que le ha sido otorgada y pidiendo claridad para guiar a quienes buscan su consejo.

Cuando las personas de la comunidad se acercan a él, pueden sentir la tranquilidad que emana de su presencia. El aire se llena de una serena expectación mientras el sabio los recibe con una sonrisa cálida y una mirada que parece ver más allá del presente. Las arrugas en su rostro cuentan historias de generaciones pasadas, y sus ojos brillan con la luz de un conocimiento profundo y ancestral.

Uno pensaría que sería irresponsable inventar el destino de una persona y decirle: "Tú vas a ser un gran guerrero", "Tú vas a ser un gran matemático", "Tú vas a ser un gran médico". ¿Por qué? Porque entonces estarías colocando una idea potencialmente dañina en la mente de una persona. El sabio lo sabe bien, y por eso su enfoque es diferente.

La responsabilidad de un *Tonalpouhque* es guiar, no dictar. La persona debe ser sensible ante el *Tonalamatl* frente a él, identificar qué trecenas, qué días, qué veintenas, cuáles son las fuerzas que

303

gobiernan específicamente sus días y trecenas, y qué ave es la que acompañará su propósito.

Entonces, ese viejo sabio informará y guiará a la persona sobre las mejores formas de caminar su senda, su camino, su vida. Tomará decisiones que mejor le acompañen con su *Tonalamatl*, pero dejando que el paso lo dé la persona y no sea dictado por alguien.

Antes de cualquier consulta, el sabio estudia el *Tonalamatl* del consultante. Observa las marcas en los códices, traza las líneas de los días y noches, y murmura en silencio, haciendo cálculos mentales y conexiones intuitivas. Cuando está listo, invita al visitante a sentarse en un tapete de junco, bajo la suave luz que entra por una pequeña ventana. El aire dentro de la habitación es fresco y limpio, impregnado del aroma del copal. Las paredes están adornadas con pinturas y símbolos que narran la historia de su pueblo.

El visitante, ya sea un joven guerrero, un agricultor, o una madre preocupada por el futuro de su hijo, escucha atentamente mientras el sabio comienza a hablar. Su voz es profunda y calmada, sus palabras fluyen con una cadencia que resuena en el corazón. El sabio no ordena ni dicta; en su lugar, ofrece reflexiones y observaciones basadas en el *Tonalamatl*. "Tu día de nacimiento, *Cipactli*, marca un inicio. Eres un pionero, uno que abre caminos. Tu fuerza reside en la innovación y en enfrentar lo desconocido con valentía."

Ahí radica la gran diferencia entre el concepto del destino que la cultura occidental presenta y el concepto de guía y propósito que tienen nuestras culturas antiguas. Aquí no se toma de la mano a alguien y se le señala que debe concretar una acción. Aquí se le da el consejo de que lo más adecuado, de acuerdo con sus habilidades, es concretar esa acción, pero la forma en que lo haga debe ser interpretada por uno mismo.

El sabio termina su consulta con un agradecimiento, ofreciendo al visitante un pequeño y simbólico elemento o una pluma de algún ave que naturalmente haya mudado, esto como un símbolo de guía y protección. "Recuerda siempre," dice el sabio, "que el universo te ha dado un propósito, una senda que caminar. Cada paso que des, hazlo con conciencia y corazón."

¿No te parece más sensato la manera en que nuestras culturas antiguas entendían las características primordiales de nuestra vida, que es caminar por la vida y saber qué pasos tomar? Reflexiona sobre esto.

Al concluir nuestro viaje por el *Tonalamatl*, es fundamental recapitular y comprender la esencia de lo que hemos explorado. El *Tonalamatl* no es solo un calendario ni un simple registro del tiempo; es una guía profunda y rica que nos conecta con el cosmos y nos ayuda a entender nuestro propósito en la Tierra. A través de su compleja estructura de 260 días, divididos en trecenas y asociados a 20 símbolos sagrados, aprendemos que nuestra existencia está entrelazada con el orden universal, reflejando una conexión inherente con las estrellas, los elementos y la naturaleza.

Cada uno de estos símbolos, desde *Cipactli* hasta *Xochitl*, no solo representa un día en el calendario, sino que lleva consigo significados profundos y variados que nos ayudan a entender nuestras características, nuestras fortalezas y debilidades, y nuestra relación con el mundo que nos rodea. Hemos aprendido que estos símbolos son más que meras imágenes; son puertas a una comprensión más amplia de nuestro ser, una guía que nos ofrece una manera de mirar dentro de nosotros mismos y descubrir nuestro verdadero yo.

El *Tonalamatl* nos enseña que no somos simples espectadores en el vasto teatro del cosmos; somos actores con un papel crucial que desempeñar. Este antiguo sistema de conocimiento nos invita a reflexionar sobre nuestra identidad y propósito, guiándonos en la búsqueda de un camino que esté en armonía con el universo. A diferencia de la noción occidental de destino, que puede parecer predeterminado y restrictivo, el *Tonalamatl* nos ofrece una visión más abierta y flexible, donde cada individuo tiene la libertad de caminar su senda, tomando decisiones conscientes y reflexivas.

Ahora, querido lector, te invito a considerar la riqueza y la profundidad de estos símbolos en tu vida diaria. Imagínate un mundo donde estos símbolos vuelven a ser una parte integral de nuestra existencia cotidiana. Un mundo donde cada persona conoce y comprende su símbolo, donde los muros de nuestras ciudades, los autos que conducimos, los cuadernos en los que escribimos, y los perfiles de nuestras redes sociales están adornados con estos poderosos glifos.

Pensemos en la importancia de volver a dibujar estos símbolos, de reconocerlos y de incorporarlos en nuestras vidas. No se trata solo de embellecer nuestro entorno, sino de reconectar con un conocimiento ancestral que nos ofrece una comprensión más profunda de nosotros mismos y del cosmos. Cada símbolo del *Tonalamatl* encapsula una representación gráfica de una palabra, un valor numérico dentro de un ciclo de 260 caracteres, y una posición astronómica en uno de los cuatro rumbos principales.

Al portar estos símbolos en nuestra piel, en nuestra joyería, o en cualquier otra forma, no solo estamos honrando a nuestros antepasados, sino que también estamos reafirmando nuestra identidad y nuestra conexión con el universo. Estamos recordando que somos parte de un orden cósmico, que cada uno de nosotros tiene un papel y un propósito en esta gran danza de la vida.

Así que, te invito a reflexionar sobre lo que has aprendido en este capítulo y a llevar estos conocimientos a tu vida diaria. Permite que los símbolos del *Tonalamatl* te guíen, te inspiren y te conecten con la rica herencia de nuestros antepasados. Volvamos a verlos, a dibujarlos, a reconocerlos y a celebrarlos, porque en ellos reside la sabiduría del universo y el camino hacia nuestro verdadero ser.

MEXICACENTRISMO
El Respeto a la Identidad

El tema del mexicacentrismo nos habla sobre la tendencia contemporánea a pensar que toda la cultura prehispánica se centra únicamente en dos principales frentes: la cultura maya y la cultura mexica. Es un error común pensar que solo la cultura mexica tenía una relevancia predominante en lo que hoy en día los arqueólogos y antropólogos definen como Mesoamérica. Es igualmente erróneo suponer que la cultura mexica es la única que merece ser estudiada o la única pionera en diversas áreas de investigación.

Desde la década de 1980 hasta nuestros días en el 2024, ha resurgido un profundo interés por estudiar nuestras culturas y regresar a las raíces para redescubrir una identidad que estuvo perdida durante muchos años. Sin embargo, este renovado interés ha traído consigo consecuencias imprevistas. La búsqueda de dicho conocimiento y el regreso a las raíces han generado nuevas corrientes de pensamiento modernas que mezclan de manera extraña corrientes asiáticas, europeas y pinceladas de cultura antigua. Estos movimientos se conocen como movimientos de la nueva era (New Age) o movimientos neo-toltecas, que se refieren a los "toltecas de la temporada actual".

Tristemente, muchos de estos grupos están mal informados. No han hecho un esfuerzo mínimo por aprender una lengua originaria y mucho menos se han acercado directamente a las comunidades que hoy en día podemos todavía llamar auténticas o genuinas de nuestro país. En cambio, estos grupos y personas se sienten atraídos por la cultura antigua, pero han decidido utilizarla a su gusto y conveniencia, adquiriendo únicamente los elementos que les convienen. Aceptan estos elementos dentro de una nueva cosmovisión moderna, pero hacen a un lado e incluso llegan a despojar y desplazar a las culturas originarias.

Uno de los ejemplos más claros de esta distorsión es el uso indiscriminado de símbolos y rituales mexicas en ceremonias y eventos que poco o nada tienen que ver con la verdadera cosmovisión de estas culturas. Por ejemplo, es común ver en festivales de la nueva era la utilización de temazcales y danzas mexicas sin ningún conocimiento profundo de su significado original. Estos elementos se presentan como experiencias de "sanación ancestral", cuando en realidad están despojados de su contexto cultural y espiritual genuino. Los participantes, sin saberlo, están participando en una versión comercial y superficial de prácticas que en su origen tenían un profundo sentido comunitario y sagrado.

Otro ejemplo es la reinterpretación de la figura de *Quetzalcoatl*. En muchas corrientes de la nueva era, *Quetzalcoatl* es representado como una figura casi divina de sabiduría universal, comparable a figuras de otras tradiciones como Buda o Cristo. Sin embargo, esta interpretación ignora las complejas y específicas connotaciones culturales, históricas y mitológicas que *Quetzalcoatl* tiene para los pueblos mesoamericanos. En lugar de ser una figura comprendida dentro de su propio contexto cultural, es sacado de su entorno y colocado en un marco de pensamiento que le es ajeno, distorsionando así su verdadero significado y reduciendo su riqueza cultural a una imagen de "sabio universal".

Ejercita, el corazón de tu imaginación, nuevamente con un viaje al pasado. Visualiza un grupo de exploradores mexicas,

310

conformado por guerreros, pensadores, y aventureros, emprendiendo un largo viaje a través de la selva sur. Su destino: conocer a sus hermanos de la cultura maya. A medida que avanzan, se abren camino entre la espesura de la selva, el aire cargado con el aroma húmedo de la vegetación y el canto lejano de aves exóticas. Los sonidos de la selva, un susurro constante de vida, acompañan cada paso de su travesía.

Al llegar, se maravillan al descubrir ciudades antiguas, algunas todavía vibrantes con la vida de la gente maya, otras ya olvidadas y abrazadas por la naturaleza. Los mexicas, al no poder pronunciar las palabras en maya, y los mayas enfrentando la misma barrera con el náhuatl, encuentran una manera universal de comunicarse: se saludan con una sonrisa, miran a los ojos y extienden sus manos en señal de paz. La intención no es la expansión militar; los guerreros son solo para protección del viaje. Los mexicas están allí para aprender y conocer.

Los mayas, percibiendo la sinceridad de los visitantes, explican que, aunque vienen de tierras diferentes con sus propias tradiciones y visiones del mundo, ahora están en la tierra de la selva, en ciudades mucho más antiguas que las suyas. Los mayas piden a los mexicas que respeten sus costumbres: alimentarse de su comida, observar y no tratar de apropiarse de sus tradiciones. Este intercambio cultural, basado en respeto y observación, fortalece la conexión entre ambas culturas.

Durante su estancia, los mexicas se sumergen en las tradiciones mayas, participando en rituales sagrados, degustando platillos locales, y observando las prácticas diarias de los mayas. La selva, con sus fragancias intensas y su atmósfera envolvente, se convierte en un aula viva. Las noches, iluminadas por el resplandor de la Vía Láctea, son testigos de conversaciones profundas bajo el cielo estrellado, donde el conocimiento se comparte y se valora.

Al final de su visita, los mexicas se despiden con gratitud, llevando consigo más que recuerdos: llevan enseñanzas y una visión renovada del mundo. De regreso a *Tenochtitlan*, reflexionan sobre lo aprendido, compartiendo con sabios, gobernantes, y sus comunidades las ricas tradiciones y conocimientos adquiridos. Esta experiencia fomenta el crecimiento cultural de *Tenochtitlan*, como un maguey que florece con nuevas raíces. La ciudad se enriquece, y cuando visitantes mayas lleguen a *Tenochtitlan*, encontrarán un eco de su propia cultura, una señal de respeto y aprendizaje mutuo.

Esta historia nos enseña que el verdadero aprendizaje proviene de la humildad y el respeto por las culturas que nos rodean. Solo así, como semillas del universo, podemos florecer plenamente.

Opuesto a la bella narrativa anterior, justamente este capítulo busca abordar y cuestionar el triste fenómeno del mexicacentrismo, examinando cómo y por qué ha surgido esta tendencia y cuáles son sus implicaciones. Exploraremos el impacto de esta visión reduccionista en el estudio de nuestras raíces culturales y en la manera en que las comunidades actuales perciben y valoran su herencia. Al hacerlo, pretendemos fomentar una comprensión más amplia y respetuosa de la rica diversidad cultural que caracteriza a Mesoamérica, destacando la importancia de acercarse a nuestras culturas originarias con autenticidad y profundo respeto. Es crucial entender que la cultura mesoamericana no se limita a las grandes civilizaciones mayas y mexicas, sino que incluye una vasta red de pueblos y culturas que interactuaron, comerciaron y compartieron conocimientos a lo largo de siglos. Cada uno de estos grupos aportó su propia perspectiva y contribución al mosaico cultural de la región. Reconocer y valorar esta diversidad es esencial para una comprensión completa y justa de nuestra historia.

El mexicacentrismo y la apropiación cultural de las corrientes de la nueva era no solo simplifican y distorsionan la historia, sino que también pueden ser una forma de despojo cultural. Al tomar prestados símbolos, rituales y figuras sagradas sin un entendimiento profundo o un respeto genuino, se corre el riesgo de trivializar y comercializar aspectos fundamentales de la identidad cultural de los pueblos originarios.

Es hora de que volvamos la mirada hacia nuestras raíces con un sentido de responsabilidad y respeto, buscando aprender directamente de las comunidades que han mantenido vivas estas tradiciones. Al hacerlo, podemos comenzar a deshacer los efectos del mexicacentrismo y construir un entendimiento más completo y auténtico de nuestra herencia cultural. Solo así podremos honrar verdaderamente a nuestros ancestros y asegurar que su legado sea transmitido de manera fiel y respetuosa a las futuras generaciones.

Reconocer Nuestro Origen.

México es el nombre que actualmente conocemos como nuestra entidad, formalmente denominada los Estados Unidos Mexicanos. Sin embargo, la palabra México tiene raíces profundas en la lengua náhuatl, derivando de "*mexico*," que se desglosa en "*metl*," maguey, y "*xico*," ombligo, significando así "el ombligo del maguey." Existen otras posibles interpretaciones, como "el ombligo de la luna," pero esta etimología resulta errónea desde un enfoque náhuatl, ya que este idioma se caracteriza por describir de manera precisa su entorno geográfico. Un hablante de náhuatl sabría que el ombligo pertenece a la luna misma, no a la Tierra, haciendo lógica la idea de que "el ombligo del maguey" es más plausible, pues se refiere al punto central del maguey de donde se extrae el pulque cada luna llena.

Al considerar la palabra "*mexico*" como el ombligo del maguey, podemos interpretarla, bajo una perspectiva audaz, como una antigua manera de nombrar una ciudad capital. *Tenochtitlan*, la gran ciudad capital de los mexicas, fue una metrópoli que extendió su influencia más allá de los límites territoriales tradicionales. Esta interpretación encuentra respaldo tanto en los textos antiguos de fuentes primarias ibéricas como en la propia lengua náhuatl, donde se mencionaba frecuentemente como *"Mexico-Tenochtitlan."*

Ahora bien, entender el término "*mexico*" nos ofrece una puerta de entrada para explorar la rica diversidad cultural de Mesoamérica. La región conocida hoy como Mesoamérica abarca diversas culturas prehispánicas que florecieron en el territorio que comprende México, Belice, Guatemala, El Salvador, y partes de Honduras, Nicaragua y Costa Rica. Culturas como los mayas, zapotecas, mixtecas, totonacas y olmecas, entre otras, desarrollaron civilizaciones complejas con logros impresionantes en astronomía, arquitectura, matemáticas y escritura. Estas civilizaciones, aunque compartieron ciertos rasgos culturales y tecnológicos, también presentaron diferencias significativas en sus lenguas, costumbres, formas de gobierno y cosmovisiones.

La importancia de un enfoque holístico radica en reconocer y valorar esta diversidad cultural, en lugar de centrarnos exclusivamente en los mexicas o los mayas. Este enfoque nos permite comprender cómo cada una de estas culturas contribuyó al tejido cultural de Mesoamérica, enriqueciendo nuestra comprensión de la historia y el patrimonio cultural de la región.

Por ejemplo, los olmecas, conocidos como la "cultura madre," establecieron muchas de las bases culturales que influirían en las civilizaciones posteriores. Su influencia es visible en las cabezas colosales de piedra y en los primeros sistemas de escritura y calendarios. Los zapotecas, por su parte, desarrollaron un sistema de escritura propio y construyeron la impresionante ciudad de Monte Albán. Los mayas, con su avanzado conocimiento astronómico y matemático, crearon un calendario increíblemente preciso y una rica tradición literaria.

Hoy en día, sabemos que la migración de las tribus que probablemente vinieron del norte fue uno de los eventos más importantes en la historia de nuestro continente. Fue la primera vez que se comenzó a homogeneizar una forma de pensamiento. Sin embargo, antes de que llegaran estas migraciones, ya existían aquí culturas que habían desarrollado una comunión social, un avance astronómico, descubrimientos científicos y, por supuesto, campañas de expansión militar. Estas culturas, predominantemente los Olmeca, que posteriormente dieron origen a los Zapoteca y los Mixteca, compartieron su territorio con la cultura maya, cuya expansión abarcó una gran parte del continente, hallándose incluso hoy en día vestigios arqueológicos en el sur del continente.

Esto nos lleva a reflexionar sobre la importancia de la humildad al buscar recobrar el conocimiento antiguo. Entender que el corazón que estamos buscando, la razón que estamos encontrando, el sentido del universo que estamos observando, ya lo palpaban diferentes culturas antes de la modernidad. En especial, las culturas maya y Olmeca, y posteriormente las tribus migrantes. Esto nos plantea una pregunta crucial: ¿Es correcto tomar la información hecha por los Mayas, los Olmeca, los Zapoteca, los Xochimilcas y los Mexica y hacer con ella lo que queramos, ignorando sus celebraciones, su lenguaje y transgrediendo su forma de pensamiento para acomodarla a una sociedad altamente volátil hoy en día?

La respuesta es no. Lo adecuado es, primero, entender que somos la consecuencia de una inevitable fusión entre diferentes etnias. Podemos llamarnos mestizos, criollos, o simplemente una mezcla de diferentes raíces. Debemos aceptar este origen, reconociendo que no somos puramente nativos de esta tierra, pero sí tenemos dentro de nosotros un corazón que le pertenece. Aceptando nuestro mestizaje o nuestra mezcla, podemos primero dar el respeto debido a nuestra identidad primigenia y posteriormente escuchar el llamado del corazón.

Este respeto implica un reconocimiento profundo y un estudio genuino de las culturas que nos precedieron. No se trata de apropiarse de sus conocimientos y adaptarlos superficialmente, sino de sumergirse en sus lenguas, sus rituales, sus formas de ver el mundo, y entender la esencia de su cosmovisión. Solo entonces, podremos verdaderamente honrar el legado de nuestras raíces y encontrar nuestro lugar en la vasta historia de Mesoamérica.

Uno de los problemas contemporáneos más preocupantes es la distorsión de estas culturas por movimientos New Age y prácticas Pseudo-espirituales. Por ejemplo, el uso comercial de temazcales en centros de spa y retiros de bienestar, despojado de su contexto ceremonial y espiritual, convierte una tradición sagrada en una simple terapia de sauna. Estos temazcales modernos no solo pierden su significado original, sino que también trivializan una práctica ancestral profundamente arraigada en la cosmovisión indígena.

Otro ejemplo es la apropiación de símbolos y rituales indígenas en festivales y eventos que carecen de cualquier conexión con su contexto cultural. La moda de los tatuajes con glifos mayas o aztecas, sin comprensión del significado y sin respeto por su origen, es una manifestación más de esta tendencia. Muchas personas se tatúan estos símbolos simplemente porque los consideran "exóticos" o "místicos", sin reconocer el valor y la historia que representan.

Además, existe un problema creciente con la comercialización de plantas sagradas como el peyote y la ayahuasca. Estas plantas, que tienen un papel central en las ceremonias espirituales de diversas culturas indígenas, están siendo explotadas por la industria turística y por individuos que buscan experiencias psicodélicas, sin el debido respeto por las tradiciones y conocimientos ancestrales. Esto no solo desvirtúa su uso tradicional, sino que también amenaza la sostenibilidad y el acceso de las comunidades indígenas a sus propios recursos sagrados.

La práctica de algunos "gurús" y "chamanes" autoproclamados, que realizan ceremonias y rituales indígenas sin ninguna conexión auténtica con las comunidades de origen, es otro ejemplo de esta distorsión. Estos individuos, a menudo occidentales, mezclan elementos de diversas tradiciones de manera superficial y las presentan como auténticas, engañando a aquellos que buscan una conexión espiritual genuina.

Es importante también mencionar el impacto de la globalización y el turismo en las comunidades indígenas. En muchos casos, las celebraciones y festividades tradicionales han sido modificadas para satisfacer las expectativas de los turistas, perdiendo así su autenticidad y significado. El Día de los Muertos, por ejemplo, ha sido comercializado y convertido en un espectáculo para los visitantes, en lugar de mantenerse como una celebración íntima y espiritual de los antepasados.

Por lo tanto, la celebración de nuestras raíces debe ser un acto de respeto y veneración, un camino hacia el reconocimiento de nuestra identidad compartida y la riqueza de nuestra herencia cultural. Así, al estudiar y vivir según las enseñanzas de nuestros ancestros, no solo enriquecemos nuestra propia vida, sino que también preservamos y revitalizamos un legado que ha perdurado a través de los siglos. Cada ceremonia, cada palabra, cada símbolo tiene un significado profundo que no puede ser simplemente tomado y recontextualizado sin perder su esencia.

Regresar al Centro del Maguey

Entonces, Mexica, ¿qué significa regresar al centro de nuestro maguey? Significa una cosa muy importante: volver a reconectar con la verdadera forma de pensamiento antes de la apropiación cultural. ¿Y cómo hacemos eso? Número uno sería el estudio de nuestra lengua. Debemos aceptar que nosotros no crecemos con la lengua náhuatl, sino con la lengua castellana. Mucha gente le llama la lengua del invasor; sin embargo, el título no es lo más importante aquí. Lo que importa es que nacemos con la lengua castellana, y eso inmediatamente nos impone una forma de pensamiento. Recordemos una maravillosa frase que dice: "Como hablas, piensas, y como piensas, escribes, y así te leerán". Esto significa que, por más que nos esforcemos en estudiar la lengua náhuatl, nuestro pensamiento siempre estará atado a la lengua que primero pronunciamos. Pero eso no nos limita a tener el interés y la humildad de estudiar la lengua náhuatl.

He aquí la primera gran lección que quiero dejarte. Es muy diferente decir "nuestra lengua náhuatl" a decir "el estudio de la lengua que me gusta, que más me atrae". La lengua náhuatl pertenece a aquellos que crecieron alimentándose de ella desde el primer día que salieron a la tierra y el sol los recibió. Nosotros, en cambio, podemos tener una pasión, un amor por entenderla. Entonces, el primer llamado que te hago es: acércate al estudio de la lengua náhuatl con suficiente humildad en tu corazón, sabiendo que lo que estás haciendo es enamorarte de una lengua que te apasiona, pero que no es la tuya. Enamórate de una lengua que te hará comprender el universo de una forma distinta, pero que no son tus palabras. Enamórate de una lengua que te abrirá las puertas a una forma de vida completamente simbiótica con el universo, pero no es tu lengua.

Abramos ese corazón, regresemos al centro del maguey y digamos: como mexicas, estamos dispuestos a volver a tomar nuestra lengua en las manos para que entonces, un día, una semilla crezca y las primeras palabras que escuche no sean de un dialecto castellano, sino que sean de la lengua náhuatl. Porque tú tuviste la humildad de aprender la lengua y se la enseñaste desde la primera instancia a la siguiente semilla de tu generación. ¿Acaso eso no suena mucho mejor y más ético que simplemente apropiarse de algunas palabras y decir "*Ometeotl / tlazohkamate / tiahui*" sin profundizar realmente en su significado?

Segundo, es fundamental aprender y respetar las ceremonias y rituales auténticos de las comunidades indígenas. Muchas veces, vemos que prácticas de la New Age toman rituales sagrados y los adaptan de manera superficial para el consumo masivo. Un claro ejemplo es el uso del *temazcal*, que se ha convertido en una especie de sauna para relajación en muchos centros de bienestar. El *temazcal*, en su origen, es una ceremonia de purificación espiritual y física, guiada por un temazcalero con profundo conocimiento de sus significados y procedimientos. Al trivializar esta práctica, no solo se despoja de su profundidad espiritual, sino que también se falta al respeto a quienes la mantienen viva en su forma auténtica.

Tercero, es importante reconocer y apoyar a las comunidades indígenas actuales. Muchas veces, los movimientos espirituales modernos se apropian de símbolos y prácticas sin ofrecer ningún beneficio a las comunidades de donde provienen. Es esencial que el estudio y la práctica de estas tradiciones vayan acompañados de un apoyo tangible a estas comunidades. Esto puede ser a través de la compra de sus productos, el apoyo a sus causas sociales y políticas, o la participación en sus ceremonias de una manera respetuosa y consciente.

Cierra los ojos nuevamente conmigo y escucha las palabras sabias de una mujer medicina que descansa en sus últimos momentos de vida en este *Tlalticpac*, sobre su petate, en una humilde choza de *Tenochtitlan*. Alrededor de ella se encuentran sus seres más queridos, junto a un pequeño *Xoloitzquintle*, el fiel perro que la ha acompañado durante muchos años. En ese sereno momento, su hijo se acerca, toma su mano arrugada y le pregunta qué ha sido lo más hermoso que ella vivió durante su tiempo en esta tierra.

La vieja sabia, con una sonrisa suave y ojos llenos de recuerdos, voltea a ver a su hijo. Sosteniendo su mano, le dice que lo más hermoso que ella vio fue ver florecer su ciudad de una manera educada y culta. Pese a las necesarias guerras, al choque inevitable de armas, al corte afilado de la obsidiana, algo de lo que no se arrepiente es de haber conocido a hermanos y hermanas de diferentes partes de esta hermosa tierra de Anáhuac.

Ella se acuerda con cariño de la partera totonaca, que le enseñó a recibir nuevas vidas con un corazón lleno de esperanza. Recuerda a la curandera wixárika, que compartió con ella los secretos de las plantas y las estrellas. Rememora a la sabia tolteca, cuyos consejos llenos de sabiduría le guiaron en momentos de duda. No olvida a las mujeres sonrientes de la cultura maya, que le mostraron que la alegría y la danza son formas de conectarse con el universo.

La mujer sabia quiere partir de este *Tlalticpac* con un corazón agradecido, lleno de amor por la riqueza cultural de su tierra. Su mayor satisfacción es saber que esta diversidad cultural se encuentra primero en el saludo del corazón, en la extensión de una mano para ayudar, en la sonrisa sincera de agradecimiento. Con estas palabras, su hijo siente el calor de su legado.

Tiempo después, la hermosa y vieja sabia suelta suavemente la mano de su hijo, cerrando sus ojos por última vez con una paz serena. Las personas a su alrededor aprenden una gran lección: antes del filo de la obsidiana, está el hermoso palpitar del corazón y la humildad de decir: "Hola, soy *Mexica*, ¿tú de dónde eres? Me encantaría conocerte."

El aire en la choza se siente cargado de amor y gratitud, el aroma de las hierbas medicinales mezclándose con la tierra. Los colores cálidos del atardecer se filtran a través de las rendijas de la choza, iluminando los rostros de quienes han aprendido a valorar la riqueza de su diversidad cultural, honrando la memoria de la mujer sabía que les enseñó que la verdadera fortaleza radica en la unión de corazones.

Esta última pequeña historia nos enseña a que debemos de ser conscientes de cómo representamos y compartimos estos conocimientos. Comprendiendo que puede provenir de otros lugares y que la enseñanza parte de un gran petate unificado. En nuestro caso, al hablar de cosmogonía, símbolos y rituales, es crucial hacerlo con precisión y respeto, evitando la distorsión o la simplificación excesiva. Debemos esforzarnos por aprender de las fuentes originales, consultar con expertos y, cuando sea posible, involucrar a los guardianes de estas tradiciones en nuestras investigaciones y prácticas.

Deja que el Maguey te Nutra

Para concluir este capítulo sobre el mexicacentrismo, quiero invitarte a reflexionar sobre la riqueza y profundidad de nuestras culturas ancestrales. Más allá de una simple revisión histórica, este capítulo busca despertar en ti una apreciación genuina y un respeto profundo por las raíces que nos nutren. En un mundo donde las corrientes New Age y las prácticas espirituales modernizadas han distorsionado y trivializado muchas de nuestras tradiciones, es esencial que adoptemos una postura de humildad y auténtico aprendizaje.

Nuestra cultura es un tesoro que ha sido transmitido a través de generaciones, con un respeto reverencial por la naturaleza, el cosmos y la comunidad. Al aproximarnos a estas tradiciones, debemos hacerlo con un corazón abierto y una mente receptiva, dispuestos a aprender y a ser partícipes de un legado vivo. No estamos aquí para imponer nuestras interpretaciones modernas sobre prácticas ancestrales, sino para escuchar el viento de sus palabras, mirar la belleza que está frente a nosotros y regresar al centro del maguey para reflexionar sobre lo aprendido.

Es vital entender que cada uno de nuestros ancestros ha dejado una huella indeleble en la historia, y esas huellas son el fundamento sobre el cual construimos nuestra identidad cultural. Al estudiar y participar en nuestras tradiciones, nos conectamos con esas raíces profundas que nos sostienen y nos dan fuerza. Esta conexión nos recuerda quiénes somos y de dónde venimos, ofreciéndonos un sentido de pertenencia y continuidad que es esencial en un mundo en constante cambio.

El respeto y la veneración por nuestras tradiciones no es solo un acto simbólico; es un reconocimiento de la sabiduría acumulada a lo largo de siglos de observación, experimentación y transmisión oral. Por ejemplo, en la ceremonia del *Temazcal*, encontramos no solo un ritual de purificación física, sino un viaje simbólico hacia el renacimiento espiritual. Cada paso, desde la preparación de las piedras volcánicas hasta las oraciones y cantos, está impregnado de un profundo significado que nos conecta con la tierra, el agua, el fuego y el aire, recordándonos la interdependencia de todos los elementos.

En lugar de sumarnos a prácticas superficiales que diluyen el verdadero significado de nuestras tradiciones, debemos aspirar a comprender y honrar la diversidad cultural de Mesoamérica. Cada región, cada comunidad tiene sus propias ceremonias, danzas, creencias y formas de pensar. Al visitar estos lugares, es crucial que nos integremos respetuosamente, reconociendo que estamos siendo invitados a un espacio sagrado y compartido. Este respeto no solo es un acto de cortesía, sino una manera de fortalecer los lazos que nos unen como pueblos hermanos, celebrando nuestras diferencias y encontrando puntos comunes que nos enriquecen mutuamente.

Imagina conmigo cómo habrá sido una sesión de plática profunda en el gran *Tlahtokan Mexica*, ese lugar sagrado donde se reunían los sabios y los gobernantes para tomar decisiones de gran importancia. Visualiza a *Moctecuzmah Xocoyotzin*, el *Huey Tlatoani*, sentado frente a su consejo de sabios, 52 pensadores, acompañados por los *Tlatoani* de los barrios más prominentes de *Tenochtitlan*, así como los representantes de la alianza forjada, la *Huey itlahtohcayatl Icniuhyotl*, esta confederación de defensa, de *Texcoco y Tlacopan*. La atmósfera está cargada de solemnidad y expectación. El aire lleva consigo el aroma a copal que se eleva en el ambiente, mezclado con el olor terroso de la madera y el incienso que perfuman el recinto. La luz de las antorchas danza suavemente sobre las paredes, creando sombras que parecen cobrar vida en los muros decorados con glifos y símbolos sagrados.

Moctecuzmah Xocoyotzin, con su postura imponente y su mirada firme, pide a los sabios que reflexionen sobre la conexión de *Anahuac* a nivel cultural. Los sabios intercambian miradas, y poco a poco, empiezan a exponer sus ideas. Algunos sugieren que el centro del Maguey, *Tenochtitlan*, se está expandiendo militarmente, y otros proponen fortalecer aún más a los guerreros para conquistar nuevas tierras. Hay quienes creen que centralizar todo el conocimiento en *Tenochtitlan* es la clave para asegurar la supremacía de la ciudad.

Pero entonces, un sabio, uno entre los 52, se levanta con humildad y pide la palabra. El silencio se hace presente mientras todos los ojos se posan sobre él. Con una voz serena y cargada de sabiduría, dice:

"¿De qué servirá la expansión militar si los pueblos nos van a querer quitar lo que por derecho es suyo? ¿De qué servirá fortalecer a nuestros guerreros si nuestros guerreros no saben cómo comportarse en otras tierras? ¿De qué servirá centralizar el conocimiento si lo que queremos es aprender de otras tierras? No, señores. Pido permiso, mi querido gran tlatoani, para optar mejor por crear conexiones entre escuelas, nutrir el conocimiento, permitir que nuestros hermanos Maya, Tolteca, Wixárika, Purépecha, entre otras diferentes tribus, podamos hacer una comunión de conocimiento, un congreso donde podamos intercambiar visiones de la vida. Seleccionemos una fecha importante, por ejemplo, el solsticio de invierno, la fecha en la cual nuestro sol vuelve a nacer y *Tonantzin* se tiene que preparar para la época de calor. Invitemos a las personas a que vengan a *Tenochtitlan* con la intención de intercambiar conocimiento."

El silencio se hace aún más profundo mientras todos meditan las palabras del sabio. Finalmente, *Moctecuzmah Xocoyotzin*, con una expresión de profunda reflexión, asiente y decreta que, durante el solsticio de invierno, en las celebraciones de *Huitzilopochtli* y *Tonantzin*, todos los pueblos serían invitados a *Tenochtitlan*. No con el afán de presumir, sino con el noble propósito de intercambiar culturalmente nuestra palabra, nuestro conocimiento y nuestra visión del mundo.

La sesión termina con una sensación de esperanza y renovación. Los presentes salen del *Tlahtokan*, sintiendo el frescor de la noche y el brillo de las estrellas sobre sus cabezas, conscientes de que han dado un gran paso hacia un futuro de

325

mayor comprensión y unidad entre los pueblos de *Anahuac*. Esta unidad no solo fortalece nuestra cohesión interna, sino que también nos posiciona como un ejemplo de cómo la cooperación y el respeto mutuo pueden construir una sociedad más justa y armoniosa.

Compartir conocimiento es la clave de una vida próspera y de una forma de gobierno justa. La formación de un *Tlahtokan* de palabra florida es un ejercicio que inspiraría a todas las naciones del mundo, pues se intercambia el verbo adecuado y la acción solidaria. Ahora, quiero compartir una práctica que puede ayudarte a reforzar esta idea de respeto y apreciación cultural en tu vida diaria, especialmente si tienes hijos. Este ejercicio es una manera hermosa de conectar a las futuras generaciones con nuestras raíces y fomentar una actitud de humildad y respeto.

Para integrar este conocimiento en tu vida diaria, considera la siguiente práctica: cada semana, selecciona una historia, un mito o una leyenda de nuestras culturas ancestrales y léela junto con tus hijos. Reflexiona sobre los valores y las enseñanzas que esta historia ofrece. Discute cómo esos valores pueden aplicarse en la vida cotidiana, en la forma en que tratamos a los demás y en la manera en que cuidamos nuestro entorno.

Por ejemplo, puedes leer sobre la leyenda del conejo en la luna, una historia que nos enseña sobre la humildad y el sacrificio. Pregunta a tus hijos qué piensan sobre la decisión del conejo de ofrecerse a sí mismo para alimentar al dios *Quetzalcoatl*. ¿Cómo podemos demostrar humildad y generosidad en nuestras propias vidas? ¿De qué manera podemos sacrificarnos por el bien de la comunidad y del planeta?

Otra actividad puede ser la creación de un pequeño altar en casa, donde puedan colocar objetos que representen los elementos de la naturaleza y nuestras deidades ancestrales. Cada semana, pueden agregar un nuevo objeto y hablar sobre su significado. Esto no solo ayudará a tus hijos a conectarse con sus raíces culturales, sino que también fomentará un sentido de reverencia y respeto por el mundo natural.

Finalmente, anímate a participar en ceremonias y festividades locales que celebren nuestra herencia cultural. Al hacerlo, no solo te sumerges en las tradiciones vivas de nuestro pueblo, sino que también muestras a tus hijos la importancia de mantener y honrar nuestras costumbres. Esta participación en la comunidad fortalecerá su sentido de identidad y pertenencia, y les enseñará a valorar y preservar el legado que les ha sido transmitido.

En conclusión, el propósito de este capítulo no es solo ofrecerte una visión más profunda del mexicacentrismo, sino también inspirarte a vivir estas enseñanzas en tu vida diaria. Al hacerlo, no solo enriqueces tu propia existencia, sino que también contribuyes al fortalecimiento y la continuidad de nuestras culturas ancestrales. Dejemos que el maguey nos nutra, tanto en cuerpo como en corazón, y permitamos que sus raíces profundas nos guíen en nuestro camino hacia un futuro lleno de sabiduría, respeto y armonía con el universo.

Expande aún más la visión del mexicacentrismo en tu vida cotidiana: considera cómo las prácticas agrícolas tradicionales, como la milpa, pueden enseñarnos sobre la sostenibilidad y la interdependencia.

Ejercicio en Familia: El Diario de las Tradiciones

1. Introducción al Diario:
Cada miembro de la familia debe tener su propio cuaderno o diario. Este diario será un lugar donde registrarán lo que aprendan sobre las culturas nativas y la lengua náhuatl.

2. Investigación y Aprendizaje:
Dedica un tiempo cada semana para investigar juntos sobre una cultura nativa específica o aprender palabras nuevas en náhuatl. Pueden usar libros, visitar museos, o buscar información en internet. Cada semana elige un tema, como una ceremonia, una danza, un cuento tradicional, o una serie de palabras en náhuatl.

3. Registro y Reflexión:
En el diario, cada miembro de la familia debe escribir o dibujar lo que aprendió. Pueden escribir sobre el significado de una ceremonia, dibujar un símbolo, o practicar escribiendo palabras en náhuatl. Es importante incluir reflexiones personales sobre lo que más les impactó y por qué.

4. Compartir y Dialogar:
Al final de cada semana, reúnanse como familia para compartir lo que cada uno ha registrado en su diario. Hablen sobre lo que aprendieron y cómo pueden aplicar ese conocimiento en su vida diaria. Este diálogo fomenta una comprensión más profunda y refuerza la importancia de respetar y valorar nuestras culturas.

5. Práctica y Aplicación:
Encuentren formas de aplicar lo aprendido en su vida cotidiana. Esto podría incluir usar palabras en náhuatl en casa, participar en ceremonias o eventos culturales de manera respetuosa, o simplemente ser conscientes y reflexivos sobre cómo interactúan con diferentes culturas.

Al adoptar esta práctica, no solo estarán cultivando un respeto profundo por nuestras culturas ancestrales, sino que también estarán creando un vínculo fuerte con sus raíces y transmitiendo esa apreciación a las futuras generaciones. Recuerda siempre que la humildad y el respeto son los pilares para construir un entendimiento genuino y enriquecedor.

A lo largo de este capítulo, hemos explorado el concepto de mexicacentrismo y las prácticas dañinas que han surgido de los movimientos New Age, pseudo espiritualistas, gurús y temazcaleros. Hemos discutido cómo estas prácticas, aunque bien intencionadas en apariencia, pueden distorsionar y desvirtuar el verdadero conocimiento ancestral de nuestras culturas nativas. También hemos ofrecido consejos sobre cómo conectar genuinamente con nuestras raíces y apoyar el desarrollo auténtico de la cultura.

La conclusión de este capítulo no solo busca sintetizar lo discutido, sino también ser un llamado urgente a la reconexión con las comunidades nativas de México, que son las verdaderas guardianas de este conocimiento ancestral.

Las etnias y comunidades nativas mexicanas, tales como los Rarámuris en la Sierra Tarahumara, los Yaquis en Sonora, los Wixárikas (Huicholes) en Jalisco y Nayarit, los Mexicas en el centro de México, los Mayas en la península de Yucatán, los Zapotecos y Mixtecos en Oaxaca, los Zoques en Chiapas, entre muchas otras, representan un vasto y rico patrimonio cultural que merece ser respetado y apoyado de manera auténtica.

Para aquellos interesados en aprender y conectar con estas comunidades, el primer paso es acercarse con humildad y respeto. Aquí algunos ejemplos claros de cómo hacerlo:

1. Visitar y Aprender In Situ: Planea visitas a las comunidades nativas, no como turista, sino como aprendiz. Participa en sus ceremonias, vive sus costumbres y escucha sus historias directamente de los sabios y ancianos de la comunidad.

2. Apoyar Proyectos Comunitarios: Muchos de estos grupos tienen proyectos de desarrollo sostenible, turismo

329

comunitario y artesanía. Apoyar estos proyectos no solo fortalece la economía local, sino que también preserva el conocimiento y las prácticas tradicionales.

3. Educación y Formación: Existen escuelas y centros educativos dedicados a la enseñanza de las lenguas y culturas nativas. Inscribirse en estos programas, aprender las lenguas originarias y entender las prácticas culturales desde dentro es esencial para una conexión genuina.

4. Creación de Iniciativas y Proyectos: Organizar y participar en proyectos que promuevan la integración de las culturas nativas con la sociedad moderna es fundamental. Estos proyectos pueden incluir talleres de lengua, arte y medicina tradicional, programas de intercambio cultural y seminarios sobre cosmovisión indígena.

5. Apoyar la Soberanía Cultural: Respetar y promover la soberanía cultural de estas comunidades, reconociendo y valorando su autonomía y su derecho a decidir sobre su propio desarrollo cultural y social.

Es esencial reflexionar sobre el verdadero significado de conectar con nuestras raíces. No se trata de apropiarse de elementos culturales de manera superficial, sino de integrarse en un diálogo profundo y respetuoso con aquellos que mantienen vivas estas tradiciones. El viaje hacia el redescubrimiento de nuestras raíces es una senda de aprendizaje continuo y de humildad. Es una invitación a regresar al centro del maguey, a mirar nuestras raíces y reconocer el valor intrínseco de las culturas nativas. Al hacerlo, no solo enriquecemos nuestra propia comprensión del mundo, sino que también contribuimos a la preservación y revitalización de un patrimonio cultural invaluable.

Iniciativa de Apoyo a las Culturas Nativas: Una propuesta concreta podría ser la creación de una plataforma digital que conecte a los entusiastas de la cultura con las comunidades nativas. Esta plataforma podría ofrecer cursos de lengua, talleres de arte y cultura, y proyectos de voluntariado. Además, podría servir como un espacio para que las comunidades nativas compartan sus necesidades y proyectos, facilitando el apoyo directo y la colaboración intercultural.

Recordemos que cada uno de nosotros tiene la responsabilidad de ser un guardián de este conocimiento. Sembrar la semilla del respeto y el apoyo genuino en nuestro corazón es el primer paso para asegurar que las futuras generaciones puedan disfrutar y aprender de este rico legado cultural.

EL CALMECAC
Retomar nuestro conocimiento

Para comprender la relevancia del *Calmecac* en la educación mexica, es esencial primero explorar la etimología de términos que usamos cotidianamente para referirnos a instituciones educativas en la cultura occidental. Esto nos permitirá apreciar las diferencias y similitudes en la manera de enseñar y transmitir conocimientos entre diferentes culturas.

La palabra "colegio" proviene del latín *collegium*, que significa "sociedad" o "conjunto de personas reunidas con un fin común". Este término refleja la idea de una comunidad de aprendizaje, donde individuos se reúnen para estudiar y compartir conocimientos. En Europa, los colegios han sido históricamente centros donde se forman jóvenes en diversas disciplinas, preparándolos para roles específicos en la sociedad.

La palabra "universidad" también tiene sus raíces en el latín, *universitas*, que significa "totalidad" o "conjunto". Originalmente, el término se refería a una comunidad de maestros y estudiantes, unida en la búsqueda del conocimiento universal. Las universidades europeas surgieron en la Edad Media como instituciones donde se enseñaban las artes liberales, la teología, el derecho y la medicina, entre otras disciplinas.

La palabra "escuela" proviene del griego *scholē*, que significa "ocio" o "tiempo libre", y en su evolución, llegó a significar el lugar donde se pasa el tiempo aprendiendo. Las escuelas en la tradición occidental han sido lugares donde se imparte educación básica, estructurada en un sistema jerárquico y disciplinado.

Contrastemos esto con la palabra "*Calmecac*" en la lengua náhuatl, que se descompone en *Calli*, que significa "casa", y *mecatl*, que significa "cordón" o "lazo". Esto sugiere un lugar donde se atan o se enlazan los conocimientos. En la cultura mexica, el *Calmecac* era más que una simple escuela; era un lugar sagrado donde se formaban los futuros líderes, pensadores y guerreros, inculcando en ellos no solo conocimiento, sino también valores y responsabilidades.

La educación en el *Calmecac* iba más allá de la mera instrucción académica. Era un proceso integral que incluía la formación espiritual, moral y física. Los estudiantes eran enseñados en diversas disciplinas como la astronomía, la poesía, la historia, la estrategia militar y la filosofía. Además, se les inculcaban principios de disciplina, respeto, y devoción a sus dioses y a su comunidad. Este enfoque holístico garantizaba que cada estudiante no solo se convirtiera en un sabio o guerrero, sino también en un miembro íntegro y valioso de su sociedad.

En la actualidad, es crucial retomar y valorar el conocimiento ancestral que se transmitía en el *Calmecac*. En un mundo globalizado, donde la información es accesible, pero a menudo superficial, necesitamos profundizar en nuestras raíces para entender nuestra identidad cultural y enriquecer nuestra perspectiva global. El conocimiento ancestral nos ofrece una visión más completa y enriquecedora del mundo, y al reconectarnos con él, no solo recuperamos nuestra historia, sino también nuestra capacidad de innovar y adaptarnos.

Existen múltiples maneras de reconectar con este conocimiento ancestral. La primera es informarse sobre la cultura a través de libros, documentales y visitas a sitios históricos. Estos recursos nos permiten obtener una visión más profunda y contextualizada de nuestra historia y tradiciones. La segunda es aceptar el desafío de aprender una lengua nativa, como el náhuatl, lo que nos permite acceder a una riqueza de conocimientos y tradiciones en su forma más pura. Aprender náhuatl no solo es un acto de preservación cultural, sino también una forma de entender mejor la cosmovisión y los valores de nuestros antepasados.

La tercera es volver a dibujar y comprender el *Tonalpohualli*, los 20 símbolos de los días, que nos conectan con el calendario y la cosmovisión mexica. Este calendario sagrado es una herramienta invaluable para entender cómo nuestros ancestros medían el tiempo y organizaban sus vidas en armonía con los ciclos naturales y cósmicos. Estudiar el *Tonalpohualli* nos permite ver el mundo desde una perspectiva que valora la interconexión de todas las cosas y nos ayuda a vivir de manera más consciente y equilibrada.

La cuarta es estudiar nuestros códices, mirarlos con nuevos ojos y esforzarnos por entender su profundidad y significado. Los códices mexicas son verdaderas enciclopedias de conocimiento, llenas de información sobre religión, historia, astronomía, medicina y muchas otras disciplinas. Al estudiar estos documentos, podemos descubrir las complejas y sofisticadas formas de pensamiento que caracterizaban a nuestros ancestros y aplicar esa sabiduría a los desafíos contemporáneos.

Afortunadamente, hay muchas iniciativas y proyectos contemporáneos que están ayudando a reconectar con nuestras raíces. Cursos digitales, aplicaciones móviles y escuelas digitales están haciendo posible el aprendizaje de la lengua náhuatl y la comprensión de nuestra historia y cultura desde cualquier parte del mundo. Estas herramientas modernas nos permiten acceder a una educación integral y auténtica, que respeta y celebra nuestras raíces. Por ejemplo, existen aplicaciones que enseñan náhuatl a través de juegos interactivos y lecciones estructuradas, haciéndolo accesible y atractivo para todas las edades.

El *Calmecac* no es solo un lugar del pasado; es un símbolo de la educación integral y la conexión profunda con nuestras raíces. A través de la tecnología y el esfuerzo comunitario, podemos revitalizar esta tradición y asegurar que el conocimiento ancestral siga vivo, inspirando a las futuras generaciones. La educación moderna puede beneficiarse enormemente de la integración de estos métodos ancestrales, creando una experiencia de aprendizaje más holística y significativa.

Imaginemos un futuro donde las escuelas contemporáneas integren principios del *Calmecac*, donde los estudiantes no solo aprendan matemáticas, ciencia y literatura, sino también historia ancestral, valores comunitarios y la conexión espiritual con la naturaleza. Este enfoque integral no solo prepararía a los jóvenes para el éxito académico y profesional, sino también para ser individuos completos, conscientes de su papel en la sociedad y en el universo.

Además, es fundamental promover la colaboración entre comunidades indígenas y académicas para crear programas educativos que respeten y preserven las tradiciones y lenguas nativas. Estas colaboraciones pueden generar un intercambio enriquecedor de conocimientos, donde las técnicas pedagógicas modernas se combinan con la sabiduría ancestral para ofrecer una educación más completa y diversa.

La revitalización del *Calmecac* y sus principios también puede tener un impacto positivo en la salud mental y emocional de los estudiantes. La formación integral que incluye la espiritualidad, la conexión con la naturaleza y el desarrollo de valores éticos puede ayudar a los jóvenes a encontrar un equilibrio y un propósito en sus vidas, reduciendo el estrés y la ansiedad que a menudo acompañan a la educación moderna.

Finalmente, al honrar y revitalizar el legado del *Calmecac*, estamos asegurando que nuestras raíces culturales permanezcan fuertes y vibrantes. Este legado no solo nos conecta con nuestro pasado, sino que también nos proporciona una base sólida sobre la cual construir nuestro futuro. Al integrar estos principios en nuestra educación y vida diaria, estamos creando un mundo donde la sabiduría ancestral y la innovación moderna coexisten armoniosamente, enriqueciendo nuestras vidas y las de las generaciones futuras.

En resumen, el *Calmecac* es mucho más que una institución educativa antigua; es un símbolo de una educación integral y holística que valora tanto el conocimiento académico como el desarrollo espiritual y moral. Al redescubrir y aplicar estos principios en nuestra vida moderna, podemos crear una sociedad más consciente, equilibrada y conectada con sus raíces culturales. La revitalización de estas tradiciones no solo preserva nuestro patrimonio cultural, sino que también nos guía hacia un futuro más inclusivo y armonioso, donde la sabiduría ancestral y la modernidad se entrelazan para crear un mundo mejor.

¿De qué forma aprendemos?

Hoy en día, la mayoría de las escuelas, colegios y universidades enfocan su conocimiento en libros, letras y experimentos que han sido evaluados y calificados por expertos en sus áreas. Sin embargo, estos expertos también se han formado bajo el mismo sistema educativo occidental, cuya estructura de pensamiento tiene sus orígenes en la educación griega y, posteriormente, en la romana, donde se buscaba principalmente el conocimiento que proporcionaba excelencia. Si bien esta forma de educación puede ser útil, también resulta incompleta. ¿Por qué? Porque al enfocarse exclusivamente en el conocimiento que da excelencia, se deja de lado aquel que no la proporciona, es decir, se ignora que también se aprende de los errores y no solo de los aciertos.

Nuestro *Calmecac* antiguo ofrecía dos vías previas antes de llegar a él. La primera era el *Cuicacalli*, que en náhuatl se puede definir como *Cuicatl*, canto, y *Calli*, casa, es decir, la casa del canto. Aquí, las primeras edades de las semillas en nuestra civilización mexica aprendían a través del canto y su relación primaria con la naturaleza. Esta es la primera gran diferencia entre el conocimiento occidental y el educativo de nuestra cultura. En la tierra mexica, se enseñaba a partir de la naturaleza, comparándonos con ella.

Un niño, por ejemplo, podía observar que su crecimiento era similar al de una mazorca: primero emerge de la tierra, crece su tallo, florece y finalmente cae. Una niña, al comenzar a evaluar su forma natural de cambio, podía asociarla con la luna, dándose cuenta de que los periodos lunares están totalmente relacionados con los ciclos naturales de la menstruación. Divididos en cuatro bloques de 13 años, estos ciclos indicaban que, al término de 52 ciclos terrestres, la mujer comenzaría su proceso de dejar de ser fértil. Qué interesante es ver que la cultura mexica observaba la naturaleza y, a partir de ella, educaba a sus primeras semillas.

Además, el *Cuicacalli* no solo enseñaba a través de la observación de la naturaleza, sino que también fomentaba el aprendizaje comunitario y la conexión con el entorno. Los niños y niñas aprendían juntos, cantando y danzando, replicando los movimientos de las aves, el flujo del agua y el crecimiento de las plantas. Así, comprendían que eran parte de un todo, de un universo en constante movimiento y cambio. Esta enseñanza holística les permitía entender que cada acción tenía una repercusión y que su existencia estaba intrínsecamente ligada a la naturaleza.

El segundo camino en la evolución natural de una semilla hacia su destino final en el calmécac es la antigua casa de los jóvenes, llamada *Telpochcalle*. Aquí, una vez que las primeras semillas han comprendido su relación inmediata con la naturaleza, con la observación de las estrellas y su vínculo directo con la luna, los jóvenes, de aproximadamente 13 ciclos solares en adelante, comienzan a asumir roles específicos en la sociedad que los harán prácticos y útiles. Algunos se convierten en artesanos, otros en agricultores, mercaderes, o fabricantes. También hay profesiones para las mujeres, como la costura, la medicina y la partería. La educación en *Telpochcalle* no se separaba en absoluto del entendimiento de la relación natural, sino que la fortalecía. Los jóvenes tenían un contacto directo con la tierra y la agricultura, mientras que las mujeres tenían un contacto directo con el nacimiento de una nueva vida.

La enseñanza fundamental de nuestra cultura mexica es que la primera maestra en nuestras vidas es la naturaleza. Es la que nos enseña cómo vivir, cómo palpitar, cómo tener un corazón en movimiento. Este corazón en movimiento nos dice que todos somos parte de una gran armonía cósmica, que nuestra querida madre *Tonantzin* nos dio a luz dentro de este espacio y nos hizo comprender que vamos a compaginar con muchas otras fuerzas. El hecho de que miremos a otro ser querido, ya sea un animal o una persona, nos enseña que ese vínculo emotivo es compartido por igual.

Es fácil entender esto. La próxima vez que tengas frente a ti a un maravilloso corazón en movimiento, es decir, un ser vivo, acarícialo, pregúntale cómo está, preséntate. Haz esta reflexión: la mayoría de nosotros tenemos compañeros de vida, es decir, en otras palabras, mascotas. Normalmente, somos nosotros quienes les damos nombre. A veces los nombramos de una forma cómica, otras veces de una forma simbólica. Y ellos reciben ese nombre que nosotros les damos. Pero ¿alguna vez te has preguntado si ellos saben cómo nos llamamos nosotros? ¿Nos hemos tomado el tiempo de presentarnos el uno al otro, de mirar a los ojos a nuestra mascota, tocar su pequeño corazón y decirle nuestro nombre? Es un ejercicio hermoso y es algo que te recomiendo. Abre tu corazón, expresa tu voz del viento y preséntate ante tu compañero porque tú serás su amigo durante toda su vida.

Imagina un joven en *Telpochcalle*, aprendiendo el arte de la cerámica. Cada pieza que moldea no solo es un objeto, sino una extensión de su ser, un reflejo de la tierra que lo nutre. Mientras trabaja, siente el calor del sol en su piel, el susurro del viento a través de los árboles, y el murmullo del río cercano. Cada elemento de la naturaleza es una lección viva, enseñándole paciencia, precisión y respeto por los recursos que utiliza. La arcilla en sus manos no es solo un material, es un testigo del tiempo y la transformación, una enseñanza directa de cómo la tierra misma se moldea y cambia.

Del mismo modo, una joven aprendiendo el arte de la partería en *Telpochcalle* no solo está adquiriendo habilidades técnicas. Cada vez que asiste a un nacimiento, siente el latido del corazón de la madre y del recién nacido, y comprende el profundo ciclo de la vida y la muerte, de la renovación y la continuidad. La naturaleza le enseña a través de cada experiencia, mostrándole la fuerza y la fragilidad de la vida, y la importancia de la comunidad y el apoyo mutuo.

La esencia de *Tepochcalle* es que no hay separación entre la educación y la vida diaria, entre el aprendizaje y la naturaleza. Cada lección es una vivencia, cada experiencia es una enseñanza,

341

y cada día es una oportunidad para crecer y entender mejor nuestro lugar en el mundo. En el *Telpochcalle*, aprendemos que somos parte de un todo, que nuestra existencia está intrínsecamente ligada a la tierra, al cielo, y a todos los seres que nos rodean. Este conocimiento profundo y respetuoso es lo que nos guía hacia una vida plena y equilibrada.

"Ka kampa timoohwanaltis, xinehnemi ika tlamatilistli ika yollalilistli"
(Por dónde te encamines, camina con sabiduría con aceptación del corazón)

Para ilustrar aún más esta conexión, pensemos en cómo aprenden las crías de las ballenas. Desde su nacimiento, están acompañadas por sus madres en los vastos océanos. Aprenden a nadar siguiendo el ritmo de las olas, a cazar observando a sus mayores y a comunicarse a través de los cantos profundos que resuenan en las aguas. Cada movimiento, cada sonido, es una lección de vida impartida por la naturaleza misma. De manera similar, en *Telpochcalle*, los jóvenes aprendían a través de la observación y la interacción directa con su entorno, absorbían las lecciones de la naturaleza con cada paso que daban, con cada tarea que realizaban.

Esta forma de aprendizaje, tan integrada con el entorno natural, nos enseña a valorar y respetar el mundo que nos rodea. Nos recuerda que cada ser, cada planta, cada río y cada montaña tiene algo que enseñarnos. Al igual que las ballenas jóvenes, que aprenden el lenguaje de las profundidades marinas y las rutas de migración, nosotros también podemos aprender a vivir en armonía con nuestro entorno, a escuchar las voces de la naturaleza y a encontrar nuestro lugar en el gran tejido de la vida.

La educación en *Telpochcalle* nos mostraba que no estamos separados del mundo natural, sino que somos una parte integral de él. Aprendemos de los ciclos de la luna y del sol, de las estaciones y de los vientos, de los animales y las plantas. Esta educación holística nos prepara no solo para nuestras vidas individuales, sino para ser miembros responsables y conscientes de nuestra comunidad y del universo.

Imagina una noche en *Telpochcalle*, donde los jóvenes se reúnen alrededor de una fogata, escuchando las historias de los ancianos. El crepitar del fuego acompaña las palabras sabias, mientras las estrellas brillan en el cielo, recordándonos nuestra conexión con el cosmos. En ese momento, los jóvenes no solo están aprendiendo sobre su cultura y su historia, sino también sobre la importancia de la introspección, del respeto a los mayores y de la comunión con el universo.

El Verdadero Calmecac

Entonces, ya con todo lo que hemos aprendido hasta ahora, en camino con este libro llamado **Semillas del Universo**, podemos llegar a una muy hermosa lección final: no existe nadie más perfecto para enseñarnos a vivir que la misma naturaleza. No existe el gran maestro sabio, porque ese gran maestro sabio se llama Universo. No existe el libro perfecto, porque ese libro perfecto se llama Naturaleza, se llama *Tonantzin*. El conocimiento viene de afuera. En palabras de un viejo dicho, "no existe nada genuino u original más que lo que construye la naturaleza, el resto son inspiraciones de ella".

Reflexiona sobre esto: la música que hoy conocemos trata de imitar los sonidos naturales. Las flautas imitan el canto de los pájaros, y los pájaros imitan el susurro del viento o el romper de las olas. Los tambores replican el latido del corazón o el eco en una cueva. De otra forma, también, nosotros queremos imitar la naturaleza en muchas facetas de nuestras vidas. Los árboles se convierten en edificios, nuestras casas son nuestras cuevas modernas, y nuestra manera de obtener alimento evoca la caza ancestral.

Todo lo que es la naturaleza es la gran, gran, gran maestra de nuestra vida. El universo mismo es el gigante sabio que le permite a su existencia aprender de sí mismo. Es por eso que hasta ahora que has llegado aquí a leer, el *Calmecac* es justamente eso. Es el atado, es la casa donde se unen todos los conocimientos, donde finalmente llega la conjunción, y entendemos por qué *Quetzalcoatl* nos da la vida, por qué *Tezcatlipoca* nos hace reflexionar, por qué *Xipetotec* nos pone en comunidad, y por qué *Huitzilopochtli* nos hace avanzar.

Imagina el viento de *Quetzalcoatl* susurrando a tu oído, cada brisa trayendo consigo el conocimiento universal, la comunicación del calor entre los seres. Piensa en *Tezcatlipoca*, cuya oscuridad te invita a la introspección, a mirarte en el espejo de la vida y a entender tus propios reflejos, tus sombras y tus luces. Visualiza a *Xipetotec*, que a través de la renovación constante te enseña la importancia de la comunidad, del sacrificio personal por el bien común. Finalmente, siente la energía de *Huitzilopochtli*, que impulsa a cada ser a avanzar, a luchar por sus sueños y a enfrentar los desafíos con valentía.

El *Calmecac* es justamente eso: amarrar el conocimiento en conjunto con la naturaleza. De modo que el ser humano no es superior a ningún ser vivo aquí. Somos una parte más del gran cosmos. Una pequeña hormiga, por muy chiquita que sea, también representa vida, y también merece pasar por todas las etapas de su propia educación vía nuestra gran madre *Tonantzin*.

Quiero que reflexiones sobre esto: ¿de qué forma los seres vivos a nuestro alrededor también aprenden? ¿De qué forma ellos estudian quién es su gran maestro en la vida? La respuesta es justamente lo que el *Calmecac* quiere enseñarte, querido mexica. Cada ser vivo tiene su propio *Calmecac*, su propia escuela de vida, dictada por la naturaleza misma.

Imagínate a una cría de ballena en el vasto océano, aprendiendo a nadar junto a su madre, a comunicarse con otros de su especie a través de canciones que resuenan en las profundidades; o bien piensa en un joven árbol que crece en el bosque, sus raíces extendiéndose y buscando nutrientes, mientras

345

sus hojas se abren al sol, aprendiendo a sobrevivir y a florecer en su entorno.

Considera el vuelo de un colibrí, que aprende a mover sus alas a una velocidad increíble para mantenerse suspendido en el aire, demostrando que la perseverancia y la adaptación son claves para sobrevivir; otro ejemplo es observa a un jaguar en la selva, que desde pequeño aprende a cazar y a moverse sigilosamente, entendiendo el equilibrio entre la paciencia y la acción.

Nosotros, como seres humanos, debemos tomar estos ejemplos y entender que nuestra educación y crecimiento deben estar igualmente enraizados en la observación y la imitación de la naturaleza. El *Calmecac* es nuestro recordatorio constante de que la verdadera sabiduría no está solo en los libros, sino en la vida que nos rodea, en los ciclos naturales y en la armonía con el universo.

Así, querido alumno, te invito a mirar a tu alrededor con nuevos ojos. Aprende de la simplicidad y la complejidad de la naturaleza. Encuentra tu *Calmecac* en cada hoja, en cada gota de lluvia, en cada brisa que acaricia tu rostro. Deja que la naturaleza te guíe, te enseñe y te inspire a vivir en armonía con el cosmos, reconociendo siempre que somos parte de un todo mucho más grande.

Reflexiona sobre cómo la naturaleza enseña a sus criaturas. Un águila que enseña a volar a sus crías, empujándolas gentilmente fuera del nido para que aprendan a usar sus alas y a confiar en el aire que las sostiene; la paciencia de una tortuga marina, que pone sus huevos en la arena y deja que el ciclo de la vida continúe, confiando en que las crías encontrarán su camino al océano.

Nuestro *Calmecac*, nuestra casa del conocimiento es el lugar donde se entrelazan todas estas enseñanzas. Es el espacio donde aprendemos que la vida es un ciclo de aprendizaje constante, que nunca dejamos de ser estudiantes de la naturaleza. Y es en este aprendizaje continuo donde encontramos nuestro verdadero propósito, nuestra conexión más profunda con el universo.

Querido mexica, el camino del conocimiento es infinito, como el mismo cosmos. Cada día es una nueva oportunidad para aprender, para crecer, para conectar con la naturaleza y con nuestro propio ser. Que tu corazón siempre busque la sabiduría en los lugares más simples y profundos de la vida, y que encuentres en el *Calmecac*, la inspiración para vivir en armonía con el universo.

Así, al final de este viaje, recordemos siempre que somos semillas del universo, plantadas en la tierra de *Tonantzin*, creciendo bajo el sol de *Huitzilopochtli*, comunicándonos con el viento de *Quetzalcoatl*, reflexionando con la sombra de *Tezcatlipoca*, y renovándonos constantemente con *Xipetotec*. Que tu vida sea un reflejo de esta armonía cósmica, y que siempre encuentres la sabiduría en la naturaleza que te rodea.

PALABRAS DE MI CORAZÓN

El Viento que se queda

Desde que inicié a plantear este libro llamado **Semillas del Universo**, me surgió una pregunta: ¿por qué somos semillas del universo? y ¿por qué nuestra particular semilla, la semilla mexica, tiene ciertas características? Navegué entre el aspecto poético, rocé la caricia del arte, exploré la profundidad de la filosofía y me dejé corregir por lo objetivo de la ciencia. Encontré una respuesta que le habló a mi corazón, que lo puso a palpitar, que me inyectó una genética que, seguramente hace muchos años, se hizo esta misma pregunta. Tal vez no la convirtió en un libro, pero la convirtió en palabras. La respuesta ante la pregunta de si somos semillas del universo y por qué esta semilla en particular se llama mexica, es porque tenemos que estar agradecidos de estar vivos en este tiempo.

Este libro no tiene la intención de volvernos mexicas del 1400 o del 1500. Esta compilación de conocimiento no está hecha para que tú te transformes de forma fantástica y mágica en el heredero de grandes *tlatoani* como *Cuauhtemoc* o *Cuauhtlahuac*. No, **Semillas del Universo** está hecho para que, cuando finalices estas últimas palabras, despierte en tu corazón una bella conexión que se respiraba en el *Calmecac* y que podía salir a las calles de *Tenochtitlan* para pensar en cómo mejorar nuestra sociedad y nuestra comunión con la naturaleza.

Semillas del Universo es una bella metáfora de que el universo está constantemente practicando el ejercicio de la agricultura, de sembrar bajo tierra pequeños seres vivos que van a romper su semilla, florecer, y aprender a convivir. La cosmogonía mexica nos ha enseñado que nosotros no necesitamos de un ser supremo varón, omnipotente y siempre presente, que gobierne éticamente a su capricho el destino final de una persona. No, la cosmogonía mexica nos enseña que la única entidad suprema es el universo, y no es masculino, es dual. Esa dualidad nos permite vivir durante cierto tiempo, y un día el camino de nuestra honda se va a frenar y regresaremos a las sendas de *Mictlan*, donde seguramente no nos volveremos a encontrar, pues cada ser vivo tiene su propio camino.

No existe un paraíso especial para los seres humanos. Existe *Mictlan*, el lugar donde todos regresamos, incluyendo insectos, plantas, animales y, por supuesto, la especie humana. Compartimos el mismo polvo de estrellas, y yo, autor de estas palabras, desde mi corazón te digo: espero que de la misma forma que el universo practica la agricultura sembrando semillas, tú también practiques el sencillo arte de sembrar conocimiento en aquellos que te rodean, sobre todo en las futuras semillas que crecerán en tierra mexica.

Reflexiona sobre cómo cada uno de los capítulos de este libro ha sido una semilla plantada en tu mente. *Quetzalcoatl* nos enseñó la importancia de la comunicación universal, el viento que lleva nuestras palabras más allá de nuestros propios límites. *Tezcatlipoca* nos guio en la reflexión profunda de nuestro ser, el espejo humeante que revela tanto nuestras luces como nuestras sombras. *Xipetotec* nos mostró la fuerza de la renovación y el sacrificio, la transformación constante que nos permite renacer en comunidad. *Huitzilopochtli* nos impulsó con su energía inquebrantable, la fuerza del guerrero que avanza sin cesar.

Cada enseñanza es una chispa de conocimiento, un rayo de luz que ilumina nuestro camino. Al aprender de la naturaleza y del cosmos, nos damos cuenta de que somos parte de un todo mucho más grande. El *Calmecac* es el lugar donde atamos estos conocimientos, donde comprendemos que nuestra vida está entrelazada con la de todos los seres vivos y que juntos formamos un tejido cósmico.

Imagina por un momento que eres un joven aprendiz en el *Calmecac*. Te despiertas antes del amanecer, cuando el aire aún está fresco y la oscuridad de la noche se desvanece lentamente. Caminas descalzo sobre la tierra húmeda, sintiendo cada paso como una conexión directa con *Tonantzin*, nuestra madre tierra. Llegas a la gran pirámide donde los sabios te esperan, y allí, bajo la luz del primer rayo de sol, comienzas tu día de aprendizaje. No estudias en libros, sino en la misma naturaleza que te rodea. Observas cómo las aves empiezan a cantar al amanecer, cómo las flores se abren al recibir la luz del sol, y comprendes que cada ser tiene su propio ritmo, su propia canción, su propio propósito.

Así, día tras día, vas aprendiendo que tu vida también es una canción en el vasto concierto del universo. Aprendes que tu corazón, al igual que el de todos los seres vivos, late en armonía con el pulso del cosmos. Y entiendes que cada decisión, cada acción, cada pensamiento, es una nota en esta sinfonía cósmica.

El *Calmecac* es justamente eso. Es amarrar el conocimiento en conjunto con la naturaleza. De modo que el ser humano no es superior a ningún ser vivo aquí. Somos una parte más del gran cosmos. Una pequeña hormiga, por muy chiquita que sea, también representa vida, y también merece pasar por todas las etapas de su propia educación vía nuestra gran madre *Tonantzin*. Reflexiona sobre cómo los seres vivos a nuestro alrededor también aprenden. De qué forma ellos estudian quién es su gran maestro en la vida. Y la respuesta es justamente lo que el *Calmecac* quiere enseñarte, querido mexicano.

El universo es el gran maestro, y la naturaleza, nuestra aula infinita. Cada planta, cada animal, cada estrella, es un maestro que nos muestra cómo vivir en equilibrio, en respeto y en comunión con todo lo que nos rodea. Al aprender de ellos, al observar sus ciclos y comportamientos, nos damos cuenta de que la sabiduría está presente en cada rincón del cosmos.

El *Calmecac* nos enseña que el conocimiento no se impone, se comparte. No se acumula, se distribuye. No se adora, se vive. Cada lección aprendida en este sagrado lugar es una semilla de luz plantada en nuestro corazón, una chispa divina que nos guía hacia una vida de armonía y respeto por todo lo que existe.

Así que, querido alumno mexica, te invito a que tomes estas semillas de conocimiento y las siembres en tu vida diaria. Hazlo con amor, con respeto y con la humildad de saber que siempre hay algo nuevo por aprender. Observa la naturaleza, escucha su sabiduría y deja que tu corazón se alinee con el universo. La próxima vez que veas un árbol, recuerda que él también ha pasado por las etapas de crecimiento que tú has aprendido. Cuando sientas el viento en tu rostro, piensa en las palabras que llevas contigo y cómo pueden tocar a otros. Cuando veas las estrellas, recuerda que compartes el mismo origen estelar con cada ser vivo en esta Tierra.

Finalmente, te dejo con un ejercicio: siembra una planta. Cuídala, obsérvala crecer y reflexiona sobre las lecciones que te ofrece. Habla con ella, cuéntale tus pensamientos y permítele ser tu maestra. Este acto sencillo y humilde te conectará con la esencia de **Semillas del Universo** y te recordará siempre que eres una parte integral de este magnífico cosmos.

Que tu camino esté lleno de sabiduría, amor y respeto por todas las formas de vida. Que cada paso que des sea un reflejo de la dualidad cósmica y de la conexión profunda con tu entorno. Que siempre encuentres en tu corazón la fuerza para avanzar y la humildad para aprender.

Mā mō yōlchi'cāhuak — Que tu corazón se fortalezca.
Nimitztlazohkamachililia, noyolnikhuan

TLAZOHKAMATE

Agradecimientos

TLAZOHKAMATE

Quisiera expresar mi más profundo agradecimiento a todos y cada uno de los maestros y portadores de conocimiento que han iluminado mi camino hasta este punto. Gracias a ustedes, he podido desarrollar un entendimiento más profundo no solo de la vida, sino también de la intrincada relación que tenemos con nuestro entorno y con nuestro propio ser.

Mi gratitud se extiende a la universidad que me brindó la oportunidad de abrir mi mente y mi corazón a los conocimientos de ambos mundos, permitiéndome ver la riqueza y la profundidad de nuestras raíces y de la sabiduría ancestral.

A los maestros mexicanos orgullosos, quienes, con su dedicación y pasión, me ayudaron a reconectar con la esencia pura de nuestra cultura, les debo un agradecimiento especial. Ustedes son los guardianes de una herencia invaluable, y gracias a su labor, he podido redescubrir y valorar nuestra identidad.

Un agradecimiento sincero a todas aquellas personas en las diversas comunidades nativas que visité. Gracias por abrir sus corazones y sus hogares, por compartir sus conocimientos y por permitirme ser partícipe de sus tradiciones y costumbres. Su generosidad y hospitalidad han sido una fuente de inspiración constante.

Finalmente, quiero agradecer de todo corazón a mi familia. Su apoyo indiscutible e incondicional ha sido mi pilar en los momentos más difíciles. Ustedes me han brindado una caricia de amor en los tiempos de duda, un rayo de inspiración solar para vencer la oscuridad, y una inyección de energía para seguir adelante y pensar en el legado que debemos dejar. Su amor y apoyo son el motor que impulsa cada palabra de este libro.

Gracias a todos ustedes, este viaje ha sido posible, y espero que este libro, **Semillas del Universo**, sirva como un puente de conocimiento y una herramienta de reconexión con nuestras raíces para todos aquellos que lo lean.

BIBLIOGRAFIA CONSULTADA

1. **León-Portilla, M. (1959).** *Visión de los vencidos: Relaciones indígenas de la Conquista*. Universidad Nacional Autónoma de México.

2. **León-Portilla, M. (1956).** *La filosofía náhuatl estudiada en sus fuentes*. Universidad Nacional Autónoma de México.

3. **Anales de Cuautitlán**. (1945). En A. Caso (Ed.), *Antigüedades de México*. Universidad Nacional Autónoma de México.

4. **Códice Borgia**. **(1993).** *Códices Mexicanos, Volumen 4*. Akademische Druck- und Verlagsanstalt.

5. **Sahagún, B. de. (1569-1582).** *Historia general de las cosas de Nueva España*. Alianza Editorial.

6. **Sahagún, B. de. (1577).** *Códice Florentino*. Fundación Nacional para las Letras Mexicanas.

7. **Smith, M. E. (2003).** *The Aztecs*. Blackwell Publishing.

8. **León-Portilla, M. (1963).** *Aztec Thought and Culture: A Study of the Ancient Nahuatl Mind*. University of Oklahoma Press.

9. **Hassig, R. (2001).** *Time, History, and Belief in Aztec and Colonial Mexico*. University of Texas Press.

10. **Miller, M., & Taube, K. (1993).** *The Gods and Symbols of Ancient Mexico and the Maya*. Thames & Hudson.

11. **Durán, D. (1581).** *Historia de las Indias de Nueva España e Islas de Tierra Firme*. Consejo Nacional para la Cultura y las Artes.

12. **Códice Mendoza**. (1992). *Codex Mendoza*. University of California Press.

13. **López Austin, A. (1988).** *The Human Body and Ideology: Concepts of the Ancient Nahuas*. University of Utah Press.

14. **Clavijero, F. J.** (1780). *Historia antigua de México*. Fondo de Cultura Económica.

15. **Códice Borbonicus**. (1899). *Codex Borbonicus*. Éditions du Centre National de la Recherche Scientifique.

16. **Boone, E. H.** (1983). *The Codex Magliabechiano and the Lost Prototype of the Magliabechiano Group*. University of California Press.

17. **Códice Fejérváry-Mayer**. (1901). *Codex Fejérváry-Mayer*. Liverpool Museums Press.

18. **Townsend, R. F. (2000).** *The Aztecs*. Thames & Hudson.

19. **Códice Laud**. (1964). *Codex Laud*. Oxford University Press.

20. **Matos Moctezuma, E.** (1988). *The Great Temple of the Aztecs: Treasures of Tenochtitlan*. Thames & Hudson.

21. **Morlan, César.** Trecenas, los ladrillos del tiempo, Editorial El Brooke, 2018.

22. **Boone, Elizabeth Hill.** The Codex Magliabechiano and the Lost Prototype of the Magliabechiano Group.* University of California Press, 1983.

23. Broda, Johanna. Cosmos y ritual en la tradición mesoamericana. * Universidad Nacional Autónoma de México, Instituto de Investigaciones Históricas, 2001.

24. León-Portilla, Miguel. Los antiguos mexicanos a través de sus crónicas y cantares. * Fondo de Cultura Económica, 1992.

25. Caso, Alfonso. El calendario mexica: Un estudio sobre la cuenta de los días de los antiguos mexicanos. Fondo de Cultura Económica, 1967.

REVISIÓN y CORRECCIÓN DEL NAHUATL EMPLEADO

Sergio Sevilla, Docente. UNAM. Nativo Nahua-hablante de Milpa Alta, pronunciando la variante Masewalkopa con aceptaciones de variante central. CDMX

¡Aprende con nosotros!
Cursos en Línea

- Lengua Nahuatl
- Cosmogonía Mexica
- Herbolaria
- Cultura y Conocimientos de Anahuac
- Mujer Medicina
- Medicina Maya

www.callimexica.com

Made in the USA
Middletown, DE
11 September 2024

60109287R00201